TRANSLATION AND SOCIETY

第 1 辑

翻译与社会

王洪涛 主编
胡牧 执行主编

商务印书馆
The Commercial Press

图书在版编目（CIP）数据

翻译与社会.第1辑/王洪涛主编；胡牧执行主编
.—北京：商务印书馆，2024
ISBN 978-7-100-24015-4

Ⅰ.①翻⋯　Ⅱ.①王⋯②胡⋯　Ⅲ.①翻译学—研究
Ⅳ.① H059

中国国家版本馆 CIP 数据核字（2024）第 103122 号

权利保留，侵权必究。

翻译与社会
第1辑
王洪涛　主编
胡牧　执行主编

商 务 印 书 馆 出 版
（北京王府井大街36号　邮政编码100710）
商 务 印 书 馆 发 行
北京顶佳世纪印刷有限公司印刷
ISBN 978-7-100-24015-4

2024年10月第1版　　开本 787×1092　1/16
2024年10月北京第1次印刷　印张 15¼
定价：86.00 元

主　办

北京外国语大学

中国英汉语比较研究会社会翻译学专业委员会

学术顾问（以姓氏笔画为序）

王克非　许　钧　罗选民　查明建　董洪川　傅敬民

编审委员会（以姓氏笔画为序）

马会娟　王东风　王传英　王洪涛　王斌华　邢　杰　朱献珑　任　文
刘云虹　李德凤　李德超　杨文地　吴　赟　汪宝荣　张　旭　张　威
周领顺　郑冰寒　屈文生　胡开宝　胡安江　胡　牧　黄忠廉　蓝红军
Reine Meylaerts（比利时）　Sergey Tyulenev（英国）

主　　　　编：王洪涛

本辑执行主编：胡　牧

编辑部主任：朱献珑

编　　　　辑：曹　莉　王颖冲　刘晓峰　王海若　王一鸽

封面题字：罗选民

对接国家战略和社会需求，
社会翻译学大有可为！
　　　　　贾文键
　　　　　2024年10月11日

贺《翻译与社会》创刊：

　　加强社会翻译学研究，促进翻译学科建设，推动中国自主话语体系构建。

许钧题

二〇二四年九月十六日

翻译为社会而生

社会因翻译而活

北外 王克非

翻译是文化交流的桥梁
做好翻译,促进社会进步

吕俊

《翻译与社会》的创刊问世将为学界提供一个展于学术创新和探索的重要平台！

"翻译中的社会，社会中的翻译"——探讨翻译活动的社会属性，分析翻译活动的生产过程，揭示翻译活动的社会价值。翻译与社会的研究大有可为。

祝贺《翻译与社会》创刊！

——英国利兹大学翻译学院讲席教授，王斌华

卷首语

翻译自古以来就是一种重要的社会活动，具有鲜明的社会属性。翻译能够建构社会，同时接受社会的建构。近年来，翻译与社会之间这种双向互动的共变关系成为中西方翻译研究学者共同瞩目的焦点。二十世纪九十年代以来，随着中西方翻译研究学者广泛借鉴社会学的理论与方法开展翻译研究，社会学路径的翻译探索得到快速发展，日渐成长为翻译学一个崭新的分支学科——社会翻译学。

社会翻译学考察复杂多变的社会翻译现象，聚焦翻译与社会之间的共变关系，探索翻译活动对社会文化的建构功能，同时揭示社会结构对翻译活动的制约与影响作用。社会翻译学注重研究文学与文化作品通过翻译在国际间的传播、流通、接受与影响，同时着重考察翻译职业、翻译行业、翻译产业在社会发展过程中涌现出来的各种现实社会翻译现象，以实现翻译研究与翻译教育、翻译实践、翻译产业的贯通融合。当前，人工智能翻译技术迅猛发展，翻译实践与翻译行业发生剧烈变革，社会翻译学特别关注在此背景下人工智能体与人类译者、人类社会之间所构成的复杂关系，以及由此所引发的各种社会翻译问题。

为推动中国社会翻译学研究，促进翻译学科建设和翻译人才培养，提升翻译服务国家战略和社会需求的能力，助力我国对外翻译能力与国际传播能力的协调发展，为相关领域的学者提供学术交流平台，北京外国语大学与中国英汉语比较研究会社会翻译学专业委员会特此联合创办《翻译与社会》学术集刊。衷心希望《翻译与社会》能成为中国翻译研究学者开展思想创新、知识创新、理论创新、方法创新和应用创新的学术平台，为中国翻译学理论体系建构以及中国哲学社会科学自主知识体系建构贡献其应有的力量。

王洪涛

2024 年 10 月 12 日

目 录

社会翻译学理论与方法

近 20 年国内的社会学路径翻译研究：评析与反思……………………汪宝荣　002
社会翻译学：事件、跨界与向度……………………………………………胡　牧　023

译者、行动者与翻译生产过程

文化思维定势与惯习迟滞效应
　　——以戴乃迭《贵生》译本的性（别）话语翻译为例………………徐敏慧　040
严复翻译活动的多维场域研究……………………………………苏　艳　丁如伟　055
刘宇昆《荒潮》英译本中的女性主义翻译策略阐释……………黄　勤　辛沛珊　070
《野草》杨、戴译本语言"陌生化"英译研究……………………冯正斌　赵　慧　081
许渊冲莎剧译者惯习钩沉及其动态实践表现探究
　　——基于《哈梦莱》翻译档案的索隐……………………………张　汨　周金萍　097
戴乃迭英译张洁作品研究……………………………………………………朱云会　112

文学翻译、文化翻译与国际传播

中英社会对儿童文学的不同形塑：中国当代儿童文学《淘气包马小跳》
　　英译本的叙事调适研究………………………………………武光军　张　艳　128
《富国养民策》翻译与传播的社会翻译学研究…………………刘晓峰　张梦洋　139
Silent Spring 汉译经典化的当代阐释………………………………………仲文明　155
场域理论视域下刘慈欣《三体》英译与传播……………………………于金权　168

应用翻译、翻译技术与社会服务

晚清域外法律翻译的制度化演进⋯⋯⋯⋯⋯⋯⋯⋯⋯⋯⋯⋯⋯⋯韩淑芹　182

翻译教育、翻译职业与翻译伦理

国际翻译家联盟推动翻译职业化的举措研究⋯⋯⋯⋯⋯⋯张慧玉　占　琦　198

晚清译坛"失信"行为解析及对译者行为合理性评价的启示⋯⋯王军平　周正履　214

《翻译与社会》约稿函⋯⋯⋯⋯⋯⋯⋯⋯⋯⋯⋯⋯⋯⋯⋯⋯⋯⋯⋯⋯⋯⋯227

社会翻译学理论与方法

近20年国内的社会学路径翻译研究：评析与反思[*]

汪宝荣[**]

摘要：本文基于中国知网期刊数据库收录的研究论文，对近20年国内的社会学路径翻译研究进行可视化分析和文献分类述评。其研究进展可分为蓄势待发期（2002—2009年）和快速发展期（2010年至今），当前成果很丰富，同时问题很突出，后者包括理论创新不足、理论和研究方法运用失当等。现有研究论文以西方理论和研究成果介评、应用西方理论的个案研究居多，理论建构偏少，研究力度亟待加强。今后应注重理论和话语体系创新，引进和自创"双管齐下"，才有可能建成一门翻译学的子学科。

关键词：社会翻译学；翻译社会学；社会学路径翻译研究；现状；学科发展

Abstract: This article reviews and reflects on the status quo of the sociological approach to translation studies in China over the past two decades by analyzing major research papers collected in CNKI. It is found through CiteSpace analysis that the field witnessed a slow growth during 2002–2009 while the subsequent years saw a rapid rise. Domestic translation scholars have produced fruitful research though some basic issues and research problems are yet to be resolved. A critical review of select research papers shows that a majority of them are literature reviews and case studies applying western theories while original research devoted to theoretical construction need be enhanced. It is suggested that since constructing a sociology of translation in China hinges on theoretical and conceptual innovation, we should both make critical use of western theories and develop our own theories.

---

[*] 国家社会科学基金项目"中国特色社会翻译学理论建构与实践研究"（项目号：22BYY013）。

[**] 汪宝荣，博士，杭州师范大学外国语学院教授，研究方向为中国文学译介与传播、社会翻译学、中国翻译史。

Key words: socio-translation studies, translation sociology, sociological approach to translation studies, status quo, development of the sub-discipline

一、引言

　　社会学路径或视角的翻译研究是国内外翻译学最新进展之一。早在1972年，霍姆斯（Holmes，1988：72）就构想了一个被他称为"翻译社会学"或"社会翻译学"的研究领域。然而，社会学与翻译研究到了20世纪90年代才发生交叉融合，系统建构"一门翻译社会学"则始于世纪之交，以沃尔夫和福卡里（Wolf & Fukari，2007）合编的论文集出版为标志，当前"多个翻译社会学并存"（Buzelin，2013：186，195）。沃尔夫指出，在今天的西方，翻译社会学"作为翻译学分支或者子学科的地位已经得到了认可"（张汨、沃尔夫，2017）。国内相关研究起步于21世纪初，当前"已呈现出强劲的发展势头，理论成果层出不穷"，但"翻译社会学的发展也面临着不少问题"，翻译学界正努力"使之真正成为翻译学的一个子学科"（王东风，2021：196）。鉴于此，本文用"社会学路径的翻译研究"来指称该研究领域，以"翻译社会学"或"社会翻译学"指这个成长中的子学科。学界对这两个术语尚有争议（王洪涛，2011；武光军，2020；周领顺，2023），笔者认为两者作为学科名称均可接受，同时赞同周领顺（2023）的观点，即"继续争论下去是没有多少意义的"，故不做辨析。

　　根据霍姆斯的设想，社会翻译学"既是翻译学也是社会学的一个正当合理的研究领域"（同上），从而为社会学家关注、研究翻译打开了思路。西方从20世纪90年代起就形成了两个研究阵营，一是借用社会学理论和方法的翻译学者，如西梅奥尼（D. Simeoni）、古安维克（J-M. Gouanvic）；一是对翻译产品和功能进行宏观研究的社会学家，如海尔布伦（J. Heilbron）、萨皮罗（G. Sapiro）、别尔萨（Bielsa，2023）。当前，国内的社会学家尚未关注翻译问题，只有翻译学者尝试用社会学理论和方法描述和解释翻译现象，像西方一些社会学家所做的宏观研究尚阙如。因此，本文考察的是翻译学界的成绩和不足。

　　周领顺（2023）指出，近年来国内社会学路径的翻译研究"成果越来越丰富"，"但在发展过程中，还有诸多问题值得思考"。这与王东风的论断基本一致，且看似洞隐烛微，持论公允，可惜都缺少有关数据支持。本文采用 CiteSpace 可视化分析、文献分类述评等方法，试图考察国内本领域发文情况、重要学者、研究主题和热点等；文献述评旨在盘点重要研究成果，剖析问题和不足。王洪涛（2016）、邢杰等（2016）、汪宝荣（2019a）、顾春江（2024）都述评过本领域国内研究现状，提出了独到见解，但因研究目的和侧重点不同，以及文献来源和检索时间所限，其分析尚不够全面，且数据有待更新。本文基于中国知网 2002—2022 年收录的期刊研究论文，试图做出较全面的评析和反思，并略论学科发展问题。

二、可视化分析数据获取方法

笔者所用文献可视化分析软件是 CiteSpace 6.1.R3。其工作原理和操作机制为研究者所熟知，无须赘述。本研究依据的数据通过对中国知网期刊数据库收录的全部期刊进行检索、甄选而获取。首先设置检索方法和条件如下：在中国知网中选择"高级检索"，设定条件为"期刊检索"，以"翻译社会学""社会翻译学""布迪厄""拉图尔""卢曼"为主题，检索起始时间选"不限"，截止时间设定为 2022 年，检索条件选"精确"。用此法检索出 261 篇文献（检索时间为 2023 年 7 月 31 日，即被引量统计截止日）。然后，经人工剔除重复文献和会议通知或综述、新书讯等非研究型文献（融入作者独到见解的综述、书评、访谈被视为研究型文献），共得 235 篇有效文献。吕俊（2002）的《翻译学：解构与重建——论哈贝马斯交往行动理论对翻译学的建构性意义》是本领域的第一篇研究论文，由此确定数据时间范围为 2002—2022 年。最后下载文献题录信息（论文题目、作者、作者单位、摘要、关键词等），保存为纯文本文档，为可视化分析做好准备。

三、基础数据可视化分析

1. 年度发文情况

根据图 1，可把国内社会学路径的翻译研究进展划分为蓄势待发期

（2002—2009）和快速发展期（2010年至今）。第一阶段发文量较少，共14篇文献，总体增长平缓。后来成为本领域核心学者的傅敬民（2005）、胡牧（2006）、邢杰（2007）、武光军（2008）首次发表本领域论文。其间出现"翻译研究""文化资本""翻译学""社会学"等高频关键词（见图2），说明起步阶段集中关注布迪厄（P. Bourdieu）的理论。从检索到的文献看，本阶段还介绍了哈贝马斯（吕俊，2002）、拉图尔（B. Latour）（黄德先，2006）、卢曼（N. Luhmann）（武光军，2008）等人的社会学理论，为推动本领域研究做了理论上的准备。

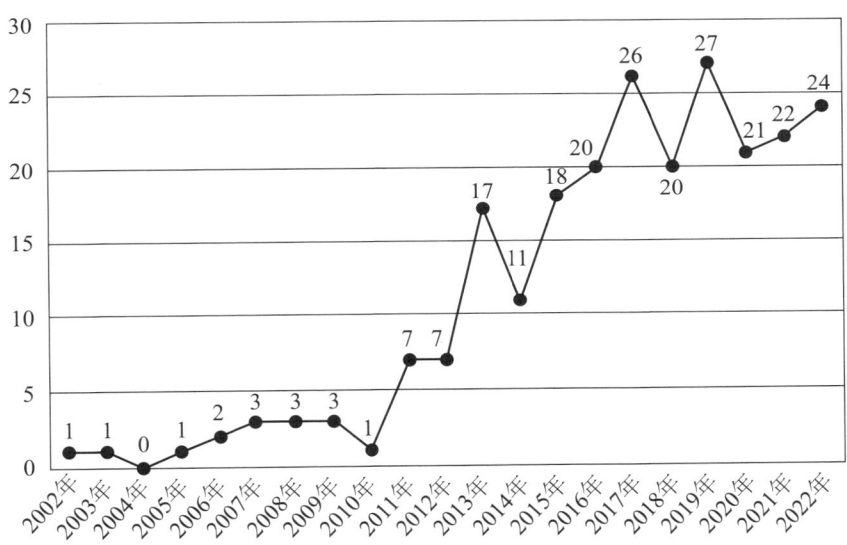

图1　2002—2022年国内本领域发文情况

第二阶段发文量显著上升。本领域重要学者胡牧（2011）、王洪涛（2011）、邵璐（2011）在同一年发表论文，影响都较大。陆志国2013年在外语类核心期刊上发表3篇论文，颇为活跃。2013—2014年发文量略有下降，2014—2017年又快速上升，2018、2020年对比上一年发文量均略有下降。2019年共发表27篇，为历年之最。此外，2013—2022年每年发文量都在10篇以上，其中2016—2022年每年发文量均超过20篇，表明国内学者对本领域研究持续关注，发文活跃并高速增长。本阶段出现以下高频关键词："翻译规范""习性""译者惯习""拉图尔""中国文学"等，说明对布迪厄的场域理论（又称

"社会实践论")持续关注,同时开始借鉴行动者网络理论,且有关研究多聚焦于中国文学外译和传播。

突显强度最高的14个关键词

关键词	年份	强度	起始时间	结束时间	2002—2022
翻译研究	2002	2.82	2002	2012	
文化资本	2003	1.33	2003	2005	
社会学	2007	1.57	2007	2008	
翻译学	2007	1.19	2007	2009	
翻译规范	2012	1.18	2012	2013	
翻译	2003	1.66	2013	2014	
习性	2014	1.08	2014	2015	
场域理论	2011	1.24	2015	2017	
译者惯习	2012	1.77	2016	2017	
布迪厄	2011	1.23	2017	2018	
拉图尔	2017	1.22	2017	2020	
布尔迪厄	2018	1.19	2018	2020	
中国文学	2019	1.73	2019	2022	
译者行为	2020	2.61	2020	2022	

图2　国内本领域研究关键词引文突发节点图

2. 重要作者及合作研究网络

根据普赖斯定律,核心作者最低发文量计算公式为 $N=0.749 \times n_{max}^{1/2}$ (n_{max} 为最高产作者的发文量),$n_{max}=15$,计算可得 N≈3,即本领域核心作者最低发文量须为 3 篇,故有 6.5% 即发文量≥3 篇的为核心作者(姚雪等,2017)。考虑到论文的影响力与发表载体和被引量的关系,我们根据以下标准统计每位作者的发文量:刊于北大核心或 CSSCI(含 CSSCI 扩展版)收录期刊,刊于普刊且被引 10 次以上。据此析出 13 位重要作者,汪宝荣(12篇)、王洪涛(9篇)、邢杰(8篇)、陆志国(5篇)、傅敬民、王传英、徐敏慧、胡牧、邵璐(各4篇)等均为本领域核心作者(见表1)。这些学者在引领国内研究、推动本学科发展中作用突出。图 3 显示,汪宝荣、王洪涛、邢杰等形成了合作研究网络,而其他重要作者尚未形成稳定的合作网络,且团队分布较分散,说明合作研究有待加强。

表 1　国内本领域核心作者及发文量

序号	作者	所在单位	发文量	首次发文年	最新发文年
1	汪宝荣	杭州师范大学	12	2014	2020
2	王洪涛	北京外国语大学	9	2011	2022
3	邢杰	广东外语外贸大学	8	2007	2021
4	陆志国	洛阳师范学院	5	2013	2020
5	傅敬民	上海大学	4	2005	2022
6	王传英	南开大学	4	2013	2017
7	徐敏慧	澳门大学	4	2013	2022
8	胡牧	南京师范大学	4	2006	2022
9	邵璐	中山大学	4	2010	2021
10	武光军	北京航空航天大学	3	2008	2020
11	骆雯雁	香港岭南大学	3	2020	2022
12	刘晓峰	西安外国语大学	3	2016	2020
13	王军平	哈尔滨工业大学	3	2015	2020

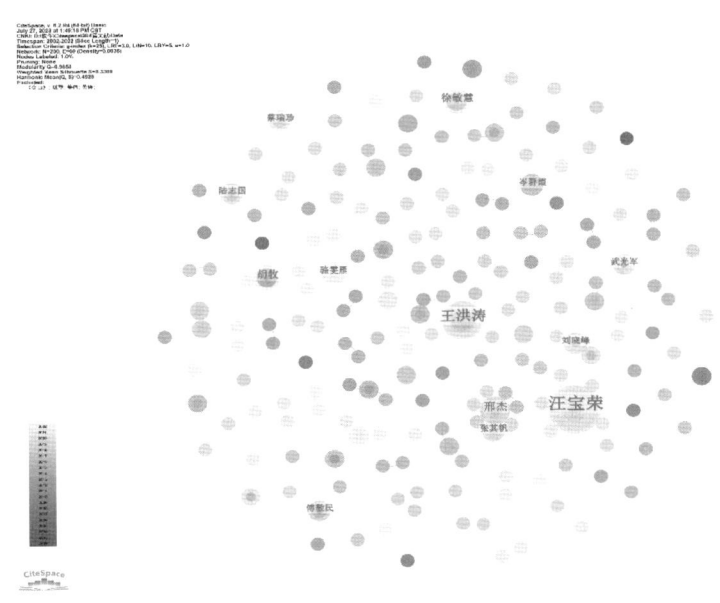

图 3　国内本领域核心作者合作网络

3. 研究热点分析

（1）关键词聚类图谱

图 4 显示，"布迪厄""惯习""场域""资本""译者惯习""文化资本""葛浩文"等关键词节点较大，是近 20 年国内社会翻译学研究热点，说明基于布迪厄理论的翻译研究最活跃。此外，年轮半径较大、出现年份较早的 3 个关键词节点为"翻译研究""翻译学""社会学"，其中心年轮颜色较深，外圈年轮颜色较浅，说明它们不仅较早被国内学者关注，且被持续关注。"惯习""资本""场域""译者惯习""布迪厄"的中心年轮颜色较浅，且半径较大，外圈年轮颜色浅，说明它们是近年来关注的热点。

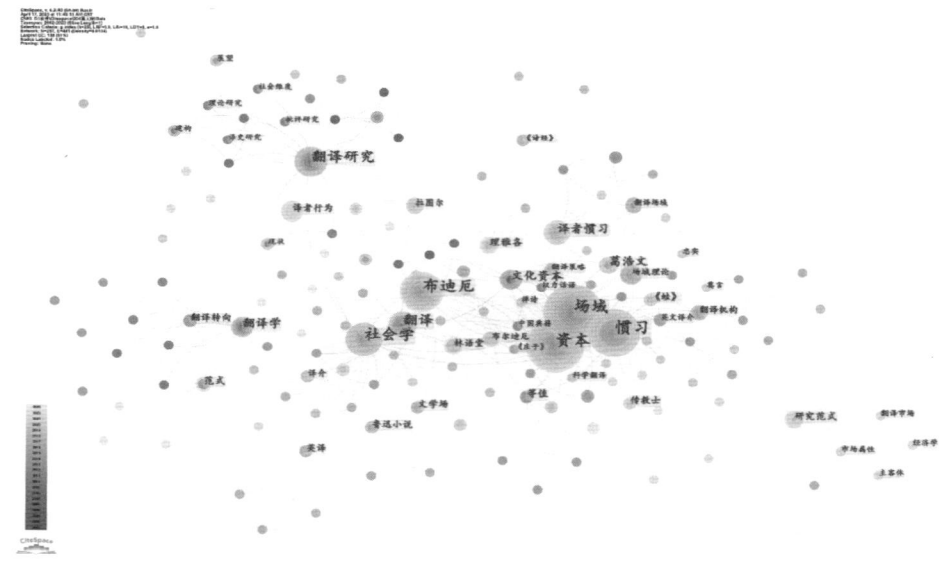

图 4 关键词聚类图谱

（2）关键词时间线图谱

图 5 显示，布迪厄场域理论的核心概念"惯习""场域""资本"在 2011 年被正面介绍，王悦晨（2011）和邵璐（2011）的释解较详尽，引介之功突出。"布迪厄"这条时间线出现于 2011 年，2012—2015 年其研究热度降低；到了 2016—2019 年，其研究热度回升。

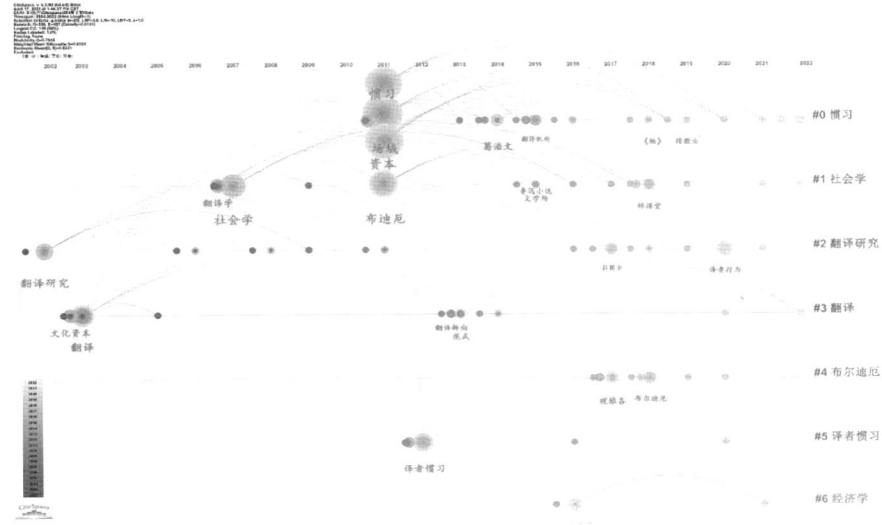

图 5 关键词时间线图谱

(3) 个案研究关键词聚类图谱

图 5 中 2013 年时间轴开始出现"苏曼殊""葛浩文""林纾"等译者名和《号令》《蛙》《诗经》等书名，此类关键词一般出现于个案研究中。我们对个案研究文献进行筛选，得到 51 篇。对这些文献进行关键词共现图谱作图，按照关键词的中心性显示关键词，阈值设置为 3，得到图 6。以被引 50 次以上为标准再次筛选，检索到 4 篇高被引论文（见表 2）。

图 6 显示，"资本""场域""惯习""译者惯习""布迪厄""葛浩文""理雅各"等节点半径较大，反映出近 20 年国内个案研究主要围绕这些关键词，尤其"资本""场域""惯习"地位突显，表明场域理论最受国内翻译研究者青睐。

屠国元（2015）基于"惯习"概念，分析了马君武翻译选材行为的历时变化及其成因，揭示了译者惯习因职业身份而变的事实。邵璐（2012）以"译者惯习"和"资本"为分析工具，考察了严复和林纾如何在中国近代权力场中通过斗争获得各种资本。蔡瑞珍（2015）从"场域"视角分析了鲁迅小说在美国译介活动的历时变化，指出这与美国文学场在权力场中的位置变化密切相关。汪宝荣（2014）整合运用场域理论和行动者网络理论，分析了葛浩文译者惯习形成和构建、运作行动者网络进而完成翻译生产的过程。

图 6　个案研究关键词共现图谱

表 2　基于布迪厄理论高被引个案研究

题名	作者	文献来源	发表年	被引
布尔迪厄文化社会学视阈中的译者主体性——近代翻译家马君武个案研究	屠国元	中国翻译	2015	117
葛浩文英译《红高粱》生产过程社会学分析	汪宝荣	北京第二外国语学院学报	2014	92
Bourdieu 社会学视角下的重释中国近代翻译史——以并世译才严复、林纾为例	邵璐	中国外语	2012	68
文学场中鲁迅小说在美国的译介与研究	蔡瑞珍	中国翻译	2015	57

四、重要研究论文分类述评

论文的影响力通常与发表载体相关，一般来说，越是学界公认的重要期刊，论文被引量及影响力越高。同时要考虑有的重要论文发表于普刊但被引量较高，有较大影响。仍以刊于北大核心或 CSSCI（含 CSSCI 扩展版）收录期刊，刊于普刊且被引超过 10 次为标准，借助 Excel 对 235 篇文献进行筛选，得到 132 篇（包括核心 117 篇，非核心 15 篇）。

邢杰等（2016）将相关文献分为理论探索、案例研究、综述评介三类。汪宝荣（2022：15—25）细分为西方理论及研究成果引介或综述、应用西方理论的个案研究、批判性反思、翻译理论模式建构四类。本文参照后者的分类法，但把"国内研究现状述评"单列出来（见图 7）。这类文献共 3 篇，已在引言中提及，本节不再复述。以下采用人工统计，按研究性质把 129 篇文献分成四类，择取重要者加以述评。有的文献兼具两种性质，如在个案研究的基础上有批评反思，为便于统计，我们按其主要性质归入个案研究类，不做重复分类统计。邢杰等（2016）的述评涉及国内外研究，因此分别计入第一、第二类中。

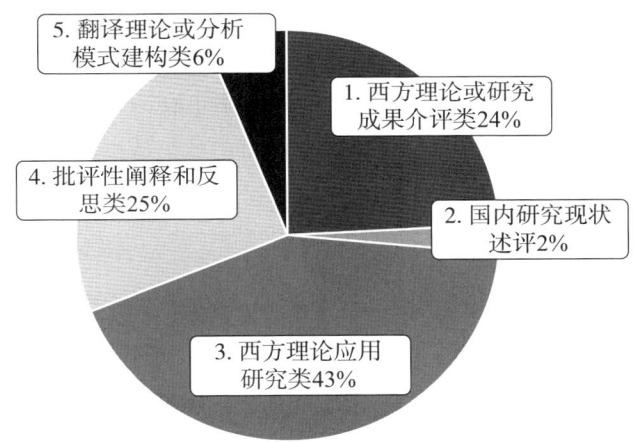

图 7　五类研究文献占比情况

1. 西方理论或研究成果介评

"国内研究重在引介（国外理论和研究成果）"（邢杰等，2016）。图 7 显示，此类文献占 24%，有 32 篇。"这类研究不具原创性，但有向国内同行引介国外最新研究动态之功，有助于启迪、触发、推动国内相关研究"（汪宝荣，2022：24）。迄今被集中引介的是布迪厄的场域理论、拉图尔等人的行动者网络理论和卢曼的社会系统论。邢杰（2007）引介了布迪厄的"惯习"概念和西梅奥尼的"译者惯习"假说,认为两者能补充描述性翻译研究侧重于规范的解释框架。李红满(2007)较早引介布迪厄的理论,并述评了基于该理论的国外翻译研究成果。邵璐(2011)和王悦晨(2011)对场域理论做了较全面细致的释解。杨柳(2003)、徐敏慧(2016)引介了布迪厄的文化生产场域理论。

行动者网络理论由拉图尔、卡隆(M. Callon)、劳(J. Law)等人创立于20世纪80年代中期,内容纷繁复杂,不同学者对同一概念往往有不同阐释。黄德先(2006)较早引介行动者网络理论,对三位社会学家的理论观点均有提及,重点引介了卡隆提出的"转译四步骤",即"明确问题""利益赋予""招募""动员"。武光军(2008)简单介绍了拉图尔的核心观点,认为它适用于分析翻译生产过程。邢杰等(2019)详细介绍拉图尔的理论,并论述其在翻译研究中的应用。骆雯雁(2022)介评了拉图尔、卡隆、劳各自的理论观点,有助于拓展对该理论的认识和应用。

武光军(2008)介绍了卢曼的理论要点。宋安妮(2014)阐释了卢曼的社会系统论,释解了核心概念"系统""自我再生""自我指涉"等,认为其对翻译研究有指导意义。卢曼的理论论述"抽象得可怕"(Hermans, 1999: 137),比较晦涩难懂,目前国内学者对它的引介和应用都不够活跃。

邢杰等(2016)基于 Web of Science 数据库收录期刊论文及部分专著,述评了 1995—2015 年国外研究现状。汪宝荣(2017, 2018)分别述评了当前社会翻译学的3个分支和4个核心研究领域。武光军(2019)基于 SSCI、A & HCI 期刊收录论文,梳理了 1998—2017 年国外研究现状。这些文章不仅信息量大,而且融入了作者的独到思考,颇具启迪和借鉴意义。对国外最新研究动态的介评多见于书评,兹不赘述。

国内学者积极引介3位欧洲社会学家的理论,述评国外有关成果,推动了国内研究。同时存在以下不足:(1)引介3位欧洲社会学家用力不均,集中介绍了场域理论,而引介卢曼理论较少,对布迪厄的出版社会学理论还没有引介;(2)引介国外其他社会学理论略显滞后,如尚未引介吉登斯(A. Giddens)和高夫曼(E. Goffman)的理论(Baker & Saldanha, 2020: 545—549, 560—565);(3)述评国外研究以期刊论文为主,对重要专著和论文集关注不足,跟进不及时。

2. 西方理论应用研究

理论应用类文献主要是个案研究。在笔者检索到的235篇文献中，未见应用国内社会学理论的个案研究，故名之为"西方理论应用研究"。此类文献共57篇，占比高达43%。个案研究一般基于某个理论视角，描述、解释特定个案，最后讨论启示意义，"三段式"论述简单便利，且理论联系实际，故为研究者所青睐。这些文献所用社会学理论分类统计见图8。

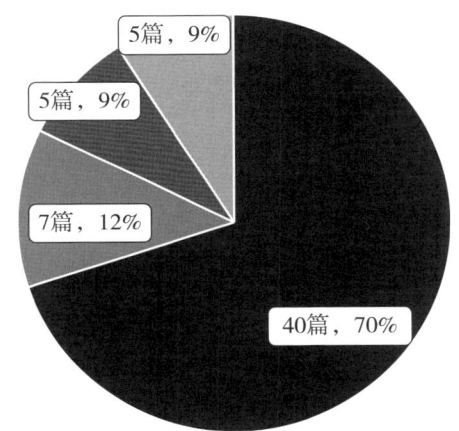

■ 布迪厄理论：40篇　　■ 布迪厄理论+行动者网络理论：7篇
■ 行动者网络理论：5篇　　■ 其他理论（卢曼、卡萨诺瓦等人的理论）：5篇

图8　个案研究所用社会学理论分类统计

图8显示，应用布迪厄理论（以场域理论为主）的个案研究高达70%。傅敬民（2005）率先从"文化资本"的视角，分析了《圣经》汉译何以能形成强大的文化资本。此后应用场域理论越来越热门，于今为盛。基于文化生产场域理论的个案研究则不多。董琇（2016）基于该理论视角，分析了导致《三国演义》和《水浒传》英译本审美再现差异的3个翻译行为者，指出翻译策略受翻译行为者影响。

引介行动者网络理论较多，但个案研究并不多，仅占9%。张莹（2019）基于卡隆的"转译四步骤"，分析了熊式一英译《王宝川》的过程及其成功的动因。骆雯雁（2020）基于拉图尔和卡隆对"行动者"的定义，区分了"直接相关行动者"和"间接相关行动者"，并参照二人提出的研究准则，描述了英国汉学家韦利（A. Waley）节译《西游记》的生产过程。仲文明、王亚旭（2022）基于行动者网络理论，考察了美国生态文学杰作 Silent Spring（《寂静的春天》）汉译行动者网络构建过程。

应用卢曼、卡萨诺瓦（P. Casanova）等人理论的个案研究占9%。杨晓华（2011）从卢曼的社会系统论视角，分析了语言服务系统通过自我指涉和自我生产，将翻译系统与环境的复杂关系加以简化。蒋梦莹（2017）借用卡萨诺瓦的世界文学场域结构分析模式，分析了中国作家残雪、译者、出版商、评论家、主流媒体等如何促成残雪在美国的"神圣化"。汪宝荣（2019b）基于卡萨诺瓦的分析模式认为，要倚重国际知名译者、出版商、评论家来翻译、出版、评论中国文学作品，以提高中国文学在世界文学场域的被认可度。

比泽兰认为行动者网络理论和场域理论相互补充，是翻译研究中"始料不及的盟友"（Buzelin，2005）。受其启发，一些国内学者尝试将两者用于个案研究中。汪宝荣（2014）分析了葛浩文翻译《红高粱家族》的生产过程。刘毅（2021）和冯正斌、唐雪（2021）分别考察了《射雕英雄传》和贾平凹小说《高兴》英文版的翻译生产与传播过程。

已有个案研究成果丰富，但大多关注中国文学译介与传播，选题"扎堆"现象突出。其次，大多止步于对个案本身的描述和解释，而个案研究的更大意义在于提出假设和检验理论框架的有效性（Saldanha & O'Brien，2014：209—211）。这是今后需要加强的。再次，不少个案研究存在"概念误读和研究方法运用失当"的情况（邢杰等，2016），如场域理论应用上的突出问题（汪宝荣、倪华英，2023）。

3. 批评性阐释和反思

这类文献侧重于对本学科的性质和发展及其理论基础、研究对象、内容和方法论等做出"元思考"或批判性反思。此类论文共计33篇，占25%，说明论述颇多、颇活跃。

在哈贝马斯的交往行动理论启迪下，吕俊（2002）强调指出："翻译活动恰恰是一种社会活动……把翻译活动的这一重要的社会性忽略掉，正是我们以往对翻译定位的错误。"由此提醒翻译学界要从社会学视角研究翻译。胡牧（2006）对社会学视角翻译研究的原则、方法和内容做了初步思考，并展望了本学科发展目标,认为"我们力图建立的社会翻译学,重心在翻译学,而不是社会学"。胡牧(2011)指出,"文化转向"之后的翻译研究对文本生产者、生产过程、产品的社会性关注不足,主张基于马克思的社会生产理论,以社会需求、社会选择、社会评价等为翻译研究重点。胡牧较早提出"社会翻译学"之名,并主张以马克思的社会学理论为其理论基础,其学术思考值得重视。

武光军(2008)指出翻译社会学研究之不足,即本体论上是离心式研究,认识论上是相对主义,方法论上是人类学方法,认为该研究范式需要"适度的本体回归与解释力的深化"。王洪涛(2011)辨析了作为学科之名的"翻译社会学"和"社会翻译学",认为后者更合适,"社会翻译学"主要研究社会与翻译的关系。武光军(2020)则指出,当前国内学者多用"翻译社会学","统一采纳'翻译社会学'这一名称更有利于推动该学科的系统性发展"。傅敬民(2014)认为,"社会翻译学""翻译社会学"都有些怪异,如要冠以"××学"之名,似以"社会翻译学"为宜,同时建议用"社会学视角的翻译研究"来表示这个研究领域。王洪涛(2016)认为,作为一门"社会学与翻译学的交叉学科",社会翻译学是一种"综合性研究",兼顾内部(文本)研究和外部(语境)研究,以"所有具有社会性质的翻译现象或翻译活动"为研究对象,从而修正了他在2011年提出的观点。傅敬民(2018)认为,社会学视角翻译研究旨在"运用社会学的理论与方法来描述、分析、解释作为社会现象的翻译问题",重点是"在社会层面引发的翻译问题,其中包括内部研究和外部研究"。其基本观点与王洪涛(2016)相若,但他认为目前社会翻译学只是翻译学的一个研究领域,因而不用"交叉学科""子学科"等字眼。

有关学者对这个成长中的学科的名与实和发展及其理论基础、研究对象、内容和方法论等进行了批评和反思,有助于深化学界对它的认识。然而,周领顺(2023)最近对其称谓和发展问题的"批评"表明,这些基本问题仍有深入讨论的必要。

4. 翻译理论或分析模式建构

这类研究多从社会学理论或概念出发,基于个案研究提出假设,有的则先假设后检验。经反复验证后,有效性、适用性高的最终可以上升为理论或分析模式。在132篇文献中,此类论文仅占6%(8篇),且大多借鉴国外理论,"中国的社会学概念和社会学家的研究方法被整体忽略了"（周领顺，2023）。

王传英（2013）借鉴赫尔曼斯（Hermans，1996）对翻译规范的社会学重释，提出以下假设：翻译行为发生在一个由社会行为者组成的社会-文化网络中，网络中的个体或群体有自己的价值判断和利益诉求；决定翻译结果的是各行为者人际协调的效率；为了保证网络中的行为者能够和谐共存，规范承担起协调人际关系的重任。

仲伟合、冯曼（2014）借鉴布迪厄的场域理论和沃尔夫划分的"行为者社会学""翻译过程社会学""文化产品社会学"3个分支（Wolf，2007：13—18），勾画了中华文化外译宏观、中观、微观研究框架，界定了3个层面的研究对象和内容，从而建构出该领域的研究体系。

任东升、高玉霞（2015）基于场域理论，提出一个适用于国家机构翻译的假说：制度化是翻译活动被赋予政治使命的必然结果，翻译生产、出版和流通被纳入国家文化生产中。"翻译制度化"利于集约化生产，保证译本权威性，确保对译者行为的监控，同时也会限制译者主体性发挥，导致译本程式化，可读性降低。翻译制度化产出的是用于实现国家政治目标的"制度化翻译"。

王洪涛（2021）在布迪厄、拉图尔、卢曼理论的启迪下，提出以下假设：中国古典文论在西方的英译与传播是一种"限制性"活动，通过一个行动者网络而运作；当前的翻译活动主要受国际文学场域非均衡性结构的制约，传播效果则受英语国家文学系统的制约。既然是假说，其有效性、适用性有待验证，如它是否适用于译成西班牙语、意大利语、日语等非中心语言？

汪宝荣（2020）借鉴行动者网络理论和场域理论，建构了一个用于分析中国文学译介与传播的网络模式，涉及项目发起、翻译生产、译作传播三个环节，认为每个环节均依赖一个行动者网络的构建和运作，而这既要借助资本的转化，也牵涉行动者职业惯习的介入。该分析模式已引起反响：有学者认为它是"一个切实可行的分析框架，具有显著的方法论价值"（赵朝永，2022），"对社会翻译学研究、中国文学译介与传播模式研究等均具有极高的参考价值"（朱云会、胡牧，2022）；已被应用于个案研究中（冯正斌、唐雪，2021；汪晓莉、陈帆帆，2022；王海珠、王洪涛，2023）。

有关学者结合中国的翻译实践和现象提出了一些假说或分析模式，做出了理论建构尝试，但大多借鉴国外理论，表明"理论创新不足"（邢杰等，2016）。在西方，西梅奥尼的"译者惯习"假说，古安维克的结构主义建构论翻译模式，海尔布伦的国际翻译图书系统分析模式等，为建构翻译社会学奠定了理论基础。由是观之，构建适合中国语境的翻译理论或分析模式是今后的着力点。

五、结语

可视化分析结果表明，国内的社会学路径翻译研究起步于2002年，其进展可分为蓄势待发期（2002—2009年）和快速发展期（2010年至今）。第一阶段发文量较少，总体增长平缓，3位欧洲社会学家的理论均被引入，核心作者傅敬民、胡牧、邢杰、武光军等首次发表本领域论文。第二阶段发文量显著上升，王洪涛、邵璐、陆志国等开始发表本领域论文并持续关注场域理论，同时开始应用行动者网络理论，多聚焦于中国文学外译和传播。13位重要作者在引领国内研究、推动本学科发展中作用突出。从研究热点和关键词时间线图谱分析看，基于布迪厄理论的翻译研究最活跃，其理论一直最受国内翻译研究者青睐，于今为盛。

通过分类述评132篇论文，笔者有几点反思：

第一，国内学者积极引介3位欧洲社会学家的理论，述评国外有关成果，有启迪、推动国内研究之功，但目前存在引介3位欧洲社会学家厚此薄彼、跟进引介国外其他社会学理论有些滞后、述评国外研究现状所用数据来源单一等问题。

第二，个案研究成果相当丰富，但选题"扎堆"现象突出，今后应注重口译、非文学翻译、视听翻译等选题。其次，基于个案研究提出假设和检验理论框架有待加强，这是构建翻译理论或分析模式的重要路径。再次，不少个案研究存在理论或研究方法运用失当的问题，同时应用布迪厄理论尤其场域理论"过热"。

第三，有关学者对这个成长中的学科的名与实和发展及其理论基础、研究对象、内容和方法论等展开了批评和反思，有助于澄清问题，深化认识。这些基本问题事关本学科发展，当前尚未达成共识，因而仍有深入讨论的必要。

第四，一些学者结合中国的翻译实践和现象提出了假说或分析模式，在理论建构方面进行了可贵的尝试，但大多借鉴国外理论，且这类文献明显偏少，研究力度亟待加强。

最近，傅敬民、王洪涛、胡牧在《外语教学》2023年第5期发表专栏论文，对本领域理论借鉴与创新、方法论体系建构、价值功用与应用前景等，做了新的探讨和反思；邢杰（2023）则探究其学理基础，表明国内学者更注重学科、学理和理论层面的元思考，这是建成一门翻译学子学科的重要基础。本文印证了王东风和周领顺的论断：国内已有研究"成果很丰富，同时问题很突出"。"任何理论学说或学派都要有自己明确的对象，有自己明确的任务目标，有自己一以贯之的思想主线和范畴概念术语体系，有自己特定的研究方法、分析工具和逻辑基础，因此也就有它自己的范围界限"（罗进德，2012：3）。对照这一创立独立学派的标准，我们还得做很多"充实性的基础研究"（周领顺，2023）。周领顺最近发出的诘问——"如果撇开布迪厄、卢曼、拉图尔等人的这些理论概念，还会有这个'学'吗？"——可谓一针见血，发人深省。笔者虽不同意"过于依附（国外）社会学目前的几个概念……难免会成为附庸""目前暂未发现它们在解释翻译现象和解决翻译问题时捉襟见肘"等观点（同上），但国内相关研究经过快速发展后该何去何从？延续"以他山之石攻我之玉"的做法？还是抛开这些借自国外的理论和概念，另起炉灶，到中国的社会学理论和概念里去吸取所需的养分？对这些重要问题，翻译学界应展开讨论并尽快取得共识。同时，试点研究要跟进，以检验中国的社会学理论和概念能否解释翻译现象。另一方面，学问不必分中西，"拿来主义"正当合理，但生搬硬套不可取。借鉴吸收普适性高的国外理论和概念（包括目前已被引介且应用的），结合中国的翻译实践和现象加以修正，使之适用于中国的社会语境，这同样是理论创新！总之，唯有双管齐下建构自己独特的理论和概念术语体系，才有可能建成一门翻译学子学科。

参考文献：

[1] Baker, M. & Saldanha, G. (eds.). *Routledge Encyclopedia of Translation Studies, 3rd ed*, London & New York: Routledge, 2020.

[2] Bielsa, E. *A Translational Sociology: Interdisciplinary Perspectives on Politics and Society*,

London & New York: Routledge, 2023.

[3] Buzelin, H. "Unexpected allies: How Latour's network theory could complement Bourdieusian analysis in translation studies", *The Translator*, 2005, 11(2).

[4] Buzelin, H. "Sociology and translation studies", In Millán, C. & Bartrina, F. (eds.). *The Routledge Handbook of Translation Studies*, London & New York: Routledge, 2013.

[5] Hermans, T. "Norms and the determination of translation: A theoretical framework", In Alvarez, R. & Carmen-Africa Vidal, M. (eds.). *Translation, Power, Subversion*, Clevedon: Multilingual Matters, 1996.

[6] Hermans, T. *Translation in Systems: Descriptive and System-Oriented Approaches Explained*, Manchester: St. Jerome Publishing, 1999.

[7] Holmes, J. S. *Translated! Papers on Literary Translation and Translation Studies*, Amsterdam: Rodopi, 1988.

[8] Saldanha, G. & O'Brien, S. *Research Methodologies in Translation Studies*, London & New York: Routledge, 2014.

[9] Wolf, M. & Fukari, A. *Constructing a Sociology of Translation*, Amsterdam: John Benjamins Publishing Company, 2007.

[10] Wolf, M. "Introduction: The emergence of a sociology of translation", In Wolf, M. & Fukari, A. *Constructing a Sociology of Translation*, Amsterdam: John Benjamins Publishing Company, 2007.

[11] 蔡瑞珍:《文学场中鲁迅小说在美国的译介与研究》,《中国翻译》2015 年第 2 期。

[12] 董琇:《布迪厄理论视角下翻译审美再现研究——以罗慕士、赛珍珠的汉语典籍英译为例》,《同济大学学报》(社会科学版) 2016 年第 4 期。

[13] 冯正斌、唐雪:《社会翻译学视域下中国当代文学外译机制研究——以贾平凹〈高兴〉英译为中心》,《山东外语教学》2021 年第 4 期。

[14] 傅敬民:《〈圣经〉汉译与文化资本》,《上海大学学报》(社会科学版) 2005 年第 3 期。

[15] 傅敬民:《社会学视角的翻译研究:问题与前瞻》,《上海大学学报》(社会科学版) 2014 年第 6 期。

[16] 傅敬民:《社会学视角翻译研究的现实性》,《外语与外语教学》2018 年第 4 期。

[17] 傅敬民、李亚峰:《社会翻译学的理论借鉴与创新》,《外语教学》2023 年第 5 期。

[18] 顾春江:《中国社会翻译学研究可视化分析(2000—2022 年)》,《商丘职业技术学院学报》2024 年第 1 期。

[19] 胡牧:《翻译研究:一个社会学视角》,《外语与外语教学》2006 年第 9 期。

[20] 胡牧:《翻译研究:回归现实世界——对"文化转向"的再思考》,《中国翻译》2011年第5期。

[21] 胡牧:《社会翻译学的价值功用与应用前景》,《外语教学》2023年第5期。

[22] 黄德先:《翻译的网络化存在》,《上海翻译》2006年第4期。

[23] 蒋梦莹:《资本、场域与文学"神圣化"——残雪小说在美国的译介研究》,《山东外语教学》2017年第5期。

[24] 李红满:《布迪厄与翻译社会学的理论建构》,《中国翻译》2007年第5期。

[25] 刘毅:《〈射雕英雄传〉在西方的译介传播:行动者网络、译者惯习与翻译策略》,《解放军外国语学院学报》2021年第2期。

[26] 罗进德:《本位、本分、本色——〈刘宓庆翻译论著全集〉序》,见刘宓庆:《新编当代翻译理论》,北京:中国对外翻译出版有限公司,2012年。

[27] 骆雯雁:《行动者网络理论在翻译生产描述研究中的应用——以亚瑟·韦利英译〈西游记〉为例》,《外语研究》2020年第2期。

[28] 骆雯雁:《行动者网络理论的名与实及其对社会翻译学研究的意义》,《外语学刊》2022年第3期。

[29] 吕俊:《翻译学:解构与重建——论哈贝马斯交往行动理论对翻译学的建构性意义》,《外语学刊》2002年第1期。

[30] 任东升、高玉霞:《翻译制度化与制度化翻译》,《中国翻译》2015年第1期。

[31] 邵璐:《翻译社会学的迷思——布迪厄场域理论释解》,《暨南学报》(哲学社会科学版)2011年第3期。

[32] 邵璐:《Bourdieu社会学视角下的重释中国近代翻译史——以并世译才严复、林纾为例》,《中国外语》2012年第1期。

[33] 宋安妮:《卢曼的社会系统理论与翻译研究探析——论翻译研究的社会学视角》,《外国语文》2014年第3期。

[34] 屠国元:《布尔迪厄文化社会学视阈中的译者主体性——近代翻译家马君武个案研究》,《中国翻译》2015年第2期。

[35] 汪宝荣:《葛浩文英译〈红高粱〉生产过程社会学分析》,《北京第二外国语学院学报》2014年第12期。

[36] 汪宝荣:《社会翻译学学科结构与研究框架构建述评》,《解放军外国语学院学报》2017年第5期。

[37] 汪宝荣:《西方社会翻译学核心研究领域:述评及启示》,《解放军外国语学院学报》2018年第6期。

[38] 汪宝荣:《国内社会翻译学研究现状述评》,《亚太跨学科翻译研究》2019 年第 1 期（a）。
[39] 汪宝荣:《中国文学译介传播模式社会学分析》,《上海翻译》2019 年第 2 期（b）。
[40] 汪宝荣:《中国文学译介与传播行动者网络模式——以西方商业出版社为中心》,《解放军外国语学院学报》2020 年第 2 期。
[41] 汪宝荣:《中国文学译介与传播模式研究：以英译现当代小说为中心》,杭州：浙江大学出版社，2022 年。
[42] 汪宝荣、倪华英:《社会实践论在翻译研究中的应用：反思与前瞻》,《燕山大学学报》（哲学社会科学版）2023 年第 1 期。
[43] 王传英:《翻译规范理论的社会学重释》,《上海翻译》2013 年第 3 期。
[44] 王东风编著:《国外翻译理论发展研究》,北京：外语教学与研究出版社，2021 年。
[45] 王海珠、王洪涛:《人民文学出版社翻译传播网络建构过程及价值》,《出版科学》2023 年第 6 期。
[46] 王洪涛:《建构"社会翻译学"：名与实的辨析》,《中国翻译》2011 年第 1 期。
[47] 王洪涛:《中国社会翻译学研究十年（2006—2016）：思考、回顾与展望》,《上海翻译》2016 年第 5 期。
[48] 王洪涛:《"社会翻译学"研究：考辨与反思》,《中国翻译》2016 年第 4 期。
[49] 王洪涛:《中国古典文论在西方英译与传播的理论思考——社会翻译学的观察、主张与方略》,《中国翻译》2021 年第 6 期。
[50] 王洪涛、柳娟:《社会翻译学方法论——基于本体论、认识论与学科性质的体系建构》,《外语教学》2023 年第 5 期。
[51] 王悦晨:《从社会学角度看翻译现象：布迪厄社会学理论关键词解读》,《中国翻译》2011 年第 1 期。
[52] 汪晓莉、陈帆帆:《社会翻译学视域下武侠小说英译的项目发起研究》,《淮北师范大学学报》（哲学社会科学版）2022 年第 6 期。
[53] 武光军:《翻译社会学研究的现状与问题》,《外国语（上海外国语大学学报)》2008 年第 1 期。
[54] 武光军:《近二十年（1998—2017）西方翻译社会学研究：回顾与展望》,《上海翻译》2019 年第 2 期。
[55] 武光军:《"翻译社会学"与"社会翻译学"：基于社会学的翻译研究之学科名称辨析》,《山东外语教学》2020 年第 5 期。
[56] 邢杰:《译者"思维习惯"——描述翻译学研究新视角》,《中国翻译》2007 年第 5 期。

［57］邢杰:《新范式何以成为可能？——社会翻译学学理基础探究》,《上海翻译》2023 年第 5 期。

［58］邢杰、陈颢琛、程曦:《翻译社会学研究二十年:溯源与展望》,《中国翻译》2016 年第 4 期。

［59］邢杰、黎壹平、张其帆:《拉图尔行动者网络理论对翻译研究的效用》,《中国翻译》2019 年第 5 期。

［60］徐敏慧:《文化生产场域与文学译介模式》,《中国翻译》2016 年第 3 期。

［61］杨柳:《文化资本与翻译的话语权力》,《中国翻译》2003 年第 2 期。

［62］杨晓华:《翻译社会学的理论构架与研究——以中国语言服务产业为例》,《上海翻译》2011 年第 3 期。

［63］姚雪、徐川平等:《基于普赖斯定律和二八定律及在线投稿系统构建某科技期刊核心作者用户库》,《编辑学报》2017 年第 1 期。

［64］张汨、米凯拉·沃尔夫:《翻译研究中的"社会学转向"——米凯拉·沃尔夫教授访谈及启示》,《东方翻译》2017 年第 6 期。

［65］张莹:《行动者网络理论与中国文化外译——以熊式一英译的 Lady Precious Stream（〈王宝川〉）为例》,《外国语（上海外国语大学学报）》2019 年第 4 期。

［66］赵朝永:《社会翻译学视域下中国文学译介研究新进路——〈中国文学译介与传播模式研究——以英译现当代小说为中心〉评介》,《燕山大学学报》（哲学社会科学版）2022 年第 4 期。

［67］仲伟合、冯曼:《翻译社会学视角下文化外译研究体系的建构》,《外语研究》2014 年第 3 期。

［68］仲文明、王亚旭:《Silent Spring 汉译行动者网络构建考察》,《上海翻译》2022 年第 4 期。

［69］周领顺:《社会路径的翻译研究:一个批评性视角》,《外语与外语教学》2023 年第 3 期。

［70］朱云会、胡牧:《中国文学译介与传播研究:从文本到行动者——〈中国文学译介与传播模式研究:以英译现当代小说为中心〉介评》,《翻译季刊》2022 年总第 106 期。

社会翻译学：事件、跨界与向度[*]

胡牧[**]

摘要：回顾社会翻译学半个世纪以来的发展进程，可以得出两个论断：作为"事件"的社会翻译学和作为"跨界"的社会翻译学。把握社会翻译学的事件性与跨界性，基于我国翻译历史的社会性研究，社会翻译学的本土化建构可以选择两个向度：面向"时代与实践"、面向"引进＋本土化"。前者聚焦于"时空、事件、价值"，从大历史、长时段考察翻译事件对社会进程的建构作用。后者则定位于社会翻译学"理论、历史、批评"的总体性建构。

关键词：社会翻译学；事件；跨界；向度

Abstract: Reflecting on the development of social translation studies over the past half a century, two conclusions can be drawn: social translation studies as "events" and social translation studies as "cross-boundaries". By understanding the event nature and cross-boundary aspect of social translation studies, based on social research of translation history in China, the localization of social translation studies can be approached through two dimensions: facing "era and practice" and facing "importation + localization". The former focuses on "time, space, events, and values", exploring the constructive role of translation events in social processes from a macro-historical and long-term perspective. The latter positions itself as the overall construction of social translation studies in terms of "theory, history, and criticism".

---

[*] 本文系国家社科基金重大招标项目"社会主义文学经验和改革开放时代的中国文学研究"（项目号：19ZDA277）的阶段性成果。

[**] 胡牧，南京师范大学外国语学院教授，博士生导师，研究方向为社会翻译学、跨文化传播。

Key words: social translation studies, events, cross-boundaries, dimensions

一、引言

"我们正处在翻译研究的分水岭处，其中各种转换与冲突性的概念不断得到重新评估和修正"（Bassnett & Lefevere，2004：26）。从1972年霍姆斯提出"社会翻译学"概念至今，它已走过半个世纪的发展历程。期间，翻译研究的视角日益多元化，社会学领域的成果不断与之交融会通，使得社会翻译学已从西方学术思想的萌芽期发展至中外学术共同体的共建期。如何基于中国的翻译实践背景，基于翻译对中国社会进程和中华文明的内引外传的促进功能，进一步拓展社会翻译学研究，这需要在大历史观和大时代观的双重意识中加以把脉与透视。本文拟从事件、跨界和向度三个层面探究社会翻译学概念的世界性/普适性和应用的地域性/本土化问题。

二、作为"事件"的社会翻译学

1. 事件

回溯社会翻译学的发展，不妨将三个时间节点视为其分水岭、大事件。

其一，1972年，霍姆斯提出"社会翻译学"的概念，强调关注那些文本被翻译以及翻译在何时何地产生何种影响的研究，注重翻译的功能与语境（Holmes，2007：72）。遗憾的是，霍姆斯对此没有提供进一步的设想，但为社会翻译学的未来发展提供了丰富的想象空间。勒菲弗尔（Lefevere）、图里（Toury）、赫尔曼斯等学者在20世纪末关注到这一概念的价值，开始探究翻译的社会学问题及其可行性路径。这一阶段，可以视为垫伏期。

其二，2005年，奥地利格拉茨大学召开了以"作为社会实践的翻译"为主题的国际研讨会，旨在使社会翻译学概念化，以期通过实证研究等路径，建构一个综合的理论与方法框架，从而可以在各种语境下分析翻译过程的社会内涵。由今观之，该会议的议题引领着社会翻译学在21世纪以来的定位与发展方向。部分议题包括：社会学的哪些模式可以拓展翻译研究视野？翻译过程特征的哪些模式可以将翻译视为一种社会实践？规范概念的哪些方面有助于建构翻译社会学？哪些权力关系影响着翻译的社会行动者？翻译活动相关人的社会网络的性质如何？翻译市场发挥作用的前提要素有哪些？"外在的"社会条件对译者决策在哪些方面存在着影响？从翻译研究的历史视角来看，哪些问题同社会翻译学具有相关性？以及出版政策，口笔译人员的职业意向、工作环境，机构的功能，法律条件，等等。这些议题对翻译社会学名与实的研究都起到了推动作用。2007年，米歇拉·沃尔夫（Michaela Wolf）和亚历山德拉·福卡里（Alexandra Fukari）将赫尔曼斯、古安维克、海尔布伦、切斯特曼（Chesterman）等学者的论文汇编成《建构一门翻译社会学》（Constructing a Sociology of Translation）出版。图里在该书扉页做了如此推荐，"'作为社会实践的翻译'历经三十年的领域建构，社会翻译学终于雏形初现"（Wolf & Fukari, 2007）。格拉茨大学研讨会之后，社会翻译学领域涌现出了一批富有建构姿态的学者、学说。尤其是在借鉴布迪厄的建构主义社会学理论、拉图尔等人的行动者网络理论、卢曼的社会系统论等方面，形成了一系列的社会翻译学最新成果。杰里米·芒迪（Jeremy Munday, 2022：198）研究发现，除了Wolf & Fukari（2007）外，还有Pym（2006）、Heilbron & Sapiro（2007）、Milton & Bandia（2009）、Vorderobermeier（2014）、Angelelli（2014）、Tyulenev（2014）、Blakesley（2018）等。可以认为，这一阶段是社会翻译学的蓬勃发展期。

期间，我国翻译界对该领域也给予了关注。傅敬民、王传英、汪宝荣、邵璐、胡牧等学者的18篇代表性论文收集在王洪涛（2017）主编的《社会翻译学研究：理论、视角与方法》一书中，为促进社会翻译学学术共同体和研究范式的形成、推动社会翻译学研究发展，为社会翻译学的学科建构发挥了引领作用。邢杰等（2019）用拉图尔的行动者网络等分析了葛浩文英译莫言小说《红高粱家族》和《蛙》时采用不同翻译策略的动因。刘晓峰、杨悦（2021）考察了凯恩斯经济学思想在中国的百年译介和影响。类似研究一方面从社会翻译学视角将国外社会学理论用于具体文本的译介、传播及接受状况之中，拓展了国内翻译研究的视角，另一方面也反映出以具有本土化特色的社会学理论做支撑的呼求。

其三，2021年，由傅敬民、王洪涛等国内中青年学者牵头向中国英汉语比较研究会申请获批成立了社会翻译学专业委员会，标志着国内学术共同体在该领域的形成。社会翻译学将翻开新的篇章，进入推动自身在学科、学术和话语方面的体系化建设时期。这是国内社会翻译学发展进程中一个里程碑式的事件。

2. 事件性

在《事件：哲学在途》中，齐泽克提出，事件有着种种不同的分类，包含着林林总总的属性，那么是否存在着一个基本属性？答案是："事件总是某种以出人意料的方式发生的新东西，它的出现会破坏任何既有的稳定架构。"（齐泽克，2016：6）据此观点，霍姆斯在1972年发表的纲领性论文《翻译学的名与实》(*The Name and Nature of Translation Studies*)，具有明显的事件属性。该论文为"翻译学"命名，且将其划分为"纯翻译学"和"应用翻译学"；纯翻译学划分为理论翻译学和描述翻译学；描述翻译学划分为译作取向、过程取向、功能取向。其中功能取向的即为社会翻译学。这些命名及分类在当时都是"新东西"，都以"出人意料的方式"拓展了既有研究的阈限，提供了令人耳目一新的稳定架构。

齐泽克还认为，"在最基础的意义上，并非任何在这个世界发生的事都能算是事件，相反，事件涉及的是我们借以看待并介入世界的架构的变化"（同上，13）。可以说，半个世纪以来，西方翻译学研究的迅速发展，得益于霍姆斯对翻译学架构的设计，因为其中的任何一个典型分类，都被验证为是观察和认识翻译学的视角、路径，都对翻译学的方向性发展提供了认知方式的巨大变化。认知方式的变化多是通过"主体性的"叙事呈现的。"主体性发生真正转变的时刻，不是行动的时刻，而是作出陈述的那一刻。换言之，真正的新事物是在叙事中浮现的，叙事意味着对那已发生之事的一种全然可复现的重述，正是这种叙事打开了以全新方式作出行动的（可能性）空间"（同上，177）。在哲学、社会学、文学等领域，这种情形在个体对生活世界的认知及其描述中非常普遍。譬如，海伦·凯勒在《我生活的故事》(*The Story of My life*)第一章开篇就宣言"老师到来的这一天，是我一生中最为重要的一天"，亦即，1887年3月3日是eventful day。因为自己的生活乃至人生从此发生了天翻地覆的改变。这些事实性描述是通过时态变化完成叙事内容的顺序与逻辑的，是一种生成性过程。在该章结尾一句，海伦·凯勒再次用 eventful day 体现了"作出陈述的那一刻""对那已发生之事的一种全然可复现的重述""打开了以全新方式作出行动的（可能性）空间"。老师的到来具有事件性，老师到来之后引起海伦·凯勒无可比拟的变化，作家通过叙事描述师生相处时的种种生活及成长中的酸甜苦辣，从而引起读者的共鸣以及后续作品在世界范围的传播，这些都打开了各种方式的行动空间。因此，这种叙事描述具有事件性。

在倾听言说者的叙事时，我们不难感悟到事件所包含的创新的力量和意愿，预示着革新或者剧烈的变化（何成洲，2019）。正是在此意义上，就社会翻译学发展过程中的三个时间节点而言，它们都是事件的标识，陈述着由概念萌生到理论建构的发展历程，从而体现了社会翻译学这一概念具有的事件性，是"以出人意料的方式发生的新东西"，使翻译研究的视角和方式发生了巨大变化。

具有事件性和作为事件的社会翻译学，侧重于对译作生产过程和传播路径的研究，尤其聚焦于对译作传播终端即接受"效果"的研究，注重译本的生成性、能动性与接受度，体现了翻译功能与语境的匹配性，体现了译者和译本的社会功能与属性。这些也使得社会翻译学具有了概念的世界性/普适性。这反过来进一步丰富了社会翻译学研究的跨界性。创生"性"字术语，在伴以深入论证的前提下，可看作对翻译本质属性的挖掘，以使翻译研究朝着健康的方向发展。（周领顺、彭白羽，2024）

三、作为"跨界"的社会翻译学

1. 跨界性

据方梦之（2022）调查发现，"冠以'××翻译学'或'翻译××学'之类的'交叉学科'有 61 种之多，涉及的学科有哲学、美学、阐释学、伦理学、社会学、生态学、地理学、传播学、教育学、语言学、心理学、经济学、政治学、思维学、安全学、文学、文化学、符号学、认知科学、交际学等二三十种"，"经时间的检验，在 61 种'翻译学'中，生态翻译学、翻译美学、社会翻译学（翻译社会学）、语料库翻译学、翻译诗学等属于中心成员，具有共同属性,并受到译界的普遍关注"。"借鉴社会学的主流思想和方法,社会翻译学已成为国内外翻译研究的一个新路径,为翻译研究注入了新的活力"。

从中不难发现三点事实:翻译学正在大量借鉴其他学科的理论与方法,不断充实自身的发展;迄今仅有五六种具有交叉学科名与实的翻译学受到译界的普遍关注;社会翻译学未来可期,大有作为。

古人云:"名者公器,不可多取。"虽然此处"名者"指名声,但是对于翻译涉及的60余种交叉学科之"名称"而言,确实有点琳琅满目,令人目不暇接。所幸它们本质的属性仅有一个:信息传递与知识传播。凡是存在的东西,自有一定程度的因果性。那么,这些交叉冠名的前提是什么呢?笔者认为,是学科的跨界性或学科间性。学科是有各自边界的,但这些人文社会科学都属于哲学社会科学范畴,具有社会性,与翻译学具有一定的互见性,因而它们分别得以突破各自的学科边界,实现了程度不一的交叉。翻译学与其他具有跨界性的学科之间,存在着程度不一的可资信赖的融合空间。其中,翻译学与社会学的结合之所以具有先天的合法优势,就是因为两者的"社会性"属性尤为明显。

具有跨界性的学科在交叉之后,为何受译界持续关注的程度差异很大呢?这涉及跨界性的尺度问题。就社会翻译学而言,不妨从基本尺度和内部尺度加以考量。前者旨在寻求社会学中能够与翻译学最为契合的理论成果,其逻辑在于,不是社会学的任何理论都能与翻译学融为一体。至于哪些社会学理论可以与翻译学理论相结合,并对社会翻译学的建构形成助推作用,这是两者跨界的基本尺度。社会翻译学的内部尺度则是指能够与翻译学契合的社会学理论,如果不是单一的理论,那么这些多维的社会学理论之间如何实行内部的资源整合、兼容,从而成为社会翻译学的支撑性理论。社会学自身理论之间能否融合,虽然可以通过逻辑的预设加以推理,但是只有在社会翻译学用于指导翻译实践的时候,才是对其理论融合程度的有效检验,从而证明某种融合能否形成一种有效的跨界。

衡量跨界性的基本尺度和内部尺度,一方面可以防止滥用社会学理论,可以防止孤立运用社会学理论,唯有如此,社会学与翻译学在跨界结合之后才能带给研究者以宏大视野与学术创新。另一方面,唯有把握这两个尺度,才能在社会翻译学研究中坚持以翻译学为主、社会学为辅,才能在本体不变、方法借鉴、认识拓展的学科取向基础上实现有效的跨界。"社会翻译学研究在坚持跨学科研究立场的同时,维护学科的独立性同样重要,如何避免脱离翻译本体,消解学科自身的自主性与合法性成为学界的重要议题"(朱献珑、邓伟佩,2021:93)。其实,这是翻译学的学科边界与底线问题,是翻译学跨学科研究的双向性问题。李德凤(2021)认为,"试想一下,如果翻译学的研究成果和研究方法能够为其他学科所借用,是不是会很快引起其他学科对翻译学的关注呢?人们是不是更容易认识到翻译除了实践还有理论研究,进而更容易认识到并且接受翻译学作为一个独立学科而存在的事实呢?因此,翻译学的跨学科研究必须是双向的,就是既借用相邻学科的理论和方法,又要向其他学科输出理论和方法,二者同样重要,不可偏废"。

由是观之,对这些跨界尺度的认知与实践,不仅能够极大地丰富霍姆斯当年的社会翻译学概念的内涵与外延,更能系统性地回答 2005 年格拉茨大学的"议题"之问。

此外,跨界性还体现在社会翻译学具有的区域性与普适性特征。区域性需要"理论的旅行",而旅行的理论只有在异域经过译介、传播、接受环节才有可能寻求到新的生命,体现出其普适性的某些方面。譬如,布迪厄的场域理论从社会学到翻译学,成为社会翻译学重要的理论框架,就实现了从区域性到普适性的理论转型。如果说 20 世纪 90 年代之前的国内翻译研究学者近乎是"言必称奈达",那么毫不夸张地讲,现在的社会翻译学领域也近乎"言必称布迪厄"。需要深思的是,在众多社会学理论中,为何布迪厄的理论如此受到翻译研究者的青睐呢?关键在于布迪厄的场域理论或社会实践论的核心思想:[(惯习)(资本)]+场域=实践。这一思想很好地阐明了社会实践产生及运作的机制。如前所述,2005 年格拉茨大学的国际会议的主题就是"作为社会实践的翻译"。事实证明,将布迪厄的相关理论通过跨界运用于翻译研究之中,创新性地打破了既有研究模式的禁锢,从而以更为广阔的学科交叉视域实现了理论突破。作为翻译学与社会学跨界结合而成的新生物,社会翻译学侧重翻译的功能与语境,一方面反映了翻译对现实生活的介入与建构,另一方面也使得翻译学自身被置于整个人类社会进程的大语境中去考量,成为一种应然,这使得社会翻译学的发展尤其具有活力和可持续性。

21世纪以来，社会翻译学从概念的性质和外延，到研究的内容，都已实现了从西方到东方的跨界。毋庸置疑，这种接地气的社会翻译学研究也利于自身的学理化阐释、学术化表达和大众化传播。

2. 跨界作为行动

跨界性着重考察跨学科研究的合法性、可行性、区域性与普适性等学理性问题。就社会翻译学而言，跨界已经是一种行动，具有一系列规范与模式。《辞海》对"行动"做出了较为全面的解释，且与"行为"做出了明确对比。行动与行为都是动作。但行动是有意识的动作，一切行动都是行为，所有行为未必都是行动。行为成为行动，要经过四个过程："（1）取向要达到一种目的或预期的事态；（2）是在情境中发生的，有其时空性；（3）是受规范制约的，并不完全自由的；（4）要消耗能量，它以运动为表现。"（辞海编辑委员会，1989：897）

方梦之（2022）对社会翻译学的跨界行动做了言语凝练、内涵丰富、观点鲜明的评述："其最早由霍尔姆斯（James S. Holmes）在《翻译的名与实》一文中提出，但并未引起关注。直到21世纪前后，从社会学角度关注翻译研究的学者越来越多。译学界召开专题国际会议、出版文集，借用社会学家布迪厄的符号生产、场域、资本、符号商品、惯习和幻象等概念，旨在把翻译行为置于宏大社会语境中进行研究，探析其背后的社会文化因素及各翻译中介之间的关系、角色及相互影响等；把翻译看作一种社会现象，而不仅仅是一个语言间的转换问题；把翻译置于更大的领域来考察，强调社会体系对翻译的制约作用，突出翻译与社会、权力、话语的相互作用，形成翻译的社会学研究模式。"社会翻译学发展的历程、定位及趋势，据此得以清晰呈现；"行动"的四个要素也从中得以体现。

汪宝荣（2022：7）从宏观、中观、微观层面对社会翻译学蓬勃发展期的学术成就做了述评。宏观方面，"西方学者从20世纪90年代末开始系统建构社会翻译学，目前已形成描述性社会翻译学、文化产品社会翻译学、基于行动者网络理论的社会翻译学'三足鼎立'的学科格局。这三个研究立场'既有交叉，又各自独立'"。中观方面，"近20年来，西方学者围绕四个核心领域展开了卓有成效的研究：翻译职业、翻译机构、翻译产品的国际流通与传播、社会学与翻译学的关系,分别对应当代社会学的四个分支,即职场或职业社会学、组织机构社会学、文学或文化社会学、科学社会学"(汪宝荣,2022:7—8)。微观方面,"近20多年来,西方学者运用相关社会学理论和研究方法,卓有成效地研究了以下论题:译者惯习及能动性、译者姿态、翻译场域结构及运作机制、国际翻译图书系统的结构及运作机制、出版策略及出版机制运作模式、行动者网络的构建与翻译生产与传播的过程、翻译职业与翻译机构、翻译产品国际流通传播与国际文学文化交流、世界文学场域等级结构与翻译的不对称流动、翻译从边缘语言流向中心语言的运作机制,等等"(同上,14—15)。通过宏观、中观、微观层面的归纳,使社会翻译学在21世纪以来的成就明晰化、类别化。从行动的视角而言,笔者以为,如果和霍姆斯的分类法相比较,"描述性""文化产品""基于行动者网络理论"可以被视为社会翻译学的表征,而非分类。至于这三种研究立场的交叉、独立,则较好地印证了社会翻译学的跨界性。不难发现,对这些社会翻译学视阈下的跨界研究反映了跨界性的尺度问题:以翻译学为主,社会学为辅。

作为跨界与行动的社会翻译学,"在国内正处于寻求稳步发展和扩大影响的关键期",需要关注如下有待改进的现状:"对西方相关理论和研究成果的引进、吸收存在不足,不少译介或综述文章不够全面准确;活跃并专注于本领域的研究者尚有限;引介国外成果较多,创造性应用西方理论偏少,缺乏结合中国翻译实践的原创性研究和理论模式建构。在西方,社会翻译学已被认可为翻译学的一门子学科,而国内学者仍在讨论其学科名称该是'社会翻译学'还是'翻译社会学',欠发达的现状由此可见一斑"(同上,15—16)。

实质上,对作为跨界的社会翻译学的价值评判与空间认知,涉及国内学者对社会翻译学未来发展的向度问题的把握。

四、社会翻译学的向度

1. 面向时代与实践

在论及翻译的跨界研究时,傅敬民、张开植(2022)认为,"翻译研究发展的历史表明,即便在语言学翻译研究时期,主体问题、文化问题、历史问题、社会问题也都有所探讨；在文化翻译研究时期，其他学科的翻译研究也都在积极地开展"。由此可见，一方面，尽管翻译学已经成为一门独立学科，具有跨学科、综合性研究的特色，在借鉴相关学科既有成果的基础上，也在为其他学科做贡献。另一方面，无论是语言的、文化的还是社会视角的翻译研究，都是翻译学的不同维度而已，是共存而非替代关系。因此，不管是语言的、文化的，最终还是社会的，但是我们不能以"社会"的名义，试图取代其他视角的研究。这正如，任何翻译活动都是有目的的，但是不能用"目的论"解释所有的翻译活动，否则同样是在望文生义，套用甚至滥用概念。因此，社会翻译学的边界定位与对象范畴不是漫无边际的，其根基应该在于自身的概念。从概念出发，社会翻译学不可以取代通常意义上的翻译研究，但又要彰显自己的特色，这就要求它有明确的向度。

"哪些文本被翻译，哪些没有被翻译，何时何地被翻译，译本产生了何种影响"，这些都是社会翻译学从语境和功能的视角需要聚焦的问题，"反映了翻译的本质属性，又体现了翻译与社会的关系"（陈福康，2000：序言 iv）。毋庸置疑，这需要从翻译实践活动的大历史、长时段去考察，需要面向时代与实践自身。

面向时代与实践的社会翻译学，可以凝练为三个向度：时空、事件、价值。这是因为，翻译不是在真空中进行的，而是在特定时空中完成的。翻译产生了何种影响，无论是积极的还是消极的，都属于价值评判的范畴。哪些文本被选择翻译或不翻译，以及何时何地被翻译，译本产生了何种影响等，这一系列过程形成了一个个系统，形成了系统内诸因素的互动，产生了一系列的影响，因而可以视为事件。社会翻译学概念中的译作、何时、何地、何种影响构成了考量翻译行动（生产、传播、接受）效果所应剖析的时空、事件、价值，这本身就是在考察社会中的翻译和翻译中的社会，考察"社会的翻译性与翻译的社会性"（傅敬民、张开植，2022）。因此，对时空、事件、价值三者协同研究，可以为社会翻译学的纵深发展打开新的局面，而从不同时代、区域进行序列研究、谱系研究，就是使研究内容不断深化、研究思路不断更新、话语体系不断完善的过程。

以时代与实践作为社会翻译学的经纬，以时空、事件、价值为切入点，以我国翻译史中不同时期、不同区域发生的典型"事件"为轴线，完全可以勾勒出中国的社会翻译学地图。然而，为何以翻译史中的事件为基石呢？陈福康（2000：序言 v）认为，"我国译学理论的发展，基本上与翻译史相对应"。陈先生将中国翻译史分为"古代、晚晴、民国、1949 年以后四个时期"。同时，他也关注到，"马祖毅认为五四运动以前有三次翻译高潮：从东汉到宋的佛经翻译；明末清初的科技翻译；鸦片战争以后的西学翻译"。罗新璋则从"古代部分、近世部分、近代部分、现代部分、当代部分"编撰了《翻译论集》，认为汉末以来的 1700 多年间，翻译理论的发展以其自身显现的历史阶段而言，当可分为三大时期：汉唐以来；近代和"五四"时期；1949 年以后（罗新璋、陈应年，2009：15）。尽管分期不一，但都是研究翻译历史的方法，都是用齐整的时间来标识丰富而复杂的翻译实践的经验、事件。正是在这些不同阶段的翻译实践中，在这些具有事件性的相关活动中，以译者及其行动为主题的事件构成了翻译史的宏大文本叙事。

"文章合为时而著，歌诗合为事而作。""时"与"事"就是要体现时代状况，反映现实世界。"时""事"与"人""本"，就是文本世界与现实世界的碰撞、交融，就是作者、译者、译本与译本读者等跨越时空而形成的行动者网络，正是社会翻译学的核心要素。不难想象，将这些具有鲜明时代特征的中国翻译史卷轴缓缓展开，呈现在当代人面前的绵延几千年的翻译事件（何时何地产生了何种影响），可谓蔚为壮观。

以文学翻译为例。作为源于生活又高于生活的文学，因对社会具有高度的介入性与建构性，从而使得文学翻译兼具了翻译学与社会学研究视角的优越性，具有从社会翻译学视角研究的合法性。文学是社会的一面镜子，翻译是文学的一种媒介。因此，从社会翻译学视阈探究文学译介与传播，可以更好地体现文学之于社会的审美价值与建构功能，体现民族文学之于世界文学的互补关系。文学翻译在我国具有悠久的传统和宝贵的经验，"只有历史化地看待文学对外翻译及其效果，才能加深对'走出去'的理解，并以灵活多元的方式实现有效传播"（王颖冲，2020）。

在考察中国文学译介与传播模式的运作机制时，汪宝荣（2022：3—5）认为，布迪厄的建构主义社会学理论、拉图尔等人的行动者网络理论、卢曼的社会系统论，奠定了社会翻译学在西方的理论基础。但这三大理论应该实现融合。基于精英读者书评、销量馆藏、选集收录、文献引用、上榜获奖等传播影响力衡量指标，可以考察中国作家作品在西方的传播与接受。因而，从文学、翻译学、传播学等交叉融合研究，分析中国现当代文学的译介及其传播模式，从而使社会翻译学面向时代与实践，这本身就是从文学研究向翻译学研究，或者说从翻译学研究向文学研究的一种跨界。

当然，这种跨界的实现需要对社会翻译学理论的驾驭，尤其是对中国现当代文学的译介和传播模式具有预先的宏观把握。唯有如此，方能将社会学的理论、翻译学的理论与中国文学自身发展规律及其传播规律，进行一种跨界的有机融合，发挥跨界的整合作用、融通作用、示范作用，体现社会翻译学面向时代与实践的责任与担当，这需要社会翻译学的中国范式的建构。

2. 面向"引进+本土化"

方梦之（2022）认为，"社会翻译学（翻译社会学）是又一个'引进+本土化'的范例"。融通东西，以东为主。坚持从中国的实际出发，从中国不同时期的翻译实践出发，从中国不同时期的经验材料出发，融经验性与理论性于一体，在历史关系中探讨个案，在历史进程中研究翻译的复杂性、社会性，完全可以形成具有中国风格、特色和话语体系的社会翻译学。所谓社会翻译学研究中国化，是在坚持价值导向与问题导向的前提下，立足于中国翻译实践的场域，加强翻译思想史与翻译历史文献研究，从而加强这两者与社会现实问题尤其是当代中国与世界发展的研究，讲好社会翻译学视阈下的中国翻译实践的故事，形成自己的立场和观点，针对问题提供中国的方案与理论建构的思路。正如陈福康（2000：序言 iv）所言，"有的易为西方论者忽视的方面，我们论述的却特别多（如近代以来关于翻译的社会功能问题的论述）"。

从既有研究文献来看，西方的社会翻译学研究很少涉及中国语境下的翻译实践经验与理论，因此本土化势在必行，这是受语言文化背景决定的。而中国学者在大量借鉴西方学者研究成果的基础上，完全有能力从比较的和世界的视野，提出既有区域性又有普适性的社会翻译学的理论建构。这正如社会翻译学概念虽然原初仅聚焦于译作被接受的社会文化背景而非译本本身，但是从回溯研究路径来看，其内涵与外延在扩大，因为翻译研究离不开对"人"与"本"

的研究，离不开围绕他们而形成的复杂多变的行动者网络。就此而言，社会翻译学的理论基础也不可能仅仅是布迪厄、拉图尔、卢曼等西方社会学家的学说。笔者一直主张"以马克思的生产实践与社会交往理论为理论依据，我国可以在转型期建构中国化的社会翻译学派"（胡牧，2013）。"用马克思的生产实践与社会交往理论作为支撑建构社会翻译学，将主体、实践、语言、文化、关系、生产、消费、社会等作为话语资源，以中国翻译史上社会转型期出现的翻译高潮所形成的翻译思想及其对社会进步的推动作用为实证，可以将研究资源扎根于中国的现实境地，关注和解读翻译活动在现实世界中的价值和作用"（同上，78）。如前所述，文学翻译在我国有着得天独厚的典型性。早在1905年，松岑就探讨过翻译小说与社会的关系问题："吾欲吾同胞速出所厌恶之旧社会，而入所歆羡之新社会也，吾之心较诸译小说者而尤热。故吾读《十五小豪杰》而崇拜焉，吾安得国民人人如俄敦、武安之少年老成，冒险独立，建新共和制于南极也？吾读《少年军》而崇拜焉，吾安得国民人人如南美、意大利、法兰西童子之热心爱国，牺牲生命，百战以退虎狼之强敌也。"（松岑，1997：171）可以说，这是对世界文学"译本在何时何地产生何种影响"的最好写照，也是社会翻译学应用研究的较早范本。强调本土经验，并非是保守狭隘，毕竟"广袤的世界，尽管其广阔，也只是祖国的延伸。如果说的没错的话，它所给予我们的，不会超过祖国所赋予我们的"（丹穆若什，2014：9）。

笔者以为，如果"面向时代与实践"的社会翻译学可以从"时空、事件、价值"三个向度综合研究，那么"面向'引进＋本土化'"的社会翻译学，则需要关注"社会翻译学史、社会翻译学理论、社会翻译学批评"三个向度。就社会翻译学史而言，可以包括两个层次或阶段，即历史阶段与史学阶段。"历史阶段的工作任务是对以人物与事件为线索的史料发掘与梳理的文献集成工作；史学阶段的任务是以某种理论为指导对已发掘的历史现象的因果关系或逻辑关系进行系统研究的工作"（吕俊、侯向群，2009：前言2）。就社会翻译学批评而言，可以分成实践批评与理论批评。前者是指"对翻译活动的结果进行检查和检验的活动，它是依据某种翻译理论或翻译标准针对某一翻译现象或其具体译文文本进行考察和检验的活动，所以是实践指向的批评活动。对这种批评的批评就是理论批评学，以价值哲学为基础，以评价理论为指导"（同上）。时空与理论、事件与历史、价值与批评，分别召唤着对它们的本体论、实践论与价值论的总体性研究，可以助推社会翻译学的本土化建构。为了直观地呈现它们之间的关系，图示如下：

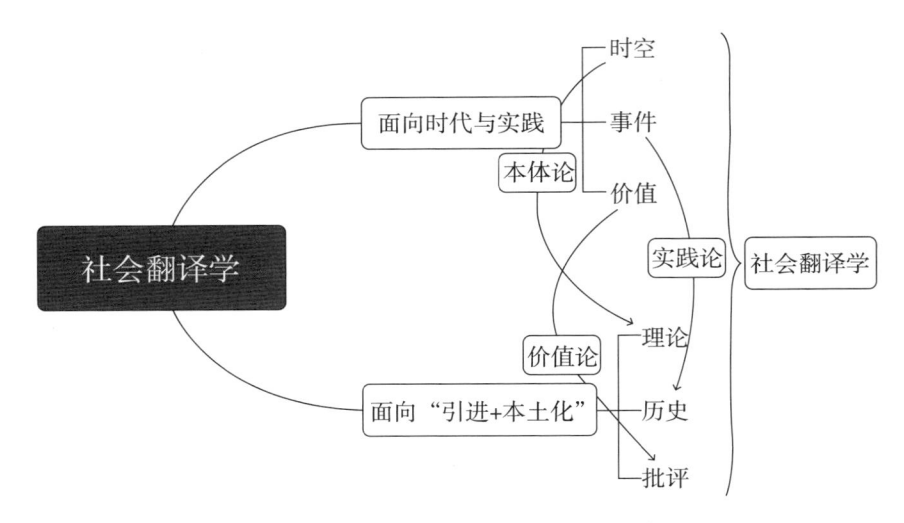

图 1　社会翻译学的多维向度

需要说明的是，鉴于社会翻译学注重功能、语境及社会变革的研究，我们在考察翻译事件在中国文化发展与社会进步中的作用时，应该将其置于中国不同历史时期、不同社会进程中翻译活动所处的环境，对翻译实践进行大历史、长时段的语境考察，从而总体性探讨其规律、动力、价值、主体、目的等因素，发现现象与规律的因果关系，避免单一因素决定论的同时规避多元折中导致的万能和万不能的论断，从而将社会翻译学本土化纳入"作为全过程研究"的学科范式，引导该领域创造性转化与创新性发展的态势。所谓"全过程研究"，是指对译本生产、流通、消费和评价的一系列过程的总体性研究，涵盖源语文本、译者、译本、译文读者等翻译实践所涉及的网络行动者。

譬如，在研究王际真、杨宪益夫妇、莱尔、葛浩文以及白亚仁等助推中国文学走出去的译者中，无论是从其职业发展轨迹与惯习、翻译项目发起及生产过程、译本质量、特色及翻译策略，还是从译本在英语世界的传播与接受模式，都可以对翔实资料追根溯源，王树槐、张梦楠（2023）的《葛浩文删译中国当代文学的类型、成因及启示——以〈天堂蒜薹之歌〉为例》就是极具说服力的例证。对翻译实践过程给予叙事性阐发，对每一起翻译事件的来龙去脉刨根问底，有机地将时空、事件、价值融为一体，从本体论、实践论与价值论角度，对社会翻译学理论、社会翻译学历史、社会翻译学批评的总体性建构形成合力，对社会翻译学的本土化建构形成助推。

五、结语

社会翻译学的本土化发展，切入点众多。从事件、跨界和向度出发，旨在回顾和展望其"从哪里来""到哪里去"的脉络与路径。这就是所谓"须入乎其内，又须出乎其外"。就翻译是对社会的建构这一事实而言，社会翻译学可以对任何文体的文本进行功能与语境的总体性学理解释，既有普适性，也有区域性。

在事件、跨界和向度方面，充分探究面向时代与实践的社会翻译学，都需要从各国的经验出发，结合翻译实践尤其是翻译事件，置于社会进程与文化传播的语境之中，探索以翻译的运行和规律为主要目标的基础性研究。在社会翻译学基于中国方案的本土化建构中，还要体现如何运用社会翻译学解决具体问题为主要目标的应用性研究，这是当前社会翻译学共同体的研究趋势之一。

参考文献：

［1］Bassnett, S. & Lefevere, A. *Constructing Cultures: Essays on Literary Translation*, Shanghai: Shanghai Foreign Language Education Press, 2004.

［2］Holmes, J. *Translated! Papers on Literary and Translation Studies*, Beijing: Foreign Languages Teaching and Research Press, 2007.

［3］Munday, J., Pinto, S. R. & Blakesley, J. *Introducing Translation Studies: Theories and Applications*, Routeledge: London & New York, 2022.

［4］Wolf, M. & Fukari, A. *Constructing a Sociology of Translation*, Amsterdam/Philadelphia: John Benjamins Publishing Company, 2007.

［5］陈福康：《中国译学理论史稿》，上海：上海外语教育出版社，2000年。

［6］〔美〕大卫·丹穆若什：《什么是世界文学？》，查明建等译，北京：北京大学出版社，2014年。

[7] 方梦之:《拓展跨学科翻译研究的广度与深度》,《中国社会科学报》2022年5月10日。

[8] 傅敬民、张开植:《翻译的社会性与社会的翻译性》,《解放军外国语学院学报》2022年第1期。

[9] 何成洲:《何谓文学事件?》,《南京师大学报》(社会科学版)2019年第6期。

[10] 胡牧:《翻译研究:转向社会——对转型期我国译论研究的思考》,《外国语(上海外国语大学学报)》2013年第6期。

[11] 李德凤:《翻译学跨学科研究的双向性》,见许明主编:《翻译跨学科研究》(第一辑),北京:中国对外翻译出版公司,2021年。

[12] 刘晓峰、杨悦:《凯恩斯经济学思想在中国的百年译介和影响研究》,见张旭主编:《翻译史论丛》(第4辑),北京:外语教学与研究出版社,2021年。

[13] 罗新璋、陈应年主编:《翻译论集》,北京:商务印书馆,2009年。

[14] 吕俊、侯向群:《翻译批评学引论》,上海:上海外语教育出版社,2009年。

[15] 〔斯洛文尼亚〕斯拉沃热·齐泽克:《事件》,王师译,上海:上海文艺出版社,2016年。

[16] 松岑:《论写情小说于新社会之关系》,见陈平原、夏晓虹编:《二十世纪中国小说理论资料》(第一卷,1897—1916),北京:北京大学出版社,1997年。

[17] 汪宝荣:《中国文学译介与传播模式研究——以英译现当代小说为中心》,杭州:浙江大学出版社,2022年。

[18] 王洪涛主编:《社会翻译学研究:理论、视角与方法》,天津:南开大学出版社,2017年。

[19] 王树槐、张梦楠:《葛浩文删译中国当代文学的类型、成因及启示——以〈天堂蒜薹之歌〉为例》,《翻译研究》2023年第1期。

[20] 王颖冲:《中国文学外译之再思》,见南京大学出版社编:《外国语文研究:新媒体、新问题与新思考》,南京:南京大学出版社,2020年。

[21] 辞海编辑委员会编:《辞海》,上海:上海辞书出版社,1989年。

[22] 邢杰、黎壹平、张其帆:《拉图尔行动者网络理论对翻译研究的效用》,《中国翻译》2019年第5期。

[23] 朱献珑、邓伟佩:《社会翻译学研究的路径探索与创新实践——〈行动者网络构建的翻译:亚瑟·韦利英译《西游记》中的行动者、行为和网络〉介评》,《外语与翻译》2021年第2期。

[24] 周领顺、彭白羽:《翻译研究中的"性"字术语:现象与分析》,《外国语(上海外国语大学学报)》2024年第2期。

译者、行动者与翻译生产过程

文化思维定势与惯习迟滞效应

——以戴乃迭《贵生》译本的性（别）话语翻译为例

徐敏慧[*]

摘要：本文基于安德希尔对文化思维定势的阐述（Underhill，2011）以及布尔迪厄的场域理论概念（Bourdieu，1993），以戴乃迭《贵生》英译本中的性（别）话语翻译为例，辅以戴乃迭翻译其他中国现当代文学作品时所采取的翻译策略，探究译者惯习如何反映并调解文化思维定势。通过分析原文本中对女性和性元素的描述及其翻译，讨论原文呈现的性（别）话语如何在译文中再现，译者做了哪些改变，以及这些改变对于理解原文有何影响，进而探讨译者惯习及其迟滞效应如何调解既有的文化思维定势。本研究指出，以往学界对译者戴乃迭的研究多从女性身份视角或者她的双重文化身份视角进行，但这些研究不能有效解释戴乃迭在不同历史时期所采取的不一致的翻译策略。本研究发现，在抵制原文语境的文化思维定势下普遍鄙视女性的话语方面，译者惯习及其迟滞效应发挥了重要的中介作用，对译者选择具有更强的解释力。

关键词：文化思维定势；惯习迟滞效应；性（别）话语；戴乃迭；《贵生》

Abstract: This paper explores the re-presentation of sexual (gender) discourse in literary translation, taking Gladys Yang's translation of *Guisheng* as a case in point. Underpinned by Underhill's conceptualization of cultural mindsets (Underhill 2011) as well as Bourdieu's theory of cultural production (Bourdieu 1993), this study investigates how translator's habitus reacts to and mediates the cultural mindsets by analyzing the depiction of women and sexual elements in the source text and their re-presentation in the target text. It discusses how the

---

[*] 徐敏慧，博士，澳门大学副教授、博士生导师，研究方向为翻译研究、中国现当代文学对外译介研究、翻译与跨文化研究。

original sexual elements are transferred in translation, what changes have been made, and what implications the changes hold for understanding the text. The analysis reveals a clash between the field structures and the translator's habitus—a hysteresis effect, which plays a significant role in the translator's resistance to the prevalent cultural mindset of men disparaging women.

Key words: cultural mindset, hysteresis of habitus, sexual (gender) discourse, Gladys Yang, *Guisheng*

一、引言

在所有文学系统中，"性（别）"是共同的文学主题，但不同文学系统以不同方式表达性（别）。作为反复出现的主题，性（别）在内容层面上具有共性，但在表达层面上存在差异，昭示了不同语言不同文化中迥异的思维模式及世界观。性（别）话语植根于特定的思想观念或文化思维定势（cultural mindset）之中，而文化思维定势"支配人们如何适应、学习和更新文化信息的信念、情感和认知"（Holden et al., 2021），并调解个人对世界的感知、认识和行为。

在性（别）话语的翻译过程中，文学译者拥有内化的文化思维模式，并通过特定语言表达他们的世界观，这些语言表达方式"意味着某一文化的视角"（Underhill，2009：x）。原文呈现的性内容以何种方式在译文中再现，这既可揭示不同文化中人们秉承的思想观念，亦可展现译者如何居中调解既有的文化思维定势，而译者的社会轨迹和惯习在这一中介过程中发挥着重要作用。译者惯习内化社会现实，以潜意识的方式调解个人在社会实践中的行为，这一调解作用的具体表现是译者在翻译场域中所采取的立场以及译者惯习与场域结构的关系，看它们是否相匹配，不相匹配时则产生惯习的迟滞效应。译者惯习与场域结构的动态关联决定着译者或采纳，或协商，或抵制某种文化思维定势或思想观念，从而赋予源文本新的意义和内涵。

本文以戴乃迭英译的沈从文的短篇小说《贵生》为例，并辅以戴乃迭翻译的其他中国现当代小说进行讨论，研究性（别）话语如何在原文中呈现，又怎样在译文中再现。《贵生》出版于沈从文创作的鼎盛时期，描绘了20世纪初湘西农民的生活，展示乡下人看待世界的方式及其思想观念，其中大部分与性相关的内容都与迷信相互交织，且小说中的性（别）话语清晰表明了男性对女性的认知以及对待性的普遍态度。本研究重点探讨英文译本如何再现原文对女性和性的表述，译者在译文中做出何种改变，这些改变如何影响对作品的理解及翻译场域中的动态互动，以及译者惯习的迟滞效应如何调解已有的文化思维定势。

二、《贵生》中"性（别）"概念所体现的文化思维定势

文化思维定势反映"某一政治制度或宗教特有的世界观（以及在该思维定势的'逻辑'中占据一席之地的思想观念）"（Underhill，2011：7），隶属于特定的文化社群，这一社群奉行特定的信仰和行为方式，拥有自己的语言和文化。洪堡特（Humboldt）认为，每种语言都展示其特有的世界观，以此为基础，安德希尔指出"词语并非清白无辜，政治制度、主导意识形态及相互竞争的世界观都试图塑造和界定我们赋予词语的内容"（同上，3）。简言之，特定语言中词汇和语句的含义由其文化思维方式塑造和界定，"不同语言系统在描述现实时遵循不同的路径"（同上），而"翻译外国的语言文化是心灵和精神的创造性工作"（Underhill，2017）。身处特定语言和文化系统内的个体可能"在采用、强加或抵制主导政治话语方面扮演或被动或主动的角色，并……调整由其母语和文化思维定势带来的观念"（同上）。这一观点为译者研究奠定了基础，因为译者总是面对不同的语言和文化，它们为译者"创造性的概念化思维打开一个空间"（Underhill，2011：6），允许译者"开辟新的道路，创建全新的理解框架"（同上）。换言之，译者在处理外来文本时，既可采用，也可抵制或修改其中的观念和话语。金姆（Kim，2016）曾讨论了一位加拿大传教士译者，研究其跨文化的思想观念如何助其成为韩国和西方之间交流的文化大使。但该研究并非以跨文化思想观念作为分析工具，而且以此为分析工具的研究在学界尚不多见。

《贵生》中与女性及性相关的话语体现了典型的文化思维定势。沈从文展示出乡下人有自己的文化，有自己观察世界的方式，有自己对人和社会的独特

理解，能够思考和创造，爱彼此也爱自己的生活（Kinkley，2004：xvi）。这种关注人性的描写不同于当时主流文学中强调革命的公式化作品。小说以故事主人公的名字命名，"贵生"意为"高贵的出身"，是一种反讽的命名方式[①]。然而，"贵生"实有两个含义：其一是显而易见的"生而高贵"，其二是珍爱生命、生命至上，这一点植根于中国传统的哲学思想，是中国文化思想观念的一部分。

主人公贵生是一个贫穷的乡下人，以照看地主五爷的桐树为生。他想娶小店老板16岁的女儿金凤为妻，但犹豫不决，因为迷信的思想观念认为金凤的生辰八字不仅会伤害她的母亲（其母早逝），还会缩短她未来丈夫的寿命。地主五爷纳金凤为妾，也是迷信的思想观念作祟，因为当地男人们相信娶处女可以抵消赌钱时的霉运。这些迷信的思想观念既限制了那些堕落的富人地主，他们"把自己的财富挥霍在嫖娼、赌博和崇尚迷信上并最终伤害他人"（同上，xxviii），也限制了那些贫农，他们算计利害，通过考量自己的利益来决定是否娶妻。

这种保守、迷信的本质显示了当时当地的文化思维定势。《贵生》的故事发生在20世纪初期的湘西，在那里，男性世界充斥着自私、无知并鄙视女性。女性的生命不像男性的那样受到珍爱，其命不贵，就连贵生这样老实巴交的农民，也会在决定娶金凤为妻之前算计是福是祸，最后还是优先考虑自己的生命。五爷纳金凤为妾，也是因为珍爱自己的生命，不想在赌博中输掉自己的身家性命。由此可见，女性被物化，没有被当作人来对待，她们是男性世界中帮助男性处理事务或者泄欲的工具，而不是与男性具有平等地位的人，男性用来描述女性及性的语言昭示了这种文化思维定势的显著特征。同理，译者所使用的特定言语表达也揭示出其译者惯习内化的思想观念，体现译者的文化思维模式。

三、性（别）内容的呈现与再现

《贵生》中与性相关的内容主要存在于男性角色，尤其是地主四爷和五爷

[①] 在中国文学传统中，命名故事有两种常见方式：一是反讽，二是写实。

的话语以及雇工的闲言碎语中，他们在茶余饭后谈论地主如何进行性剥削，以及赌博中如何利用女人的迷信行为。两位主角中，四爷是一名好色的军官，把钱财挥霍在声色犬马上；五爷则因嗜赌成性而臭名昭著，将女人作为抵消赌博霉运的工具。他们的语言展示了人物对女性的认知和态度，所描绘的女性形象赤裸裸地反映出男尊女卑的文化思维定势。

在原文中，男性对女性的总体评价以及对女性身体和行为的描述充满了不尊与蔑视，清楚地呈现出男性根深蒂固的思想观念。在传统父权制度下，社会机构由有权有势的男性统治和把持。男性为尊的思想观念确保了男性在社会中的主导地位。无论贫富，男人都将女人视为己物。当提及女性时，男性不会直接称呼她的名字，而是称其为男性的女儿或妻子。这样的例子在文学作品中不胜枚举，比如《红楼梦》中管家周瑞的妻子，被称为"周瑞家的"。在《贵生》中，表示货物的"货"字多次被用来指称女性，她们被称为"尖子货"（沈从文，1957：386）、"辫子货"（指处女，因为已婚女性梳发髻）（同上，403）、"原汤货"（同样指处女）（同上，404）。当提及社会地位低下的女性时，男性使用的语言更加粗鄙。在男性对性关系的描述中，若女性不能满足男性的欲望，则她们"是尿脬做成的……一身白得像灰面，松塌塌的，一点儿无意思"（沈从文，1957：386—387）。如果某一男性觊觎的是普通人家的女孩，就会称其为"画眉鸟"，然后加上具有性暗示的词语"打雀儿"（同上，394）。这些言语有的来自湘西方言，证明了当时当地蔑视女性、男尊女卑的思想观念。详细的文本分析也表露出男性对女性的认知和态度非常负面，体现出当地的文化思维定势。

不同译者对女性形象和性元素的翻译再现存在明显差异，并产生了不同效果。译者在翻译过程中处理性（别）话语的方式，无论是采取弱化策略还是强化策略，都显露出"译者对人类性行为及其语言表述的个人态度"（Santaemilia，2008），展现译者惯习对思想观念的中介作用，并揭示了译者惯习与翻译场域之间有时匹配有时割裂的动态关联。两者不相匹配时，惯习的迟滞效应便会产生。

在翻译研究和译者研究领域，对译者惯习如何调解文化思维定势的研究比较少见，而运用这些概念对戴乃迭的英译文本进行研究的更是少之又少。以往对戴乃迭英译活动的研究多数聚焦她与丈夫杨宪益的合作翻译，从不同视角对他们翻译的大量文本进行个案研究。对戴乃迭的独立翻译活动所做的研究主要从女性主义视角或文化身份视角进行，分析其女性身份或双重文化身份对其翻译策略产生的显著影响（付文慧，2011；王惠萍，2014；张生祥、汪佳丽，2015）。也有研究从其他角度研究戴乃迭的翻译，包括运用语料库方法探究译者风格（Huang & Chu, 2014），研究翻译过程所受到的政治约束（谢江南、刘洪涛，2015），探讨译本中叙事策略的重构（陈钰，2020），以及探究翻译中表现出的语用差异（王建国、谢飞，2020）等。从社会学角度探讨戴乃迭的翻译和她的译者惯习的研究不多（Xu, 2013；汪宝荣、李伟荣，2020），且已有的少数几项研究都没有涉猎惯习的迟滞效应。作为译者，戴乃迭的翻译选择表现出她在两种语言两种文化之间的中介方式，显示了她的译者惯习与场域结构匹配或者冲突的动态关系。

本研究的文本分析清晰地表明，戴乃迭在翻译描述女性和性元素的语言时倾向于弱化冒犯性语言，采用了四种主要翻译策略以减轻对女性的诋毁和中伤。

1. 用中性语言取代诋毁的表述方式

原文中男性在描述男女关系时，言语中充斥着对女性的无礼和蔑视。例如，雇工们在评论五爷的行为时说："我们五爷花姑娘弄不了他的钱，花骨头可迷住了他。"（沈从文，1957：387）"花姑娘"一词来自湘西方言，指妓女。戴乃迭将此句翻译为"It's not girls, it's gambling which takes our Fifth Master's money"（Shen, 1981：149）。她使用不含褒贬意义的中性词 girls（女孩）来指代原文所提及的女性，而非保留原文中的轻蔑之语。这样一来，原文中的贬损表述被中性语汇所取代，由贬损话语产生的这些女性的负面形象也变成了更容易被认同、被接受的形象。

2. 删除直接表达性关系的隐喻

《贵生》中直接表达性关系的隐喻在翻译过程中都被戴乃迭有意删除了，而非原封不动地保留在译文中。一个典型例子是，五爷嘲笑贵生时说道："一个大憨子，讨老婆进屋，我恐怕他还不会和老婆做戏！"（沈从文，1957：390）在湘西方言中，"做戏"一词属于性隐喻，象征性交。在戴乃迭的译文中，此句译为"He's a bit of a simpleton"（他有点儿憨）（Shen，1981：153），带有性暗示隐喻的部分被删除。同样，当有人评价五爷的行为时，说道"六百给那'花王'开苞他不干"（沈从文，1957：388）。"开苞"在湘西方言中也是性隐喻，用折断花蕾的意象表达"夺去女性贞操"的意义。戴乃迭将其译为"Paid six hundred for the 'Flower Queen' but called it off"（六百付给那"花王"却又取消行动），删除了原文中的性隐喻部分，从而避开原文中人物关于性的诋毁表述。

3. 用可接受的意象代替贬损的意象

在原文中，四爷每当谈论女性，不论其谈论对象是良家妇女还是妓女，他都会使用淫秽话语。在翻译过程中，戴乃迭选用大众接受的表述方式以转换这些贬损性（别）话语的含义，无论是正面的还是负面的意象。当四爷第一次遇到金凤时，他对五爷说："你不看见：眉毛长，眼睛光，一只画眉鸟，打雀儿！"（沈从文，1957：394）画眉鸟（通常指擅长唱歌的人）的隐喻虽然不含任何淫秽含义，但在原文中，该词后面加上了"打雀儿"，暗指男性生殖器官，明显带有性和色情意味。戴乃迭的翻译抹去了这一色情表述，译为"She's a real peach!"（她很漂亮）（Shen，1981：159），将原来的性隐喻改为更含蓄、更易接受的隐喻"桃子"，从而避免了直接表达性的内容，使目标语的文学语言更容易被普通读者接受。

4. 避免提及女性性器官

戴乃迭在其译文中总是避免提及女性性器官，以减弱原文中性话语的强度。例如，金凤告诉贵生，"我们浦市源昌老板，十个大木簰从洪江放到桃源县，一个夜里这些木簰就完了"（沈从文，1957：391）。原文语境中，人人都知道桃源县是个卖淫中心。贵生回想起曾与其他男人谈论过此事："男的说起这个故事时，照例还得说是木簰流进妇人'孔'里去的"（Shen，2004：221），他们用女性性器官这个意象来指称店老板的嫖娼行为。戴乃迭既没有在字面上翻译出性器官，也没有明示其隐藏的性含义，只是音译了地名（Shen，1981：154），但并未说明这个地名所涉及的与性相关的隐含意义（金介甫在1995年翻译《贵生》时加注解释了这一隐含意义）。同样，戴乃迭还删除了另外两处在男性话语中提及女性性器官的表达方式。1957年的《贵生》修订版没有包括这些有关女性性器官的表述，但2002年出版的《沈从文全集》又收录了这些表达方式。由于译者没有明确说明选择的是哪一个原文版本，因此她是否使用1957年的版本便不得而知。如果是，那么戴乃迭是否有意选择了包含贬损语言更少的1957年的原文版本？无论如何，上述翻译策略充分证明了戴乃迭内化的有关性别及性的观念的思维模式。

可以说，戴乃迭不愿使用冒犯性的语言来描绘处于弱势的极易受伤害的女性，也抵制男性用鄙视的语言来指称女性。这种翻译策略不仅体现在对《贵生》的翻译中，也体现在她后来对其他中国现当代文学作品的翻译中，这就引发了我们对戴乃迭的译者惯习、文化思维定势与场域条件之间的关系的反思。

四、译者惯习及其迟滞效应

惯习、场域和资本是布迪厄社会学理论中的关键概念。如果在一个场域中获得的惯习与场域结构改变之后所需的惯习之间存在明显差异，就会产生惯习的迟滞效应。迟滞效应表明在一个场域中获得的惯习与场域结构改变后所需的惯习存在不匹配现象。

1. 惯习及其迟滞效应

布迪厄认为，惯习是由一系列持久的、可转换的性情倾向组成的系统，在建构的同时又被建构，能够产生并构建社会实践和表达方式，而且并未有意识地预先设定目标（Bourdieu，1977：72）。惯习会持续很久，甚至于某个主体的一生，是主体的感知、观念和行动的认知图式系统（Bourdieu，2005：43），构成主体的思维和行为模式，产生能够适应不同领域的特定情境的实践行为。惯习概念"对准确充分地理解人类行为非常重要且必不可少"（同上）。惯习内化社会现实，在下意识状态调解社会实践中的个体行为。对译者来说，"译者在其他相关领域及其更广大的生活环境和社会轨迹中所获取的性情倾向具有可转换性，而这种可转换性可以在建构译者惯习的过程中发挥根本性的作用"（Meylaerts，2010）。

在翻译实践中，译者可以采取与原作者相似或不同的立场，创造对源文本的新的解读，通过惯习的调解，译者或采纳，或协商，或抵制已有的思想观念。布迪厄指出，个体惯习和场域结构之间的关系是动态的，改变是场域条件的必然结果，因为"一方的改变必然导致另一方的改变……且惯习本身处于不断改变的状态中……，随着场域条件和结构的改变而波动"（Hardy，2008：131—132）。在个人和社会稳定时期，当改变沿着预期的路径逐渐发生时，惯习和场域很好地匹配。当场域结构及个体在场域的定位尚未确定时，如果发生突发性或灾难性的改变，惯习的迟滞效应就会产生，突出惯习与场域之间的割裂（同上，132）。迟滞表明"惯习与正在发生根本变化的场域不再同步"（Dirk，2020）。作为一个分析工具，迟滞"在客观的场域改变与主观的惯习应变之间提供了清晰可见的链接"（徐敏慧，2023），这一概念有助于探索影响译者倾向及其政治和意识形态定位的因素，以及社会变革对译者思想观念和文化实践的影响。惯习的迟滞性"可能是错误适应或正确适应的根源，也可能是反抗或逆来顺受的根源"（Bourdieu，1990：62）。

迟滞效应在教育、国际研究、政治等领域讨论很广泛，但翻译研究领域对这一主题却涉猎甚少。在 Web of Science（2023 年 8 月 3 日访问）上检索关键词"惯习的迟滞"搜到发表在 SSCI、A&HCI、BKCI-SSH 以及 ESCI 索引期刊上的 53 篇文献，其中只有一篇与翻译相关：《译者惯习的迟滞》。该文作者分析了一部英语小说的土耳其语翻译，以展示"译者如何应对社会危机或转型时期的场域变化"（Durmuş，2018：181），认为迟滞效应存在于（1）源文本选择；（2）实际翻译的框架重构；（3）文体风格选择三个方面（同上，182）。该作者关注叙事和框架，研究译者如何重构源文本叙事。本研究则试图探索在完全不同的社会政治、文化历史语境中，社会转型时期的译者行为及其惯习的迟滞效应及中介作用。

2. 译者惯习与场域条件的不匹配

本研究主要以戴乃迭 1981 年翻译的《贵生》中的性别与性话语为分析对象，辅以同一历史时期译者翻译的其他中国现当代文学作品。戴乃迭的一生历经社会巨变，她的译者惯习也内化了这些动荡不安和社会变革。戴乃迭出生于北京的一个英国传教士家庭，7 岁时被送往英国接受教育，后来在牛津大学获得中国文学学士学位。她在牛津大学时认识了后来的丈夫杨宪益，婚后随夫定居中国。杨氏夫妇是中国文学翻译的先驱，翻译出版了《红楼梦》《儒林外史》《鲁迅作品选集》等众多中国文学作品，享誉海内外。他们共同翻译中国古典文学作品，而大部分现当代中国作家的作品则由戴乃迭独自翻译。

在《贵生》的翻译中，戴乃迭展示了其译者惯习对性（别）话语表述的调解作用。众所周知，"由于文化和代际差异，性是一个令人头疼的翻译难题"（Von Flotow，2000：16），社会、政治和伦理含义嵌入其中。"性的翻译从来不是中立的，与社会压力和意识形态相比，它高度揭示了内心深处的感受和态度"（Santaemilia，2019）。不同文化和代际的世界观使得持有不同思想观念、具有不同性格的人对性的态度存在明显差异。戴乃迭的《贵生》译本出版于20世纪80年代初，当时源语文化体系和目标语文化体系都对性议题持宽容态度。在目标语文化中，性一直是英语文学中的常见主题，英语文学作品对性的描述也很常见。在源语语境中，彼时的中国刚从"文革"中解放出来，经济主导的改革开放引发的社会巨变也导致了中国人对待性的思想观念发生巨大转变，文学作品中对性的描写已不似20世纪六七十年代那样被视为禁忌，有学者认为许多作家将性作为故事发展的重要手段，大胆探索与性有关的问题（韩子满，2008）。

由于"处于支配地位的意识形态和思想观念会影响思维和表达"（Underhill，2011：11），它会促使个体对主导意识形态做出反应并发展自己的思维方式，令其或接受或抵制其文化思维定势提供的观念，这在文学写作和文学翻译中都得到证实。社会和个体对待"性、（不）道德、（不）体面，以及性别/性意识形态的态度等问题始终影响着性语言的翻译……使译者要么过度自我审查，要么过度强调性"（Santaemilia，2019）。戴乃迭的翻译中自我审查的迹象很明显，显示出动荡时代的社会巨变对她生活的影响并建构了她的译者惯习。20世纪40年代，她和丈夫从牛津大学毕业后回到中国，起初被聘为大学教师，1949年之后成为外文出版社的全职专业翻译。"文革"期间，因被怀疑与外国势力结交，夫妻双双入狱，他们唯一的儿子在巨大的压力下自杀身亡。直到20世纪70年代，他们才沉冤得雪，重新在外文出版社从事翻译工作。这些社会事件改变了戴乃迭的人生轨迹，也改变了她所属的知识分子传统。作为外文出版社的专业翻译人员，他们的翻译工作通常由国家机构发起和协商，更多受制于源语文化规范。此外，20世纪80年代初期，中国现当代文学虽然在域外获得了一定关注，但在英语世界仍处于非常边缘的地位。许多国产译本基本是在国内流通，供国内的英语学习者和研究者使用。尽管如此，中国社会的动荡变化不可避免地引发了文学场域和文学翻译场域的变化。当场域发生变化时，个人惯习也随之而变，但这些变化并非同步发生。戴乃迭对原文中负载文化或意识形态的性元素的翻译原则，体现了场域结构与译者惯习之间的分裂及其译者惯习的迟滞。在翻译《贵生》中的性（别）话语时，她没有采取两种文化体系中的任何场域立场。相反，她抵制既有的文化思维定势，抵制场域规范，采用中性或更易被接受的表达方式来弱化性描写。她意识到在中国的语境中，性元素虽然不再是禁忌，但很多人不喜欢，且"书写与革命无关的爱情是不被赞同的"（Yang，1983：510）。

无独有偶，他们夫妇翻译《红楼梦》时，对原文中性内容和色情描写的"直言不讳及强度都加以减弱"，并"倾向于删除或抵消性描写"（Lee & Ngai，2012）。性（别）话语翻译是"一个社会对性别/性、（不）道德、（不）体面、身体和性别/性意识形态的态度的关键指标"（Santaemilia，2019），同时也是译者惯习动态地调解社会思想观念的指标。在戴乃迭的翻译实践中，她并非一以贯之地采取中立策略来翻译富有文化和意识形态色彩的负载词。这也说明从女性或双重文化身份视角解读她的翻译选择不能完全奏效。很明显，她适时调整翻译策略以适应不断变化的场域条件，特别是当她意识到"有些主题事实上是禁忌"（Yang，1983：510），且很多人不喜欢"总是寻找社会阴暗面"。例如，在20世纪50年代和60年代初，戴乃迭曾忠实地直译文学作品中的粗话脏话，但到了70年代末和80年代，她改变了翻译策略，删除原文中的负面意象（王惠萍，2014），也是在这一时期她翻译了《贵生》。同样，1988年戴乃迭翻译了张洁的《沉重的翅膀》，她"重写了原文对女性持有父权偏见的部分，使其更令人愉悦"（Meng，2020）。李欧梵在评论中国文学翻译时提到，杨氏夫妇"在翻译晚清时期刘鹗的《老残游记》时省略了几章，并非出于文本原因，而是因为这些章节'反动的'意识形态和'迷信观念'"（Lee，1985）。金介甫也观察到了这一现象：戴乃迭翻译《边城》时"绝少提及可能造成分歧或引导读者走向资产阶级趣味的内容"（Kinkley，2014），她倾向于删除政治不正确的元素，"不仅是为了'保护'读者免受意识形态污染，也是为了保护沈从文免受'颂扬封建地主阶级游手好闲'的指责"（同上）。原文中的负面意象"在翻译中被弱化和缓和，因而翻译产品更容易被接受"（Santaemilia，2019）。她的这些努力及翻译策略的改变是其译者惯习对不断变化的场域结构的回应，也是译者惯习与变化的场域结构不相匹配时产生的迟滞效应。

如果将戴乃迭的翻译活动置于社会语境中，我们可以发现她职业生涯的发展轨迹及译者惯习如何改变个体对相关问题的看法，尤其是意识形态和政治问题。我们也可发现译者惯习如何影响和调解文化思维定势，并在思想和社会政治领域产生影响。除了译文和译者序外，戴乃迭自己的作品并不多。但她发表的几篇文章反映了她内化的思想观念。她在一篇有关中国女性作家的文章中谈到中国女性的地位，指出"女性的自卑感……是一种受各种历史和社会实践影响的心理挫折"（Yang，1985：510）。在其《芙蓉镇》译本的序言中，戴乃迭简述了作者的人生轨迹，指出直到中共十一届三中全会后的 1979 年才第一次真正对"左"派观点进行批判，"标志着一个重大的历史转折点，是全国范围内纠正'左'倾错误的开始"。然而她也知道"这部小说（《芙蓉镇》）有批评者"（Yang，1983：9），意识到"泾渭分明的'好'与'坏'、'黑'与'白'的理念长期以来一直是中国写作的困扰之源"（同上，10）。在一次访谈中，戴乃迭承认，"我们受过去的工作环境影响太大，翻译过于直译和平淡无奇，我们现在依然被过去发生的一切所困扰"（Henderson，1980）。这些都揭示了惯习的迟滞效应产生的源泉，惯习的惯性显示出"惯习与场域结构之间关系的中断，即惯习与场域结构不再一致"（Hardy，2008：134）。戴乃迭在后期的翻译中弱化或减少性描写是她的译者惯习对变化的场域条件做出的明显反应，因为任何语言都"不允许我们'谈论某事'而不传达对某事的态度"（Fowler，2003：76），并且"当一件事通过语言重述时，它将不可避免地获得结构统一性……，这种统一性实际上只存在于表述层面，但将不可避免地转移到内容层面"（Lotman，1990：222）。因此，当冒犯性语言被弱化时，负面含义的强度就会降低。由此可见，戴乃迭译者惯习的迟滞效应在抵制盛行的男性诋毁女性的文化思维定势中发挥了重要作用。

五、结语

本文探讨了惯习的迟滞效应及其在抵制文化思维定势中的调解作用。研究表明，原文中关于男性对女性的一般态度、性描写，以及男性描述女性和性关系的方式的话语，体现了男性鄙视和贬低女性的文化思维定势。具体的文本分析显示出译者明显地抵制文化思维定势造成的对女性的诋毁性语言，并通过具体的翻译策略达到抵制的目的：对负面的表达语气加以缓和从而弱化冒犯性语言；使用中性词语弱化贬义，令言语表达更符合普通读者的口味；删除负面意象表述，创造令人舒适的语境；避免提及女性性器官，拒绝对女性的诋毁。这些译文中的改动与重写也昭示了翻译作品跨越时空、文学再现的力量。

文化思维定势可以解释个人的认知和思想观念及其适应场域规范的努力，而惯习的迟滞效应则是根据场域条件的改变调解思想观念的核心力量。惯习的本质特征使其可以内化思想观念，并对翻译实践产生直接影响。当译者惯习与发生改变的场域结构不再匹配时，惯习的迟滞效应就会介入，带给文本全新的解读。本研究的发现表明，戴乃迭译者惯习的迟滞效应在抵制原文中的文化思维定势下普遍鄙视女性的话语方面发挥了重要的中介作用。

参考文献：

[1] Bourdieu, P. *Outline of a Theory of Practice*, Cambridge: Cambridge University Press, 1977.

[2] Bourdieu, P. *The Logic of Practice*, trans. Nice, R. Stanford: Stanford University Press, 1990.

[3] Bourdieu, P. *The Field of Cultural Production: Essays on Art and Literature*, edited by Johnson, R. New York: Columbia University Press, 1993.

[4] Bourdieu, P. "Habitus", In Hillier, J. & Rooksby, E. (eds.). *Habitus: A Sense of Place* (2nd ed.), London: Routledge, 2005.

[5] Dirk, W. P. "Symbolic violence, academic capital and reflexivity: A case-study of post-apartheid curriculum change for teacher education using Bourdieu", *African Sociological Review*, 2020, 24(2).

[6] Durmuş, H. E. "Hysteresis of translatorial habitus: A case study of Aziz Üstel's Turkish translation of *A Clockwork Orange*", In Boase-Beier, J., Fisher, L. & Furukawa, H. (eds.). *The Palgrave Handbook of Literary Translation*, Cham: Springer International Publishing, 2018.

[7] Fowler, R. *Linguistics and the Novel*, London: Routledge, 2003.

[8] Hardy, C. "Hysteresis", In Grenfell, M. (ed.). *Pierre Bourdieu: Key Concepts*, Durham: Acumen, 2008.

[9] Henderson, K. R. "The wrong side of a Turkish tapestry", *Hemisphere*, 1980, 25(1).

[10] Holden, L. T. R., LaMar, M. & Bauer, M. "Evidence for a cultural mindset: Combining process data, theory, and simulation", *Frontiers in Psychology*, 2021(12). https://www.frontiersin.org/article/10.3389/fpsyg.2021.596246.

[11] Huang, L. B. & Chu, C. Y. "Translator's style or translational style? A corpus-based study of style in translated Chinese novels", *Asia Pacific Translation and Intercultural Studies*, 2014, 1(2).

[12] Kim, W. D. "James Scarth Gale as a translator", *Korea Journal*, 2016, 56(2).

[13] Kinkley, J. C. "Introduction", In Shen, C. W. *Selected Short Stories of Shen Congwen*, trans. Kinkley, J. C. Hong Kong: The Chinese University of Hong Kong Press, 2004.

[14] Kinkley, J. C. "English translations of Shen Congwen's masterwork, *Bian Cheng* (*Border Town*)", *Asian and African Studies*, 2014, 23(1).

[15] Lee, O. F. "Contemporary Chinese literature in translation—A review article", *The Journal of Asian Studies*, 1985, 44(3).

[16] Lee, T. K. & Ngai, C. "Translating eroticism in traditional Chinese drama: Three English versions of *The Peony Pavilion*", *Babel*, 2012, 58(1).

[17] Lotman, Y. M. *Universe of the Mind: A Semiotic Theory of Culture*, trans. Shukman, A. London: I. B. Tauris & Co., Ltd., 1990.

[18] Meng, L. Z. "Translating gender from Chinese into English: A case study of *Leaden Wings* from feminist perspective", *Cogent Arts & Humanities*, 2020, 7(1). https://doi.org/10.1080/23311983.2020.1853894.

[19] Meylaerts, R. "Habitus and self-image of native literary author-translators in diglossic societies", *Translation and Interpreting Studies*, 2010, 5(1).

[20] Santaemilia, J. "The translation of sex-related language: The danger(s) of self-censorship(s)", *TTR: Traduction, Terminologie, Rédaction*, 2008, 21(2).

[21] Santaemilia, J. "A reflection on the translation of sex-related language in audio-visual texts: The Spanish version of J. K. Rowling's *The Casual Vacancy*", *Perspectives*, 2019, 27(2).

[22] Shen, C. W. *The Border Town and Other Stories*, trans. Gladys Yang. Beijing: Panda Books, 1981.

[23] Shen, C. W. *Selected stories of shen Congwen*, (chinese-English Bilingual Edition). trans. Kinkley, J. C. Hong kong: The Chinese University Press, 2004.

[24] Underhill, J. W. *Humboldt, Worldview and Language* (1sted.), Edinburgh: Edinburgh University Press, 2009.

[25] Underhill, J. W. *Creating Worldviews: Metaphor, Ideology and Language*, Edinburgh:

Edinburgh University Press, 2011.

[26] Underhill, J. W. "Humboldt in translation theory: Pearls of wisdom, or splashes in the ocean?", *Forum for Modern Language Studies*, 2017, 53(1).

[27] Von Flotow, L. "Translation effects: How Beauvoir talks sex in English", In Hawthorne, M. C. (ed.). *Contingent Loves: Simone de Beauvoir and Sexuality*, Charlottesville: University Press of Virginia, 2000.

[28] Xu, M. H. *English Translations of Shen Congwen's Stories — A Narrative Perspective*, Bern: Peter Lang International Academic Publishers, 2013.

[29] Yang, G. "Preface", In Gu, H. *A Small Town Called Hibiscus*, trans. Gladys Yang. Beijing: Panda Books, 1983.

[30] Yang, G. "Women writers", *The China Quarterly*, 1985 (103).

[31] 陈钰:《叙事重构三维译控论——以戴乃迭英译〈沉重的翅膀〉为例》,《同济大学学报》(社会科学版) 2020 年第 4 期。

[32] 付文慧:《多重文化身份下之戴乃迭英译阐释》,《中国翻译》2011 年第 6 期。

[33] 韩子满:《翻译与性禁忌——以 The Color Purple 的汉译本为例》,《解放军外国语学院学报》2008 年第 3 期。

[34] 沈从文:《沈从文小说选集》, 北京：人民文学出版社, 1957 年。

[35] 汪宝荣、李伟荣:《杨宪益、戴乃迭的译者惯习比较探析》,《复旦外国语言文学论丛》2020 年第 1 期。

[36] 王惠萍:《后殖民视域下的戴乃迭文化身份与译介活动研究》, 上海外国语大学博士学位论文, 2014 年。

[37] 王建国、谢飞:《论汉英语用差异对翻译的影响——基于对〈边城〉四译本的对比分析》,《中国翻译》2020 年第 3 期。

[38] 谢江南、刘洪涛:《沈从文〈边城〉四个英译本中的文化与政治》,《中国现代文学研究丛刊》2015 年第 9 期。

[39] 徐敏慧:《翻译社会学中的场域理论再探》,《燕山大学学报》(哲学社会科学版) 2023 年第 1 期。

[40] 张生祥、汪佳丽:《女性译者主体性探究——析戴乃迭英译〈沉重的翅膀〉》,《当代外语研究》2015 年第 8 期。

严复翻译活动的多维场域研究 *

苏艳　丁如伟 **

摘要：文章从场域视角考察严复翻译惯习的形成、权力关系的博弈、资本形式的转化等内容，以展现严复翻译活动的社会维度。文章将其翻译活动的场域分为体制外场域和体制内场域，前者主要包括官办高校和机构，后者主要包括民间出版社和学会。通过剖析严复所处各场域中的翻译活动及其关联互动，立体、动态地考察严复翻译实践的背景和动机，阐发其翻译活动在历史时空中的影响与功用。

关键词：严复；翻译；场域

Abstract: In an attempt to interpret Yan Fu's translation activities during the transitional period of the late Qing Dynasty from the social dimension, the article addresses Yan Fu's formation of translation habitus, game of power and transformation of capital forms from the perspective of filed which falls into two categories, fields within system and fields outside system. The former mainly consist of state-owned universities and institutions, while the latter refer to private publishing house and societies. With the analysis on Yan Fu's translation activities and their interrelations in each field, it explores the background and motivation of Yan Fu's translation activities in a multidimensional and dynamic manner, and elucidates their historical influences and function.

Key words: Yan Fu, translation, field

---

* 本文系教育部人文社科青年基金项目"晚清中国译者的文化认同研究（1840—1911）"（项目号：21YJC740009）的阶段性成果。

** 苏艳，华中师范大学外国语学院教授，博士生导师，主要从事翻译史、典籍翻译与翻译理论研究。丁如伟，西北农林科技大学外国语学院教师，主要从事翻译史研究。

一、导言

　　翻译是人类以语言为媒介的一种跨文化交际活动，语言具有社会建构功能和机制，布迪厄（Bourdieu，1991：10）认为语言具有象征性权力（symbolic power），可以维系或推翻社会秩序。场域是"在各种位置之间存在的客观关系的一个网络（network），或一个构型（configuration）"（布迪厄、华康德，2004：133），社会个体都是场域作用的产物，个体之所以以独特的身份存在，是因为有与之相对应的场域存在（同上，145）。在布迪厄提出的四种资本类型中，经济资本、文化资本和社会资本是资本的基本形式，而象征资本可由前三者转化而成（Bourdieu，1986：241—258）。"社会空间被各种场域结构化，场域如同一个市场，每个行动者携带自己的资本为谋求各自的利益进行资本的交换和权力的争夺与再分配，而行动者的社会地位取决于其在场域中占有的资本总量及各资本的相对比例。"（苏艳，2008：77）社会主体在场域中携带资本竞争，基于译者的社会属性和翻译的社会建构功能，可以认为，译者所处历史场域充满各类资本和权力之间的博弈，直接影响译者的身份塑造与资本转换，这在社会和文化转型时期尤为激烈。因此，从场域视角考察历史转型期译者的翻译活动具有学术合理性。

　　严复是清末翻译家，其翻译活动与晚清中西碰撞、古今相争的社会背景密切相关。他从私塾教育、留学教育和举业经历中获取了文化资本，形成了个人化的双语惯习。他怀揣着"三民"理想投身翻译事业，积累了经济资本和象征资本。除了译者，严复还兼具体制外的报人、名学会创办者以及体制内的译书局总办、京师大学堂总监督、大学校长等多重身份，这意味着其翻译活动存在多维场域，使其行动者角色呈现出不同的禀赋构型。本文根据严复的多元身份，大体将其翻译场域分为体制外场域和体制内场域，阐述在特定历史场域中其翻译惯习的形成、权力关系的博弈、资本形式的转化等内容，分析其所处的多维场域间的互动关联，由此立体、动态地考察严复翻译实践的背景和动机及其翻译活动在历史时空中的影响与功用。

二、译者惯习的形成与翻译场域的介入

布迪厄（1997：175）曾指出场域和惯习之间的两层关系：一是场域构造惯习，惯习是体现场域的内在必要性的产物；二是两者之间是知识的关系，或是认识的建构关系，即惯习有助于把场域建构成一个富有意义和价值的世界。严复1879年自英国留学回国后，先是回母校福州船政学堂任教习。第二年8月奉调天津，参与筹建天津水师学堂相关事宜，至1900年6月北洋水师学堂毁于八国联军的炮火之中，严复在此任职20年之久。晚清一批政治和文化精英为制夷图强，先后发起洋务运动和变法维新，试图在与西方的竞争中积累军事、经济和政治资本，在此过程中，"翻译一事，系制造之根本"（曾国藩，1994：446），"译书为强国第一义"（梁启超，1999：172），即以语言交换为中介的文化象征性实践成为权力竞争和社会变革的首要途径。在此翻译场域中，严复并不安于教育事业，在心理上与传统知识分子一样，仍认同于"士"的身份。若非幼时因家庭变故被迫由私塾教育转向西学，他本会沿着科举之道走下去，"当年误习旁行书，举世相视如髦蛮"（汪征鲁等，2014f：13）表达了他对"正途"的渴慕之情。史华兹（2010：16）认为："他仍然是一个传统的士大夫，社会传统观念的转变并没有深入他的骨髓。"当时的当政权威人士鼓励新式学堂师生参加科举考试、走向求仕道路。如李鸿章（1982：397—398）于1887年6月19日奏请朝廷准许北洋水师学堂师生一体乡试，为天津水师、武备学生及教习人员参加科举考试提供便捷。严复积极寻求获得"士"的身份，他感到在体制内场域中"出身不由科第，所言多不见重"，于是"欲博一第，以与当事周旋，既已入其彀中，或者其言较易动听，风气渐可转移。乃发愤治八比，纳粟为监生，应试"（王蘧常，1926：10）。1885年至1893年，严复四度参加考试均名落孙山。实际上，举业的经历对他人生成长并非毫无裨益。

首先，这段经历有效地训练了其古典文字的运用能力，为他之后翻译实践选择文言书写打下了语言功底。陈衍曾说："几道学无师承，少壮时文字尚多俗笔。厥后研究子部，且得力于外国名家文法，尽蠲其往时滑易之病"（黄曾樾，2002：706），认为严复早期文字并不出色，其后研习了诸子百家，综合西方名

家文法之所长，才避免了往日文章的"滑易之病"。钱基博（2017：481）也指出，严复文章"籀其体气，要皆出于八股"，认为其文字虽保留了八股的体式，但"文理密察"，堪称"逻辑文学"，和他西学素养不无关系。严复在很大程度上从举业中提升了古文功底，加之他接受的私塾教育和西学教育，为其翻译实践积累了丰富的文化资本。严复翻译文风融传统八股与西方逻辑为一体，这是他作为译者的倾向性特征之一，构造了他独特的翻译惯习，这一惯习又反作用于他的翻译活动，特有的语言风格为其译著划定了读者受众和思想传播层面。

其次，这一经历让严复切身体会到了科举制的弊端。严复认识到，八股取士牢笼人才、禁锢思想，偏离了为国求才、劝人为学的创立初衷："八股取士，使天下消磨岁月于无用之地，堕坏志节于冥昧之中，长人虚骄，昏人神智，上不足以辅国家，下不足以资事畜。破坏人才，国随贫弱。"（汪征鲁等，2014e：47）。他分条详述了科举制度如何"锢心智、坏心术和滋游手"（同上，45—48），深化了对人才素质培养的认识，提出了"鼓民力，开民智，新民德"的思想。面对"民智不开"，朝廷之中守旧与维新两派均无法解决的现实困境，他寄希望于西学思想以达成所愿，选择"屏弃万缘，惟以译书自课"（汪征鲁等，2014f：130）。他乐观地认为，西学具有启迪民智的功用，遂将愈愚救亡的抱负同西方思想密切关联起来，借此期待中华民族的复苏。本着开民智的信条，他走向了译书之路。严复所怀有的"三民"理想和政治抱负左右了他译书的选材和翻译策略的选择等多个方面，使其翻译惯习富有个人特征，促使他有倾向性地投身于翻译实践活动，进而为构建他所期待的世界发挥能动性。

三、体制内场域的翻译活动

晚清中国在文化、社会、政治等领域都面临着前所未有的危机，在西方现代文明的诱惑下，晚清知识分子开始将目光投向西方，而中西交流最大的障碍是语言障碍。晚清当政人士对此也有所意识，恭亲王奕䜣等大臣在奏折中写道："查与外国交涉事件，必先识其性情。今语言不通，文字难辨，一切隔膜，安望其能妥协！"（朱有瓛，1983：5）在这样的历史语境下，洋务派开始创办学习西文、西艺的新式学堂，一定程度上转换了社会风气，也为之后体制内场域中翻译活动的展开培养了译才，为近代高校教育奠定了基调。

严复离开北洋水师学堂后，在1906年至1912年期间先后出任安徽高等学堂、复旦公学、北京大学等高校的校长，"对旧式教育体系进行改革，按自己的思想主张组织教学和管理"（皮后锋，2000）。早在1902年，他便明确宣称"西学为当务之急，明矣！"（汪征鲁等，2014f：204）。为谋求"中国之幸福"（同上，206），他提倡学习西方科学并广泛应用，以渐进的进化观看待社会的改造和发展，还倡导科学精神的确立。他"从西方'科学立国'的历史经验出发，认为要'愈愚'只能'科学救国'，西方科学知识的翻译与传播是必要基础，科学理性精神的宣扬与培养才是长远之计"（苏艳、丁如伟，2023）。他深受斯宾塞（Herbert Spencer）和赫胥黎（T. H. Huxley）等学者教育思想的影响，提出了"德智体"三育并举学说，曰："教人也，以浚智慧、练体力、厉德行三者为之纲"（汪征鲁等，2014e：24），"讲教育者，其事常分三宗：曰体育，曰智育，曰德育"（同上，179）。此外，严复还"注意到艺术在陶冶民众情操、开启民智、移风易俗上的积极作用"（苏艳，2018：111—112）。这些教育思想体现在他对教学教材的翻译上，他在任京师大学堂译书局总办一职时，制定了《京师大学堂译书局章程》，规定以翻译中小学教科书为主，将所译教科书分为38个门类，涵盖了"德智体美"四方面内容，指出含美术在内的"或事切于民生，或理关于国计"的专门专业之书，"但使有补于民智，则亦不废其译功"（汪征鲁等，2014e：125）。这些翻译选材思想同样体现在他自身的翻译实践中，他先后翻译出版了八部西方社会科学名著，含涉近代政治、经济、伦理、哲学、法律、教育、历史、社会学、自然科学等方面的学术思想和成就，有助于更新国民的宇宙观、世界观、政治观和价值观，贴合他"开瀹心灵""增广知识"（同上，243）的民智培养目标。在体制内场域中，严复的教育思想和翻译主张契合当时社会背景与现实需求，与政治场域权威人士的认识趋同，在权力博弈中更易获得支持。

在体制内场域，除了高校场域这一主要关系空间外，严复还涉足其他官方机构子场域。1898年，京师大学堂成立，光绪帝谕令："所有原设官书局及新设之译书局，均并入大学堂，由管学大臣督率办理。"（朱有瓛，1986：639）

1902年10月，京师大学堂译书局成立，严复受聘为总办，颁布了《京师大学堂译书局章程》，包括局章、薪俸、领译合约、章程条说四大部分，其翻译宗旨有四："一曰开瀹民智，不主故常；二曰敦崇朴学，以棣贫弱；三曰借鉴他山，力求进步；四曰正名定义，以杜杂庞。"（汪征鲁等，2014e：125）这些宗旨与严复开启民智的教育目的、保种求强的政治理想、中西会通的文化动机高度契合。此外，1903年严复在《英文汉诂》卮言开篇提道："……旧学之必不足恃，而人人以开瀹民智为不可以已。"（汪征鲁等，2014d：82）1905年，严复在伦敦与孙中山会面时也表达了类似的观点："以中国民品之劣，民智之卑，即有改革，害之除于甲者将见于乙，泯于丙者将发之于丁。当今之计，惟急以教育上著手，庶几逐渐更新乎！"（严璩，1986：1550）可见严复的教育目的、翻译动机、政策制定理念都与开启民智的理想分不开，在不同场域中呈现思想的贯通性和一致性。

1909年，清政府设置的学部奏请开设编订名词馆，拟推严复为总纂，统筹编订各学科中外名词对照表。名词翻译是西学翻译的基础，译名的审定直接影响西学翻译的开展，严复强调"名词者，译事之权舆也，而亦为之归宿"（汪征鲁等，2014e：344），对中外名词对照审定极为重视，"建馆前严复制订计划、聘请馆员；建馆后几乎每天到馆，事无巨细，亲自过问，对术语审定工作是极其认真负责的"（沈国威，2019：186）。自己确立译名时更是达到"一名之立，旬月踟蹰"（汪征鲁等，2014a：79）的境界。在名词馆维续两年的时间里，严复组织人共审定了3万余条词汇，含涉数学、逻辑学、心理学、植物学、伦理学、地理学等多个学科，出版了名词对照表，推进了教科书的编译工作。同时，"严复坚持了自己的译词原则，把自己的译词悉数收入"（同上，187），凸显了翻译场域中权力因子发挥的作用。

1912年8月，民国政府重新厘定官制，将海军部分设厅、局、处三级。严复此时尚在京师大学堂任职，相关部门让他兼任海军部编译处总纂，负责统筹部员翻译外国海军图籍的工作（池仲祜，2000：507）。1914年5月，袁世凯在其执政期间成立了内史监，严复"因熟悉国外状况，奉命翻译西方报刊，供《居仁日览》之用"（黄克武，2022：211）。他大量阅读英文报刊并精选战事新闻翻译，为当政领导人了解世界时局、跟踪国际发展动态提供了重要的参阅资料。

严复上述体制内场域中的翻译活动均是在清廷授权下展开的，其翻译活动也受到当时政治场域权力关系的支配。他以自身持有的译者筹码投入场域的权力博弈，扮演着翻译政策制定者的角色，保障了翻译活动的协调性和规范性，使翻译工作适应社会情境和现实需要。同时，他通过翻译场域中积累的资本，在场域中的权力争夺与再分配中占有主导地位，在体制内场域的翻译实践也为他生成了社会资本。

四、体制外场域的翻译活动

从严复的私人书信来看，学堂和官办机构工作的不顺心促使他探求体制外的翻译场域。1896年他在给四弟观澜的家书中多次抱怨职场不如意："兄北洋当差，味同嚼蜡。"（汪征鲁等，2014f：434）"兄自来津以后，诸事虽无不佳，亦无甚好处。……至于上司，当今做官，须得内有门马，外有交游，又须钱钞应酬，广通声气。兄则三者无一焉，又何怪仕宦之不达乎？置之不足道也。"（同上，435）陈宝琛在严复墓志铭中对他任职情况略有交代："及文忠大治海军，以君总办学堂，不预机要，奉职而已。"（陈宝琛，1986：1541）一起留学英国的同学归来后多在北洋水师担任舰长、分舰队司令员等要职，他却是一个"被边缘化"的角色，面对这样的落差严复的心境可想而知。此外，严复家累极重，"一家十余口，寄食他乡，儿女五六，一一皆须教养，此皆非巨款不办"（汪征鲁等，2014f：155）。严复1910年年初接受清廷赐予的"一等文科进士"出身和"候选道员、编订名词馆总办、学部丞参上行走"等职（匿名，1910），却在家信中叮嘱夫人朱明丽"谨慎持家"，因为北洋顾问官一职"薪水只剩六成三百两"，学部名词馆及丞参堂两处薪水"三百两，略够京中敷衍耳"，而他当年寄回家中"十月份家用490元"（汪征鲁等，2014f：483，484，486）。此后，严复又被朝廷派为筹办海军事务处顾问官、钦选资政院议员和海军部一等参谋官，但朝廷财政捉襟见肘，体制内提供的俸禄已远远不够维持日常收支平衡，必须另谋糊口之途。严复坦言"真不知如何挪展耳。若自为所能为作想，只有开报、译书、学堂三事尚可奋其驽末"（同上，155）。显然，晚清体制内场域中经济资本增长空间窄狭化，相比而言，在体制外场域中经济资本置换的可能性更大。科举的失意，怀才不遇的落寞，家庭的经济重负，加之民族危亡的现实境遇，使译书成为严复图富强和资生计的必然选择和重要手段。

严复在体制外的翻译场域主要包括出版场域和学会场域，三个场域是同源关系，既相互独立，又互动关联，串联三个场域的引线是译作，分别指向翻译产品的创作、生产与流通三个环节。严复翻译作品涉及生物学、经济学、政治学、社会学、法学、逻辑学等多个学科，较为系统地引介了现代西方社会科学。《天演论》宣传了"物竞天择，适者生存"的思想，为近代中国落后状况提供了理解思路，为国人指出了社会前进的方向。他翻译的《原富》引介了西方资产阶级政治经济学思想，推动了中国重农抑商、耻于言利等传统观念的转变。《群己权界论》的翻译为中国社会引入了西方民主与自由、权力与权利的观念，为现代道德权利与伦理秩序的社会启蒙带来了思想资源。《群学肄言》的翻译促进了社会学在中国的传播，强调"以天演为宗"，将生物学理论运用于社会现象的考察。严复翻译的《社会通诠》向国人展现了西方社会政治发展的历史轨迹，对中国社会政治制度与社会发展走向予以启迪。严复通过翻译《名学》和《名学浅说》，将西方分析、推理、判断、归纳、实验、实证的治学方法介绍给中国知识界，引导和培养国民的科学思维和理性精神。严复翻译《美术通诠》，较早地向国人引介了西方文学理论，"为我们思考现代'文学'观念的形成提供了新的路径"（狄霞晨、朱恬骅，2021）。他在按语中交代了翻译该书的动机，点明了文论思想所具有的美育意义与实际价值。《法意》凝聚了"孟德斯鸠政治思想与严复民主理想"（欧梦越，2019），向中国移植了西方法律制度，以促进国人法律思维模式的转变。上述译著的广泛传播与影响扩大了严复的朋友圈和知名度，为他积攒了社会资本和象征资本，同时带来了可观的经济资本，如他在官场失意、生活困顿的情况下，曾向蒯光典借资3000元，后将《穆勒名学》等七部译稿交由蒯光典出版以抵偿债务（包天笑，2009：219—224）。

严复在翻译场域的成就与他在出版场域的活动分不开。1897年，严复在天津北洋水师学堂任职期间，与友人王修植、夏曾佑、杭辛斋等一起创办了《国闻报》，次月增出旬报，名为《国闻汇编》，以传播新学、开启民智为主旨，切合国家富强、联通世界的目的。报纸的新闻来源主要有翻译和采访两途，译本"萃取各国之报凡百余种"（汪征鲁等，2014e：355），主要是关于外论以及诸如俄、英、法、德、美、日等国纪要。严复在《国闻报》上发表的文章主要有发刊辞、时事评论、政见政论、翻译评论等几种类型。关于翻译的议论有《论译才之难》《鸦乘羊者》《〈如后患何〉按语》《弭战议》等数篇，其中《论译才之难》一文论证了翻译人才的专业素养，指出译者需要具备广博而专业的知识积累。1897年年底《国闻汇编》连载了严复翻译的《天演论》，其首次公开刊行的版本名为《天演论悬疏》，该版本公开发行于戊戌变法酝酿阶段，将进化论学说引入中国思想界，无疑助长了维新思想宣扬的声势。后因戊戌变法后清政府查办，《国闻汇编》停刊，《天演论》未能全本发表，只刊出了自序和前九节，体现了翻译场域与出版场域在和政治场域争夺权力空间过程中的无奈妥协。

严复在出版场域中的各类活动中，值得一提的是他与商务印书馆之间的合作交流。出版印刷是翻译产品生产的必要环节，是实现译著传播的前提，也是译者积累资本的条件和基础，商务印书馆正是实现严复译作生产的主要实体空间。严复的译著《群己权界论》《社会通诠》《法意》《名学浅说》均是在商务印书馆首次出版，《天演论》《群学肄言》《穆勒名学》随后也均有商务版。《原富》在1902年最初出版于南洋公学译书院，由张元济负责管理，1903年译书院因经费紧张停办，不久后与商务印书馆合并。其中不容忽视的是严复就《原富》出版问题与张元济的书信往来。1899—1902年，二人通信有数十次，《严复集》和《严复全集》收录的20封信中，有14封信均述及《原富》翻译与出版的问题。两人之间频繁往来的书信展示了《原富》翻译进度以及出版过程，其中涉及他积极争取翻译稿酬、版税、分红等译者权益的内容，彰显了译者的版权意识，展现了出版场域中作者和出版商之间权力关系的博弈与调适。根据书信讨论结果，张元济以2000两银支付《原富》稿酬，另分给严复售值两成的版税，这应是近代历史上有迹可查的最早版税案例，也是文化资本向经济资本的成功转换。严复1903年在商务印书馆出版《社会通诠》时，与以张元济为代表的出版方签订了我国第一份版权合同，约定了双方的权利与义务、版权归属和版税支取等条目。在翻译场域与出版场域中的权力博弈中，促成了近代翻译版税制的建立。严复还相当具有经济头脑，对于商务印书馆的译稿酬金与版税分红，他并未悉数支取，而是将一部分作为股份投资在商务印书馆以获得股息，在他晚年脱离体制内职位之后，这些股息成为他生活的重要保障，可知在体制外场域中社会智力生存空间得到了有效拓展。晚年他在和长子严璩的家书中多次就商务印书馆股份事宜予以交代，如在1921年的一封信中，他告诉严璩当年"商务印书馆红利以五百股一七分，分八千五百元"（汪征鲁等，2014f：447）。有学者通过严复账单、书信等史料推测，认为他在1912年至1921年十年间从商务印书馆分得红利68370元（黄令坦，2016）。

晚清"中国迅速出现了大量以绅士为主体的商会、学会和各类不是基于亲族关系的社会团体"（金观涛、刘青峰，2009：209）。在京城和地方兴办各级各类学会的浪潮中，严复也在体制外为其翻译活动开辟了学会场域，他开办了我国第一所"名学会"，系统译讲和传播名学（逻辑学）。1900年八国联军侵占北京后，严复避难上海，因"金粟斋译局诸贤谓当有以激发。一时学者以名学为格致管钥，而仆又适业是书"（汪征鲁等，2014f：188），由此在1900年七八月间成立了名学会，直至1901年5月初结束。严复对"名学"极其重视，认为"名学者，理术之统宗。……格致之管钥在焉，故玄科首名学"（汪征鲁等，2014b：139）。在《京师大学堂译书局章程》（1903）中他更将名学和数学两宗划入统挈科学，认为两者"所标公例为万物所莫能外，又其理则钞众虑"（汪征鲁等，2014e：124）。他将名学视为社会进步的根本，"惟能此术，而后新理日出，而人伦乃有进步之期"（汪征鲁等，2014c：399）。在此之前，严复在诸多场合对名学相关概念和学理也都有阐说，诸如《译〈天演论〉自序》《救亡决论》《原强》《西学门径功用》《民约评议》等论文和政文以及译著的按语、注释都涉及逻辑学概念和知识，他的《穆勒名学》和《名学浅说》是影响深远的两部逻辑学译著。名学会的开办，使得逻辑学首次被系统全面地介绍到中国，当时的社会名流张元济、吴彦复、章太炎、郑孝胥、伍光建、包天笑等都曾是演讲会的座上宾。孙宝瑄（2015）在日记中多次记录了去名学会听讲情况，述及了当时严复讲演情景。如此西方逻辑学被系统全面地介绍到中国，吸引了中国知识分子的追捧和学习，其"一时风靡，学者闻所未闻，吾国政论之根柢名学理论者，自此始也"（林耀华，1933）。可以看出，在体制外的学会场域中，参与者服从于中西普适性的公理，较少受到传统思想和社会伦理的约束，可以更为自由地接受学习西方思想和制度，为晚清社会的现代化转型奠定基础。

五、多维场域中翻译活动的互动关联

严复在不同场域中的活动看似有空间区隔，实则存在内在关联，形成了独特的关系网络。在高校场域中，严复在北洋水师学堂任职期间，在积极参加科举考试过程中提升了古文水平，为之后翻译选择文言书写积累了文化资本。"师友交友是古人成学的一个重要途径"（余英时，2005：115），严复广泛的人际交往是他从事翻译实践的社会资本，譬如他少年参加船政学堂招生考试时受到船政大臣沈葆桢的赏识，留英期间与驻英公使郭嵩焘往来密切，在科举考试备考中得到同僚陈锡赞（陈彤卣）的指导，等等。他的首部译作《天演论》翻译出版过程中，桐城派大师吴汝纶不但全程参与修改指导，还为其出版作序，严复充分利用吴的象征资本，提升了译著的知名度，为译著的资本转换提供了优势条件。参与《天演论》修改润色的还有桐城派挚友吕增祥，吴、吕二人"可谓该书的幕后功臣"（黄克武，2022：120）。和严复有往来的师友还有陈宝琛、梁启超、肃亲王、载泽、载洵、毓朗、汪康年、张元济、曹典球、荣禄、袁世凯等，横跨政界、教育界、实业界，穿梭于体制内外场域，为他积累了丰富的社会资本，也为他翻译作品的传播、出版等活动创设了便利条件。

翻译场域与体制内外的各类子场域也互为关联。米歇拉·沃尔夫指出："翻译现象也不可避免地与社会机构（social institution）产生关联，后者在很大程度上决定了翻译材料的选择、翻译产品的生产及流传，进而操控了翻译过程中采用的策略。"（Wolf，2007：1）。严复通过书信、报馆、学会等抽象或实体场域的公共交往，实现了翻译活动的思想交流、信息交换，明确了读者受众和翻译风格，提升了翻译质量，扩大了译著信息的传播和接收空间，有效地促进了翻译思想的传播和翻译知识的影响力。他的译著深刻地影响了近代中国教育、文化、思想等领域，这些子场域与翻译场域紧密相连，他在这些场域中所获取的各类资本转化为象征资本，象征资本的加持让他在翻译场域中又具有了一定的话语权，他翻译作品的风格、方法、策略、标准和原则等引人关注。"严复等人所构建的规范就是中国翻译场域中所谓的'幻象'之一，参与塑造了其他参与者的惯习。"（王悦晨，2011）他在翻译中惯用的中西会通的方法常引人讨论，他提出的"信达雅"标准更是被后来译者奉为圭臬。同时，严复从翻译事业中获得了维持生计的经济资本，还积极维护译者利益，推进版权合同正规化，推动了近代译者职业化进程。严复在拥有一定的象征资本后，更多的知识分子热衷于参加他的演讲，购买他的最新译著，严译西学著作不仅传播了西学，更是帮助他们融入其所期望的文化环境和知识阶层的媒介。同时，一些社会机构或实业单位也借助严复象征资本以获取更多利益，如与他合作来往密切的商务印书馆就从他在翻译场域所积累的象征资本获益，"为了促使商务印书馆有优秀的英汉辞书问世，严复不惜先后为商务印书馆刊行的三部英汉辞典作序"（邹振环，2012）。此外，严复能够在诸如译书局、名词馆、海军编译部等体制内子场域中统筹组织翻译活动，体现了他所具有的象征资本的优势，其中一部分原因是他在翻译场域中所积累的文化、社会等资本得到认可，充分论证了场域是译者携带文化资本与象征资本交换和竞争的场所。

六、结语

严复在不同场域中所从事的与翻译相关的活动彰显了各种社会因素之间的复杂互动，互渗共融。他从中西教育、举业经历获取的文化资本奠定了译介西学的基础和形成了独特的译者惯习，他在体制内场域的职业体验为其教育和翻译思想的塑形提供了思考的土壤，在体制外场域的翻译活动呈现了权力的博弈与资本的交换。体制内外的场域也是彼此关联，在体制内场域初步积累了文化资本和社会资本，让他有可能投身于翻译实践。严复在体制外的翻译场域中获得了象征资本，使得他在体制内场域权力争夺与再分配中占有主导地位，扮演了翻译相关活动政策制定者的角色。"翻译与社会之间构筑出一种互动的形态关系，社会语境控制了翻译行为和产品形态，反之，翻译活动和译作又对社会革新和发展施以影响。"（宋菁，2022）严复翻译活动的呈现脉络是他携持各类资本在多维场域中互联互动的表征，为中国近代的现代性建构发挥了重要作用，在中国近代翻译史上留下了浓墨重彩的一笔。

参考文献：

[1] Bourdieu, P. "The forms of capital", In Richardson, J. G. *Handbook of Theory and Research for the Sociology of Education*, New York: Greenwood Press, 1986.

[2] Bourdieu, P. *Language and Symbolic Power*, trans. Raymond, G. & Adamson, M. Cambridge: Polity Press, 1991.

[3] Wolf, M. "Introduction: The emergence of a sociology of translation", In Wolf, M. & Fukari, A. *Constructing a Sociology of Translation*, Amsterdam/Philadelphia: John Benjamins Publishing Company, 2007.

[4] 包天笑:《钏影楼回忆录》,北京:中国大百科全书出版社,2009年。

[5]〔美〕本杰明·史华兹:《寻求富强——严复与西方》,叶凤美译,南京:江苏人民出版社,2010年。

[6]〔法〕布迪厄:《文化资本与社会炼金术——布尔迪厄访谈录》,包亚明译,上海:上海人民出版社,1997年。

[7]〔法〕皮埃尔·布迪厄、〔美〕华康德:《实践与反思——反思社会学导引》,李猛、李康译,邓正来校,北京:中央编译出版社,2004年。

[8] 陈宝琛:《清故资政大夫海军协都统严君墓志铭》,见王栻主编:《严复集》,北京:中华书局,1986年。

[9] 池仲祐:《海军大事记》,见《中国近代史资料丛刊》编委会编:《洋务运动》,上海:上海书店出版社,2000年。

[10] 狄霞晨、朱恬骅:《严复与中国文学观念的现代转型》,《社会科学文摘》2021年第3期。

[11] 黄曾樾辑:《陈石遗先生谈艺录》,见张寅彭主编:《民国诗话丛编》(一),上海:上海书店出版社,2002年。

[12] 黄克武:《笔醒山河:中国近代启蒙人严复》,桂林:广西师范大学出版社,2022年。

[13] 黄令坦:《书中自有黄金屋 以学为政严几道》,《群言》2016年第12期。

[14] 金观涛、刘青峰:《观念史研究:中国现代重要政治术语的形成》,北京:法律出版社,2009年。

[15] 李鸿章:《李鸿章奏学堂人员请一体乡试片》,见张侠、杨志本等编:《清末海军史料》,北京:海洋出版社,1982年。

[16] 梁启超:《译印政治小说序》,见张品兴主编:《梁启超全集》,北京:北京出版社,1999年。

[17] 林耀华:《严复社会思想》,《社会学界》1933年第7卷。

[18] 匿名:《尚书梁敦彦等会学部奏会同核定游学专门人才折》,《学部官报》1910年。
[19] 欧梦越:《"庶建乃真民主"——严复译〈法意〉"庶建"的创制使用及传播》,《福建师范大学学报》(哲学社会科学版) 2019年第2期。
[20] 皮后锋:《严复的教育生涯》,《史学月刊》2000年第1期。
[21] 钱基博:《现代中国文学史·外一种:明代文学》,北京:商务印书馆,2017年。
[22] 沈国威:《一名之立 旬月踟蹰:严复译词研究》,北京:社会科学文献出版社,2019年。
[23] 宋菁:《近代翻译场域中的资本运作——翻译家马君武研究》,《当代外语研究》2022年第5期。
[24] 苏艳、丁如伟:《严复翻译中的知识建构研究》,《上海翻译》2023年第3期。
[25] 苏艳:《从文化自恋到文化自省:晚清中国翻译界的心路历程》,武汉:华中师范大学出版社,2018年。
[26] 苏艳:《中国传统译论中的社会维度——梁启超〈论译书〉的现代阐释》,《解放军外国语学院学报》2008年第3期。
[27] 孙宝瑄:《忘山庐日记》(上),上海:上海人民出版社,2015年。
[28] 汪征鲁、方宝川、马勇主编:《严复全集》(第1卷),福州:福建教育出版社,2014年(a)。
[29] 汪征鲁、方宝川、马勇主编:《严复全集》(第3卷),福州:福建教育出版社,2014年(b)。
[30] 汪征鲁、方宝川、马勇主编:《严复全集》(第5卷),福州:福建教育出版社,2014年(c)。
[31] 汪征鲁、方宝川、马勇主编:《严复全集》(第6卷),福州:福建教育出版社,2014年(d)。
[32] 汪征鲁、方宝川、马勇主编:《严复全集》(第7卷),福州:福建教育出版社,2014年(e)。
[33] 汪征鲁、方宝川、马勇主编:《严复全集》(第8卷),福州:福建教育出版社,2014年(f)。
[34] 王蘧常:《民国丛书·第3编·严几道年谱》,上海:上海书店出版社,1926年。
[35] 王悦晨:《从社会学角度看翻译现象:布迪厄社会学理论关键词解读》,《中国翻译》2011年第1期。
[36] 严璩:《侯官先生年谱》,见王栻主编:《严复集》,北京:中华书局,1986年。
[37] 余英时:《严复与古典文化》,见《现代危机与思想人物》,北京:生活·读书·新知三联书店,2005年。
[38] 章太炎:《社会通诠·商兑》,见《章太炎全集》(四),上海:上海人民出版社,1985年。
[39] 曾国藩:《奏报造船建厂并添建译馆等情形》,见丁守和等主编:《中国历代奏议大典》(第四卷),哈尔滨:哈尔滨出版社,1994年。
[40] 朱有瓛主编:《中国近代学制史料·第1辑》(上册),上海:华东师范大学出版社,

1983年。
[41] 朱有瓛主编:《中国近代学制史料·第1辑》(下册),上海:华东师范大学出版社,1986年。
[42] 邹振环:《严复与商务印书馆英汉辞典的编刊》,《东方翻译》2012年第5期。

刘宇昆《荒潮》英译本中的女性主义翻译策略阐释 *

黄勤　辛沛珊 **

摘要：科幻小说《荒潮》作为中国知名科幻作家陈楸帆的代表作，在国内外斩获诸多奖项，备受好评。本文从女性主义翻译视角对华人离散译者刘宇昆在《荒潮》英译本中所采取的增补、劫持、加写前言与脚注等女性主义翻译策略进行考察。研究发现，译者运用上述多种翻译策略对中英两种文化中的信息差异进行了弥补，彰显了译者的主体性，提升了译者与译文的地位，消除了原文中对女性的歧视，更好地实现了跨文化交流。

关键词：科幻小说；《荒潮》；华人离散译者刘宇昆；女性主义翻译策略；译者主体性

Abstract: As the representative work of the well-known Chinese science fiction writer Chen Qiufan, the science fiction, *Waste Tide* has won many awards at home and abroad and is widely acclaimed. This paper investigates the feminist translation strategies of supplementing, hijacking, prefacing and footnoting adopted by Liu Yukun, a Chinese diasporic translator, in his English version of *Waste Tide*. It is found that the translator uses feminist translation strategies to make up for the information differences between Chinese and English cultures, manifest the subjectivity of the translator, enhance the status of the translator and the translation, eliminate the discrimination against women in the original text, and promote the cross-cultural communication.

Key words: science fiction, *Waste Tide*, Chinese diasporic translator Liu Yukun, feminist

---

* 本文系国家社科基金项目"华人离散译者中国文化译介与传播研究"（项目号：20BYY017）的部分成果。

** 黄勤，华中科技大学外国语学院教授，博士生导师，研究方向为文学翻译与翻译家研究。辛沛珊，华中科技大学外国语学院硕士研究生，研究方向为翻译理论与实践。

translation strategies, translator's subjectivity

一、引言

  由陈楸帆创作的科幻小说《荒潮》斩获中国科幻银河奖（2011）、全球华语科幻星云奖（2012）。该书于2013年首次在中国出版，并于2019年4月经美籍华人作家及离散译者刘宇昆英译后在美国正式发行。《荒潮》相继被英国、西班牙等十国引进版权，同时，该书还获得了《出版人周刊》《科克斯书评》等海外主流媒体的推崇。截至2024年5月，在中国知网文献库中以《荒潮》为主题进行检索，发现仅有9篇相关研究论文，且主要从文本赏析角度探究作者陈楸帆对环境污染、宗族势力以及国际合作等问题的思考。鲜有研究关注《荒潮》的英译。与此同时，国内对华人离散译者刘宇昆的英译研究主要集中在他对《三体》《北京折叠》等科幻作品的英译上，其《荒潮》英译本尚未引起关注。因此，本文拟基于女性主义翻译视角，探讨路易斯·凡·弗洛图（Luise von Flotow）所提出的增补、劫持、加写前言与脚注三种女性主义翻译策略在刘宇昆《荒潮》英译本中的运用并进行归因分析。

二、《荒潮》中的女性主义思想

  《荒潮》的作者陈楸帆将家乡广东潮汕作为原型，虚构了一座名为"硅屿"的城市。"硅屿"是一个被时代浪潮抛弃的电子垃圾岛，岛上生存环境恶劣，污染严重。在这里，外来劳工被称作"垃圾人"，负责处理高污染性的电子垃圾，艰难求生；而以当地罗、陈、林三大宗族为代表的"硅屿"本地人，则成为"新富阶层"（陈楸帆，2019：19）。与此同时，美国的垃圾回收公司惠睿（Wealth Recycle Co., Ltd.）派遣代表斯科特·布兰道（Scott Brandle）来到"硅屿"。斯科特表面上打着改善环境、造福居民的幌子，实则是为了攫取垃圾回收产业所带来的巨额财富。在外来资本、本地宗族及垃圾工人三方势力的利益争夺中，垃圾女工小米意外地被"荒潮计划"实验遗留的义体刺到脑袋，产生变异。斯科特打算带走小米进行研究，但被爱慕小米的海外华人陈开宗救下。故事以斯科特死亡，小米陷入永久失智的状态为结局。

《荒潮》的女性主义色彩，体现在其故事情节、人物特点、语言描写等多个方面。在传统的科幻小说中，女性通常承担着较为弱势的角色。但《荒潮》以女性为主角，赋予小米这一角色以异能，使其成为故事的主角。并且，作者有意淡化男女主角的感情描写，强调女性在情感上的独立。如在原文中，虽然小米对陈开宗有好感，但当陈开宗开玩笑地提及小米的男式发型，伤害到她的自尊心时，她回击道："这是我自己的头发，你们男人喜欢什么样的，与我无关。"（陈楸帆，2019：69）同样地，当陈开宗的话语中隐含的优越感刺激到小米时，她回道："我赚钱养活自己，这样的生活碍着你什么事儿。"（同上，57）在小米这一角色的刻画中，作者着重突出了她个人对爱情和事业的独立态度。小米对自身尊严和自由的捍卫充分反映了原著中蕴含的女性主义色彩。

在传统的男性社会中，女性常常被视作男性的附属，女性的容貌被视为取悦男性的必要条件。但《荒潮》对小说中为数不多的女性形象的外貌特点进行了模糊处理，使读者无法通过外貌对她们进行美丑评判。如将环保组织负责人何赵淑怡的外貌描写为"干练短发"，皮肤更是形容为"健康的古铜亮光"，对小米外貌的描写也停留在"中性""苍白"等不带性别色彩的词汇上。作者淡化了传统描写中的女性特征，刻画出人格独立、以追求自身发展和人生理想为目标的女性形象，充分展现出《荒潮》的女性主义思想。

三、《荒潮》英译本中的女性主义翻译策略分析

1. 女性主义翻译策略简介

在传统翻译观中，译文好比女性，原文则是男性，译文应如同女性从属于男性一样，在形式和内容上完全忠实于原文。女性主义翻译观则认为原文与译文的地位是平等的，译者应利用翻译作为其"文化干预的手段"（葛校琴，2003），颠覆译文"被支配"的地位。女性主义翻译观主张消除翻译研究和翻译实践中对女性的歧视，重新界定译作和原作的关系，译文与原文应享有同等的地位（蒋骁华，2003），倡导译者通过使用女性主义翻译策略，对原文本进行以女性主义为价值取向的改写，从而实现"翻译的创造性叛逆，强调译者的

主体性"（杨柳，2007）。

作为女性主义翻译观的重要代表人物，路易斯·凡·弗洛图提出在翻译实践中，译者常常使用增补（supplementing）、劫持（hijacking）以及加写前言与脚注（prefacing and footnoting）等三种女性主义翻译策略（Flotow，1991）。增补策略是指译者基于自己的立场，对原文进行增添并进行创造性改写的"自愿行动"（voluntarist action），旨在弥补语言之间的差异。劫持策略指译者对原文本中不符合女性主义翻译的内容进行删减或改写，是译者女性主义思想的体现。译者通过对前言和脚注的干预突出译者的主观能动性，强调译者身份，打破翻译和译者"第二性"的地位，倡导原作与译文的共生与平等（同上）。

2. 女性主义翻译策略在《荒潮》英译本中的运用

以下，我们分析增补、劫持、加写前言与脚注这三种主要的女性主义翻译策略在《荒潮》英译本中的具体运用。

（1）增补

在女性主义翻译观的指导下，译者常运用增补策略对原文进行"性别意义的补偿"（赵庆慧、俞溪，2014）。通过补充原文内容来表达自己的主观意愿，增添原文的女性主义色彩。现举以下两例进行分析：

例1：她似乎非常善于应对此种情势，神情淡定自若，目光毫不摇摆。（陈楸帆，2019：147）

译文：She seemed used to such meetings: her expression was confident, calm, and she held Scott's gaze steadily. (Liu, 2019: 144)

例1中的原文描述了环保组织负责人何赵淑怡与美国惠睿公司的代表斯科特进行谈判时的表情与神态。刘宇昆此处运用了显化策略，将原文中并未提及的人物斯科特予以补充。译者通过对宾语"Scott's gaze"的增补，表现了何赵淑怡在面对男性的质疑与凝视时不慌不忙、自信干练的气质，成功地塑造出一位精英女性的形象。此例增补的内容展现了女性和男性在谈判博弈时拥有的平等地位，展现出何赵淑怡不输于男性的强大气场，彰显了女性主义所倡导的性别平等主张。

例2：她不知该不该把这件事告诉陈开宗。如果要说，她必须和盘托出，包括小男孩的事情。（陈楸帆，2019：58）

译文：She wasn't sure if she should bring up the dream with Kaizong. <u>He asked so many questions and seemed genuinely interested in her answers. He wanted to know everything about her, it seemed, with no detail being too small or too silly.</u> But if she told him of the dream, she'd have to tell him everything, including what happened with that little boy. (Liu, 2019: 58)

此例原文描述的是小米对陈开宗心生好感，内心纠结是否要告诉陈开宗自己过去的遭遇。译文中通过画线部分的增补，刻画出了小米内心的挣扎。在增补内容中，"interested in her answers"和"know everything about her"充分表现出陈开宗与小米日益亲近、无话不谈的关系，与后文中小米仍然选择保守自己秘密的行为形成鲜明对比。刘宇昆在译文中所增补的内容从侧面刻画出一个在爱情中努力保持清醒独立、自尊自爱的女性形象，凸显了小米的独立人格。

（2）劫持

劫持策略指译者从自身立场出发，删除或改写原文中对女性不友好的语句，为女性发声。译者应充分利用译者主体性这一因素，将翻译作为重写的机会，以反抗文本的男性中心和女性歧视，突显女性在文中的地位（徐来，2004）。作者在刻画《荒潮》中的部分角色时，曾使用与女性主义相左的描写，因此译者在翻译该部分内容时，大多采用省译或改写的方法以"操纵"文本，凸显译者主体性，传递女性主义思想。

例3：*Ekstase* 是一部拍摄于1933年的捷克电影，当时还是<u>少女</u>的海蒂在其中奉献了大量的<u>裸露镜头</u>。（陈楸帆，2019：241）

译文：*Ekstase* was a sensual 1933 Czech film in which an <u>eighteen-year-old</u> Lamarr made her <u>debut</u>. (Liu, 2019: 234)

以上是作者在全文中首次介绍海蒂·拉玛，她不仅相貌美丽，是好莱坞的著名影星，在"二战"期间她还发明了跳频保密通信技术，为日后无线通信系统的发展奠定了基础。在这段文字中作者使用"少女"与"裸露镜头"来说明海蒂参演该电影时的年龄与电影的尺度不相符合。但译者在翻译时着意避开了这一点，他用海蒂出演时的真实年龄"eighteen-year-old"代替了"少女"一词，向读者说明海蒂已然成年，降低原文中的性暗示色彩。同时，译者将原文中的"裸露镜头"予以省略，将其替代为"debut"，着重说明该电影是海蒂的银幕首秀，对她而言意义非凡。刘宇昆将原文予以改写，借用译文强调海蒂作为演员的成就，忽略性别色彩，是译者女性主义思想的体现。

例4：可这个死了几十年的<u>天才美女</u>为什么会出现在小米的脑子里？（陈楸帆，2019：241）

译文：Why would this <u>prodigy</u> who has been dead for decades appear in Mimi's brain? (Liu, 2019: 235)

例4描述了当文哥发现小米的另一重人格是海蒂·拉玛时的内心活动。作者借用文哥的口吻，把海蒂称为"天才美女"，重点突出了她的性别与外表特征，带有明显的性别标识。译者在翻译过程中，使用"prodigy"这一中性词来突出海蒂的智慧，淡化女性化描写。译者的改写行为剥离了海蒂的女性身份，抛开性别束缚对其成就进行客观评价。译者刘宇昆对原文的"劫持"具有强烈的女性主义色彩。

例5：想想吧，人类历史上最美貌、智商最高的女性，CDMA之母，而且<u>风骚</u>性感，一生<u>艳事不断</u>。你可以用她来干……很多事情。（陈楸帆，2019：264）

译文：Think about it: she was the prettiest and smartest woman in the history of the human race. She was the inventor of CDMA, <u>sharp</u>, sensual, and she lived a <u>life of endless adventure and glamour</u>. With her, you can … do many things. (Liu, 2019: 256)

该例中的原文同样是对女科学家海蒂·拉玛的描写。作者运用了一些带有贬义色彩的词语，如"风骚""艳事不断"等。然而，译者在处理这句话时，将以上贬低女性的词语替换成了中性甚至褒义词。例如，用"sharp"一词强调海蒂·拉玛的聪明才智，淡化了原文中浓厚的女性化描写，并把焦点从女人的外表转移到了其思想和头脑上。原文中的"一生艳事不断"是对海蒂·拉玛个人生活的评价，作者此处暗示海蒂男女关系混乱，为人风流。但译者用"life of endless adventure and glamour"来进行转译，突出表现海蒂所拥有的精彩生活，并对她的人格魅力进行褒扬。译者删减了原文中贬低女性的词语，将带有贬义的词语改写为上述的中性或褒义词，充分展现了译者为女性发声的女性主义思想。

例6：工程师们经投票将她命名为"埃娃"，以纪念某位英年早逝的西班牙

色情女星。(陈楸帆，2019：223)

译文：The engineers voted to name her "Eva" in memory of a female robot from an old animated film. (Liu, 2019: 218)

例7：工程师甚至买来了性感内衣，每天替她更换。此荒唐行径随后遭到制止。(陈楸帆，2019：223)

译文：Some even bought her ballet shoes until management put a stop to the escalating silliness. (Liu, 2019: 218)

以上两段文字是原文对母猩猩"埃娃"的描写，"埃娃"这个名字源自西班牙色情女星。科学家们将具有人类思想的义体头盖骨植入她的身体，使得"埃娃"具有了人类的思想和意识。译者将原文进行了改写，将"色情女星"改译为"female robot from an old animated film"；"性感内衣"改译为"ballet shoes"。译者对原文做如此改写使得译文偏离了原文的控制，颠覆了对原文完全"忠实"的传统观念。译者刻意地避开了有关女性身体和带有性别色彩的描写，使译文的感情色彩更加中性化。

（3）前言与脚注

利用前言与脚注对文本进行干涉是女性主义翻译策略之一，译者借用前言、脚注以凸显其主体性，摆脱译文对原文的从属关系，促使译文与原文平等。加写前言与脚注的翻译策略是译者主体性的展现。

在《荒潮》英译本的前言中，译者刘宇昆指出文本中出现的方言以闽南语为基础，凸显出广东汕头地区特色（Liu, 2019：1）。但考虑到译本的可读性，在翻译时减少了对中国俗语的使用，并在脚注处用注释的方式为潮汕地区方言标音。在前言部分，刘宇昆解释了文中方言、俗语以及拼音的应用。

刘宇昆英译本的脚注达18处，主要可以分为三类，即分别是对中国传统文化习俗、中国历史以及中文语音语调的解释说明。以下分别举例予以阐述：

例8："前面就是村区了。"坐在副驾驶的林主任回头说。(陈楸帆，2019：20)

译文："We're almost at the village," Director Lin, who was seated in the front passenger seat, turned to tell Scott. (Liu, 2019: 20)

Translator's Note: In China, the higher-ranked, more honored, and important passenger is seated in the backseat of a car. (Liu, 2019: 315)

译文中的这段文字属于对中国习俗礼仪的介绍。在中国传统文化中，主人通常要谦让客人以展现对客人的恭敬之情。在此例中，斯科特作为来自美国的外宾，享有较高地位。因此，本地负责接待的官员林主任将后座让给他，自己坐在副驾驶位，该描写体现出林主任对斯科特的照顾，彰显了中西文化的差异。在脚注内容中，译者通过补充"higher-ranked"以及"honored"等词使得目的语读者了解林主任与斯科特之间的地位和关系，为下文两人之间的对话和交往做了铺垫。刘宇昆加写的脚注可以帮助读者更好地理解原文的逻辑，同时也向目的语读者输出了中国的礼节习俗，是译者个人意志的彰显。

译文中，刘宇昆还通过加注对读者群体不了解的中国典籍名著进行了介绍，如下例中对老子及《道德经》相关内容的补充。

例9：上帝对祂每个子女都是公平的，天之道损有余而补不足。（陈楸帆，2019：67）

译文：God was fair to all of his children, and heaven took from overabundance to replenish scarcity. (Liu, 2019: 67)

Translator's Note: This is a quote from chapter seventy-seven of the Dao De Jing (or Tao Te Ching), a book of philosophy by the sixth-century BC philosopher Lao Tsu. (Liu, 2019: 323)

原文是小米与陈开宗探讨有关命运和未来的对话。作为"垃圾人"的小米出身低微、家庭贫穷，认为自己与家境优渥的陈开宗不相匹配。因此小米一直都不敢向陈开宗吐露自己对他的好感。作者在原文中引用老子《道德经》中的"天之道损有余而补不足"说明世间万物生而平等，都要遵从自然规律。出于中西方文化的差异，西方读者可能对该观点存在理解上的障碍。此例中的脚注表现出译者为了打破文化壁垒，向西方读者介绍中国文化做出的努力，是译者主体性的充分发挥。

例10："要怎样鑫儿才能好起来？"（陈楸帆，2019：51）

译文："What do we have to do to make Him-ri better?" He used the affectionate diminutive for his son. (Liu, 2019: 51)

Translator's Note: Luo Zixin's name in the local topolect is read as $Lo^5 Zi^2 Him^1$; Him^1-ri^5 is formed from the last character of the name and a diminutive suffix. (Liu,

2019: 321）

这段文字是对"硅屿"（即广东潮汕）所使用的闽南语系的介绍。与普通话不同，闽南语存在多种音调，更为复杂。此例中的"Him-ri"是罗家族长罗锦城对儿子罗子鑫小名"鑫儿"的英译。由于中英文对人名及昵称的解释存在很大差异，译者在这里使用脚注对闽南语中的语音语调及罗子鑫小名的出处进行解释，帮助读者理解这段话中的对象，以免出现认知上的偏差。刘宇昆对译文添加脚注的译者行为是译者进行再创造的过程，展现了他对译文的掌控力，彰显了译文不低于原文的地位。

通过加写前言和脚注的女性主义翻译策略，译者在译文中得以现身，避免目的语读者在阅读时因为文化差异而导致的信息遗漏。同时，译者也通过脚注成功彰显了自身的主体性与主观能动性，实现了对原文的干预，凸显了译文的地位，使其不再成为原文的附属。

3.《荒潮》英译本中女性主义翻译策略运用归因

通过以上译例分析，可以发现，作为华人离散译者的刘宇昆，基于自身对中国文化及西方世界的了解，灵活运用增补、劫持、加写前言与脚注三种女性主义翻译策略，塑造了独立智慧的女性形象，有效地传播了中国科幻文学与文化。

"华人离散译者"是指离开中国到世界各地居住，并从事文化翻译相关工作的群体。他们得益于与异域文化贴近的心理和地理距离，具备了突破固化本土思维模式的更开阔的跨文化交流视野（汪世蓉，2017）。刘宇昆出生于中国，在11岁时随父母从兰州移民美国。他不仅熟知中文，对英美文学也有很高的造诣。在哈佛大学学习时，他获得了英美文学及计算机科学的学士学位，随后又获得了哈佛大学法学博士的学位。毕业后，刘宇昆先后从事软件工程师与律师的工作，现为全职作家。从刘宇昆的《荒潮》英译本中可以看出，他所采取的女性主义翻译策略与其文化身份及个人经历息息相关。

由于离散译者具有两种或两种以上民族文化的体验，他们在翻译中通常倾向于将自己的离散经历灌注到翻译之中（王晓莺，2011）。作为熟练掌握中英文的华人离散译者，刘宇昆充分了解中西文化的特点与具体差异。在《荒潮》的英译中，刘宇昆的双重文化身份使其能够精准地把控源语和译语对性别差异及女性身份认知上存在的不同观念，并灵活地运用增补策略在原文基础上进行补充，以彰显其女性主义思想，向目的语读者的文化靠近。其次，刘宇昆在翻译中采取的劫持翻译策略也与他对中西方的文化差异及价值取向的了解大有关联。在《荒潮》原文中，作者在刻画反面角色时，使用了一些与女权思想相悖的描述。但是，刘宇昆长期居住在美国，他的写作经验让他对美国文学的出版和审查有很深的了解。如果在翻译中不对这部分内容进行处理，很容易导致目标读者的误解。因此，刘宇昆在翻译中对一些情节做了大量删减和改写，使之更迎合西方读者及市场要求。刘宇昆独特的离散经历使他在面对中西文化差异时能够充分发挥译者主体性，更有效地促进中国文化的对外传播。

此外，身为华人离散译者，刘宇昆的《荒潮》英译本肩负向目的语读者传播中国文化的使命。他在翻译时还采取了加写前言和脚注的翻译策略，对文中涉及的历史人物事件、中国特色礼仪习俗以及潮汕地区特有的方言语音进行注释，满足读者理解故事所需。刘宇昆的双重文化身份和出色的双语能力使得他在选择添加脚注的位置和内容上都显得游刃有余。得益于在中美两国的生活经历，刘宇昆能准确判断目的语读者在阅读《荒潮》中可能产生的理解障碍，并在该部分内容添加脚注予以补充说明。刘宇昆在前言与脚注部分的介入既帮助译文成功地挣脱了原文内容的束缚，给予译文与原文相等的合理地位，还成功地向目的语读者输出了中国文化，完成了他作为离散译者的文化使命。

四、结论

本文对刘宇昆《荒潮》英译本所采用的女性主义翻译策略进行了较为全面的分析。多个具体译例显示，译者刘宇昆在翻译中采用的女性主义翻译策略，丰富了原文文本的内涵，主动避免了原文中带有歧视和贬低女性的内容，充分体现出彰显女性独立平等地位的译者主体性，并在一定程度上凸显了译者对原文本的创造性。作为华人离散译者，刘宇昆对《荒潮》英译中所采取的女性主义翻译策略为当下反映女性主义主题的科幻小说的英译研究和英译实践均提供了有益启示。

参考文献：

[1] Chen, Qiufan. *Waste Tide*, trans. Liu Yukun. New York: Tor Books, 2019.
[2] Flotow, Luise von. "Feminist Translation: Contexts, Practices and Theories", *TTR: traduction, terminologie, redaction*, 1991(2).
[3] 陈楸帆:《荒潮》,上海:上海文艺出版社,2019年。
[4] 葛校琴:《女性主义翻译之本质》,《外语研究》2003年第6期。
[5] 蒋骁华:《意识形态对翻译的影响:阐发与新思考》,《中国翻译》2003年第5期。
[6] 汪世蓉:《身份博弈与文化协调:论华人离散译者的文化译介》,《中国比较文学》2017年第2期。
[7] 王晓莺:《当代翻译研究中的"离散"内涵与命题》,《上海翻译》2011年第1期。
[8] 徐来:《在女性的名义下"重写"——女性主义翻译理论对译者主体性研究的意义》,《中国翻译》2004年第4期。
[9] 杨柳:《中国语境下的女性主义翻译研究》,《外语与外语教学》2007年第6期。
[10] 赵庆慧、俞溪:《〈嘉莉妹妹〉两部中译本的女性主义翻译视角》,《外国语文》2014年第3期。

《野草》杨、戴译本语言"陌生化"英译研究*

冯正斌　赵慧**

摘要：鲁迅作为伟大的文学家，十分重视文学语言的锤炼，其代表作散文诗集《野草》的语言运用别致新颖，堪称"陌生化"手法的典范。本文以《野草》为研究对象，探赜杨、戴译本对语言"陌生化"的再现效度及要因。研究发现，《野草》语言"陌生化"是鲁迅所处时代之音及其矛盾心理合力作用的结果；杨、戴译本倾向忠实原文，极大程度上再现语言"陌生化"效果，但为了保障译文可读性及中英语言文化之间的差异，不可避免地会改变原文"陌生化"表述以致传递效果缺损。探究杨、戴译本对《野草》语言"陌生化"的翻译是展现作品文学性与艺术性的重要指标，亦对译本质量评估有着重要价值，希冀本研究能够引起更多译者对再现语言"陌生化"的重视，为《野草》英译研究提供镜鉴。

关键词："陌生化"；《野草》；英译；杨、戴译本

Abstract: As a great litterateur, Lu Xun attaches great importance to the refinement of literary language. His representative prose poetry collection *WILD GRASS* is innovative in language use, which is characteristic of "defamiliarization" technique. This paper, focusing on *WILD GRASS*, explores the reproduction of Yang and Dai's translation of language "defamiliarization". It is found that, 1) language "defamiliarization" of *WILD GRASS* is the collaborative result of Lu Xun' ambivalent mental state and the call of the era; 2)Yang and Dai's translation tends to be faithful to the original text and reproduce the effect of

---

* 本文系 2023 年度陕西高校青年创新团队建设项目"中国地域文化译介与国际传播创新团队"（陕教函〔2023〕997 号）；中国外语战略研究中心"世界语言与文化研究"课题"评价理论视域下政府白皮书英译与传播研究"（项目号：WYZL2022TX0001）的阶段性成果。

** 冯正斌，长安大学外国语学院教授、硕士生导师，研究领域为中国文学外译、外宣翻译研究。赵慧，西安科技大学人文与外国语学院硕士研究生，研究领域为中国文学外译。

language "defamiliarization" to a great extent; 3) to ensure the readability of the translation and bridge the differences between Chinese and English languages and cultures, language "defamiliarization" in the original text has inevitably been lost to some degree. Language "defamiliarization" in *WILD GRASS* is an important indicator to show the literary and artistic quality of the work and is of great value for the evaluation of translation quality. Finally, we hope to raise translators' awareness of "defamiliarization" reconstruction and provide insights for further translation study on *WILD GRASS*.

Key words: "defamiliarization", *WILD GRASS*, C-E translation, Yang and Dai's translation

一、引言

鲁迅作为伟大的文学家，其文学语言的运用出神入化、广受称赞。鲁迅（1981：374）称：现在的文学家、哲学家等及一切普通人要想表现现在中国社会已有的新的关系，新的现象，新的事物，新的观念，差不多人人都要做"仓颉"，换而言之，要天天创造新字眼、新句法。可见鲁迅非常重视文学语言的锤炼，其"对词语的创造和运用、对句子的组织安排，都常常在惯常的汉语表现之外，往往显得极其新异奇特"（王彬彬，2021），给人不可思议的感觉，代表作散文诗集《野草》更是格外地彰显了这一特点。《野草》虽不是鲁迅最负盛名的作品，却"是对语言从未达到过的尖端存在的表达，是一语言的历险"（孙郁，2015），通过背离常态的精练字句与形式"公然违反简洁、通顺、符合逻辑等语言要求"（同上），将"陌生化"的运用提升到了一个别开生面的高度，具有强烈的艺术感染力，堪称"中国现代散文史上的艺术神品"（俞元桂等，2018：86）。《野草》出版以来，其英译队伍不断壮大，其中1976年，外文出版社推出了杨宪益、戴乃迭翻译的《野草》（*WILD GRASS*）全译本，这是目前唯一全译本，该译本在海外市场引起较大反响。在翻译中，译者对原文中"陌生化"的处理会影响读者对原作的难度感受与阅读审美，进而影响原作文学性与艺术性的传递。故此，探析译者对"陌生化"的再现有助于挖掘译文对原作文学性与艺术性传递的忠实度，对译本质量评估有着重要价值。综观而言，目前关于《野草》英译本的研究角度多样（如韩文易，2021；王家平、高雅迪，2022；荣立宇，2022），但成果分散且在语言"陌生化"研究方面尚有欠缺。鉴于此，本文以《野草》杨、戴译本[①]为研究对象，探赜其语言"陌生化"的运用及英译再现效果与要因，希冀引起更多译者对再现语言"陌生化"的重视，借此为《野草》英译研究提供镜鉴，促进中国文学作品对外传播。

二、"陌生化"理论与翻译的结合

"陌生化"（Defamiliarization）是俄国形式主义的核心概念。20世纪初维克托·什克洛夫斯基在《作为手法的艺术》（Art as Technique）一文中提出了"陌生化"的概念，认为"艺术的技巧就是要使事物变得'反常'，形式变得难解，加大感知的难度和长度"（Victor Shklovsky，1988：16）。"陌生化"在文学作品中具体表现为打破文学语言正常节奏、韵律和构成，通过语言形式的强化、重叠、颠倒、浓缩、扭曲、延缓打乱正常顺序，使文学语言与熟悉的语言相互疏离、相互错位（张益，2002），以突破人们感受上的惯常化，使老生常谈、屡见不鲜的事物焕然一新，产生不落窠臼、别出心裁的效果，令读者沉浸在熟悉事物带来的陌生与新鲜感之中，延长阅读审美时间，获得愉悦感。"陌生化"是呈现作品文学性与艺术性的重要一环，对其进行翻译时既要考虑保留作品的文学性与艺术性，又要考虑译作的可读性。列维等人将这一概念引入翻译理论研究后，不断有学者对两者的结合进行探索。爱尔兰诗人希尼（Seamus Heaney，1988：36）指出，"翻译过程中译者适当抛弃语言的一般表达方式，将目的语的表达世界变得'陌生'"，可借此激活读者对新奇语言的感知力。美国当代翻译理论家根茨勒（Edwin Gentzler，2004：80）提出"译文应该保留源语文本的陌生化表现手法"，彰显语言文化差异。20世纪70年代末，"陌生化"理论传入中国后，引起了中国文学界与翻译界的关注。在此之前，鲁迅便主张翻译要保留原作风姿的理念，即译文应当保留原作异国情调，还原其表达形式与风格等，故此原文的"陌生化"手法理应保留。另外，中国当代翻译研究学者孙艺风（2003）认为："……在文学作品里较常见所谓'陌生化'便是有

[①] 杨宪益、戴乃迭2016年版译本，以下简称"杨、戴译本"。

意识的违规之举……应该在译文中保留这些特征。"可见，翻译中的"陌生化"现象引起了国内外研究者的关注，诸多学者支持保留"陌生化"，令译入语读者获得新奇的阅读感受。

三、杨、戴译本语言"陌生化"再现

文学作品中"陌生化"手法可以发生在文学语言、文学形象、叙述视角、情节类型、文体和时空转换等许多层面（严苡丹、王羽西，2015）。其中，语言是实现陌生化过程的重要保证与条件，即语言"陌生化"是艺术"陌生化"的前提（转引自朱立元，2015）。此外，翻译是两种文化之间的交流与沟通，这种交流与沟通同样首先表现在语言方面，而《野草》在语言"陌生化"方面的造诣炉火纯青，其原文及译本均值得深探。

《野草》处处充盈着经验之外的语言表达，流露着常理之外的情感状态，充满着"陌生化"手法，此为时代之音与鲁迅自身矛盾心理共同造就的结果。20世纪初，新文化运动高举"民主"与"科学"两大旗帜，向封建主义思想文化发起前所未有的猛烈攻击，掀起了思想解放潮流。期间，鲁迅在西方思想洗礼之下，凭借其深厚的语言功底以《狂人日记》打开了现代白话小说的先河。这种白话小说违反传统文学作品的表达，对中国国民来说是新奇的、陌生的。鲁迅借非常规语言的力量鞭辟入里地批判了封建礼教、旧时传统、人性丑恶等，以期唤醒国民。1920年前后，"问题与主义"之争爆发、"新青年"群体分化等一系列事件给予鲁迅极大的刺激，其思想也随之陷入"爱与憎"的动荡、摇摆中，在重新审视"五四"自我的同时，他也在寻求新的思想资源以求对混乱自我进行修正及整合（宋夜雨，2021）。加之《野草》创作前，鲁迅的精神状态不佳，他常陷入深深的自我怀疑之中，思想经常出现矛盾，甚至出现了比较严重的精神危机，故此《野草》艺术手法的选择上并未直抒胸臆，而是隐晦地表达思想（韩文易，2021）。正因如此，造就了《野草》这样一部充满语言"陌生化"特征的作品，鲁迅将语言凝练与思想表达展现得淋漓尽致，这并非刻意玩弄艺术手法，而是其内心情愫浑然天成的显现。

文学作品中，语言"陌生化"的实现是把具体与抽象的事物互换融通、熟

悉的语言"陌生化",运用通感、重复、移用等修辞手段变习见为新异,以此达到非常规效果,为读者带来阅读快感。该手法可以分为词语配合的变异性、语义的背反与缠绕、断裂的语言技法、意象的蒙太奇组合等方面(李荣启,2005:49—55)。本文根据上述分类,结合《野草》语言特点,把词语配合的变异性归为词类运用"陌生化",把语义的背反与缠绕、断裂的语言技法归为组句模式"陌生化",把意象的蒙太奇组合归为修辞手法"陌生化",下表整合《野草》语言"陌生化"分类、策略及其再现效度,借此探究语言"陌生化"在原作中的表现形式,同时详述杨、戴译本如何处理语言"陌生化"及再现效果。

表1 《野草》语言"陌生化"分类、策略及再现效度

分类		数量	案例	策略（频次）	再现效度（频次）
词类运用	定语叠加	10	暖国的雨,向来没有变过**冰冷的坚硬的灿烂的**雪花……	重组法(8) 换译法+重组法(1) 重组法+省译法(1)	再现(0) 未再现(10)
	搭配异常	13	我的心也曾充满过**血腥的**歌声……	保留法(8) 重组法(2) 换译法(2) 保留法+重组法(1)	再现(11) 未再现(2)
	词性错位	6	我愿意在**无形无色的鲜血淋漓的**粗暴上接吻……	换译法(5) 保留法(1)	再现(0) 未再现(6)
组句模式	强化语义	20	**油一样沸;刀一样锆;火一样热;鬼众一样呻吟,一样宛转**,至于都不暇记起失掉的好地狱……	保留法(16) 省译法(2) 保留法+重组法(2)	再现(19) 未再现(1)
	弱化语义	4	刹那间照见过往的一切:**饥饿,苦痛,惊异,羞辱,欢欣,于是发抖;害苦,委屈,带累,于是痉挛;杀,于是平静**……	保留法(4)	再现(4) 未再现(0)

续表

分类		数量	案例	策略（频次）	再现效度（频次）
修辞手法	悖谬	19	他们俩将要**拥抱**，将要**杀戮**……	保留法（17）重组法（2）	再现（19）未再现（0）
	反复	20	他**收得**天国，**收得**人间，也**收得**地狱……	保留法（15）省译法（5）	再现（16）未再现（4）

由表1可见，杨、戴译本在处理语言"陌生化"时择选了保留法、重组法、省译法与换译法等策略，其中保留法（64）所用频次最高，译文与原文最为贴切；重组法（17）次之，整体而言能够还原"陌生化"效果，然因译文与原文在表述形式上略有差异，于词类运用"陌生化"中再现效果可谓白玉微瑕；省译法（8）与换译法（8）对原文的再现效果并不尽如人意；"定语叠加"与"词性错位"再现频次较低，"搭配异常"、"强化语义"与"反复"少量语句未能得到再现，"弱化语义"与"悖谬"全部得以再现，具体再现效果将于下文详例析之。

1. 词类运用"陌生化"再现之探析

根据《野草》语言特点，词类运用"陌生化"包括定语叠加、搭配异常与词性错位，冲破了传统语法束缚，在词汇搭配运用层面使平字见奇、朴字见色。杨、戴译本对此主要采用重组法与省译法，两种译法对原文表述进行重组或省略，"陌生化"手法难以保留。

（1）定语叠加

定语叠加主要表现为定语数量增加、高频出现，这种表述在英语行文中较为常见，但背离了传统中文语言的表述，是《野草》欧化现象之一。鲁迅吸纳西方语言成分将此类西式表达与中文表述相结合，对语言进行了一种创新运用。

例1：四面都还是严冬的肃杀，而久经诀别的故乡的久经逝去的春天，却就在这天空中荡漾了。

译文：All round me dread winter reigns, while the long-departed spring of my long-forgotten home is foating in this northern sky.

例2：但是不肯吐弃，以为究竟胜于空虚，各各自称为"天之僇民"，以作咀嚼着人我的渺茫的悲苦的辩解，而且悚息着静待新的悲苦的到来。

译文：They will not spurn it, however, thinking it better than nothing; and they call themselves "victims of heaven" to justify their tasting this pain and sorrow. In apprehensive silence they await the coming of new pain and sorrow.

鲁迅连续使用三个定语来描述"春天"、修饰"辩解"，突破常规语言组合方式，营造了一种"陌生化"氛围。例1将"the long-departed spring"（久经逝去的春天）提前，以"of"连接"my long-forgotten home"（久经逝去的故乡的），例2打乱原文语言排列方式，将"定语叠加＋名词"结构转换为"非谓语动词＋名词"结构，名词"辩解"译作动词"justify"，省略"渺茫的"一词，将"悲苦的"具象化变为名词"this pain and sorrow"，两译文契合英文树式结构，但随之打破了原文的"陌生化"语言组合方式，未能再现原文"定语叠加"的"陌生化"手法。

（2）搭配异常

文学作品中为了追求"陌生化"效果，通常会使用一些不合逻辑或不合常规的语言搭配方式，一旦其"不符合我们的心理期待，或者说违背了我们的选择倾向，我们就会感觉陌生和异样，这样的非常规搭配我们称之为异常搭配"（王文斌、毛智慧，2009），此方式可延长读者阅读时间、提高审美感受，给读者带来强烈的视觉冲击及丰富的想象。

例3：以死人似的眼光，鉴赏这路人们的干枯，无血的大戮，而永远沉浸于生命的飞扬的极致的大欢喜中。

译文：They feast their eyes, eyes like those of the dead, on the atrophy of the passers-by, their bloodless massacre, and are steeped forever in the transcendent, supreme ecstasy of life.

例4：暖国的雨，向来没有变过冰冷的坚硬的灿烂的雪花。

译文：The rain of the south has never congealed into icy, glittering snowflakes.

"无血的大戮"与"灿烂的雪花"均为异常搭配，违背日常逻辑，令读者产生疑惑并驻足思考，达到"陌生化"效果。例3中保留了原文异常搭配，将其译为"bloodless massacre"，鲜明地表达了作者对这些看客只能从别人相残这种无聊事情中获取观赏和讨论快感的批判，这种更高形式的复仇正以一种陌生的方式在译语读者面前展开，成功传递出"陌生化"效果；例4中"灿烂的"形容光彩鲜明夺目或色彩灿烂，与日常所表述的洁白的雪花相结合有冲突之美，杨、戴译本将其处理为"glittering"，有闪闪发光之意，而在太阳的照耀下，雪花折射光线、闪闪发光不足为奇，由此，原文"陌生化"效果有所削弱。

（3）词性错位

一个字或词语有特定的词性，如名词、动词或形容词等，在使用过程中有特定的语法功能。文学作品中为了追求作品的文学性及艺术性，作家会通过词性错位进行二度创作，突破约定俗成的语法规范，以求新异。

例5：我愿意在无形无色的鲜血淋漓的粗暴上接吻。

译文：I would gladly kiss this roughness dripping with blood but formless and colourless.

例6：我将得到自居于布施之上者的烦腻，疑心，憎恶。

译文：I shall receive the disgust, suspicion and hate of those who consider themselves above the alms——givers. I shall beg with inactivity and silence.

"粗暴"本是形容词，却跟在形容词"鲜血淋漓的"之后用作名词，"烦腻""疑心""憎恶"均为动词，却被放在名词位置上，既起到名词的作用，亦保留了动词的动感与内涵，既拓展了词语含义，又有眼前一亮的"陌生化"效果。两例均采用了换译法与重组法，例5将形容词"粗暴"替换为名词"this roughness"跟在动词"kiss"之后，例6将原句重组改为动宾结构，动词转化为名词"the disgust, suspicion and hate of"，两译文虽忠实原文且均符合译入语语法规范，但占据名词位置的形容词与动词失去了疏离感与奇异感，淡化了"陌生化"手法的感染力，"陌生化"效果均未较好地再现。

2. 组句模式"陌生化"再现之探查

该类别涵盖强化语义与弱化语义两种组句模式，通过修辞、标点、词句的整合与分裂等多种手段强化或断裂语义，烘托作者情感。杨、戴译本主要采用保留法、省译法与重组法，除少量省译外，其余译法在保留原文语义的基础上使译文更加契合英语表达，极大程度上再现了原文"陌生化"效果。

（1）强化语义

在常规组句模式的基础上，作者利用句法上的变化，如组句造型变异、词语叠加与句式罗列等手段，凸显信息、强化语义，给读者带来疏离感、陌生感的同时，抒发作品中蕴含的强烈情感。

例7：唉，你这孩子！天天看见天，看见土，看见风，还不够好看么？

译文：What a child you are! You can see heaven, earth and the wind every day; isn't that enough for you?

例8：日日斟出一杯微甘的苦酒，不太少，不太多，以能微醉为度，递给人间，使饮者可以哭，可以歌，也如醒，也如醉，若有知，若无知，也欲死，也欲生。

译文：each day pouring out one cup of slightly sweetened bitter wine—not too little nor too much—to cause slight intoxication; This he gives to mankind so that those who drink it can weep and sing, seem both sober and drunk, conscious and unconscious, appear willing to live on and willing to die.

上述两例打破日常语言表达规则，通过重复、连续的三字格或相互抵牾的词语冲击着读者的视觉体验，强化语义并带来超乎常规的美感。例7将"see"（看见）进行省略，仅译一次，虽符合英文避免重复的表达习惯，但作者拐弯抹角、委婉曲折强调的绝望与"陌生化"营造的文学意蕴土崩瓦解。例8将两两悖反的词语整合，译作"can weep and sing, seem both sober and drunk, conscious and unconscious, appear willing to live on and willing to die"，增强悖反词语之间的纠缠与冲突，形成一种文学张力，虽违背英语行文"多枝共干"的长句表达习惯，却达到"陌生化"艺术效果，给译入语读者带来新奇之感。

（2）弱化语义

作者通过将与文内信息并不完全相关的词句强行整合、借他物以言此物或断开语义流等手段弱化组句语义或隐藏情感，常令读者进行二次阅读以获其意，创造一种朦胧的阅读体验，带来"陌生化"效果。

例9：在光明中，在破榻上，在初不相识的披毛的强悍的肉块底下，有瘦弱渺小的身躯，为饥饿，苦痛，惊异，羞辱，欢欣而颤动。弛缓，然而尚且丰腴的皮肤光润了；……

译文：In this light, on the rickety couch, under the hairy, muscular flesh of a stranger, a slight frail body trembled with <u>hunger, pain, shock, humiliation and pleasure</u>. The skin, slack but still blooming glowed; ...

例 10：茅屋，狗，塔，村女，云，……也都浮动着。大红花一朵朵全被拉长了，这时是泼剌奔进的红锦带。<u>带织入狗中，狗织入白云中，白云织入村女中</u>……在一瞬间，他们又将退缩了。但斑红花影也已碎散，伸长，就要织进塔，村女，狗，茅屋，云里去。

译文：The thatched cottages, dogs, pagodas, country girls, clouds, ...were floating too. Each of the great crimson flowers stretched out now into rippling red silk belts. <u>The belts interwove with the dogs, the dogs with the white clouds, and the white clouds with the country girls</u>... In a twinkling they would contract again. But <u>the reflection of the variegated red flowers was already broken and stretching out to interweave with the pagodas, country girls, dogs, thatched cottages and clouds</u>.

两例中作者通过看似并无关联的词语与大量逗号弱化语义、断裂语义流，给读者带来疏离感，此外，例 10 中每次出现顺序不同的意象更加营造了一种破碎、飘零、浮动不定的"陌生化"视觉效果。译本保留了例 9 这种含蓄且断裂的语言表达，给译入语读者带来了一定的阅读难度，需仔细琢磨才能体会文字含蓄之美背后是作者对底层人民悲苦命运的怜悯及对悲惨生命的关照；例 10 将几个意象处理为"thatched cottages""dogs""pagodas""country girls""clouds"，并保留大量逗号及凌乱的顺序以突破英语行文的连贯性，较好地再现了"陌生化"阅读效果。

3. 修辞手法"陌生化"再现之探赜

悖谬与反复是《野草》中显著的修辞手法"陌生化"现象，以常见的修辞搭配异常的语言表述，给读者以奇特的语言感受。杨、戴译本主要采用保留法，少量择选重组法与省译法，整体上还原了"陌生化"手法在原文中的应用效果。

（1）悖谬

"悖谬"意为荒谬、不合常理，作者通过这种修辞将作品中看似熟悉且正常的元素进行组合，营造一个非常规、不合逻辑、自相矛盾的荒谬世界。《野草》中的"悖谬"不仅是一种艺术修辞,亦是对鲁迅思想的高度概括。

例 11:我拾起死火,正要细看,那冷气已经使我的指头焦灼。

译文:As I picked up the dead fire to examine it closely, its iciness seared my fingers.

例 12:于浩歌狂热之际中寒;于天上看见深渊。于一切眼中看见无所有;于无所希望中得救。

译文:contracted a chill while singing and roistering; saw an abyss in heaven. In all eyes saw nothing; in hopelessness found salvation.

"死火"竟能被捡起,"冷气"竟可致使手指"焦灼","狂热"中感到"寒","天上"看见"深渊"等,显然都不符合常理,是一种悖谬的"陌生化"手法。例 11 保留了"picked up the dead fire"(拾起死火)这种荒诞的行为,后半句"seared"一词亦生动形象地再现了"冷气"与"焦灼"之间荒谬的动作关系;例 12 将画线的悖反词组译作"roistering"与"a chill","heaven"与"an abyss","all eyes"与"nothing","hopelessness"与"salvation",两译文较好地呈现了一对对词语中的矛盾与荒谬,再现"陌生化"手法,向译语读者传达作者的牺牲精神,展现作者的矛盾与挣扎。

(2)反复

反复是作者为了"达到有效交际的目的而有意地运用冗余信息、有意识地重复词语,利用词语的特殊超常组合来传送信息"(杨铭,2002)的修辞方法,用以强调意思或突出情感,通常会与对偶、排比配合运用。鲁迅在其作品中常常将反复运用得异乎寻常,别有一番"陌生化"效果。

例 13:他收得天国,收得人间,也收得地狱。

译文:He held heaven, earth and hell.

例 14:他屹立着,洞见一切已改和现有的废墟和荒坟,记得一切深广和久远的苦痛,正视一切重叠淤积的凝血,深知一切已死,方生,将生和未生。

译文:who, standing erect, sees through all the deserted ruins and lonely tombs of the past and the present. He remembers all the intense and unending agony; he faces squarely the whole welter of clotted blood: he understands all that is dead and all that is living, as well as all that is being born and all that is yet unborn.

上例画线词句是排比与反复的结合，强调了百姓在"魔鬼"（象征北洋军阀）的统治下苦不堪言的场景及"猛士"（觉醒的进步青年）于一切腐朽之中敢于牺牲、敢于斗争的精神。例13将三个"收得"省译，处理为一个"held"，未能还原例句反复的修辞，作者对"魔鬼"收得三界统治权的讽刺情感有所降低，未能再现原文"陌生化"效果；例14将四个"一切"译作三个"all"与一个"the whole"，未能将译文保持一致，打断了反复的节奏感；"living""being born""yet unborn"因语言限制亦未能像原文一样音韵和谐、整齐有序，"陌生化"传递效果可谓白璧微瑕。

通过上文数据及内容分析发现，"省译法"与"换译法"对原文进行了变动，再现程度不尽人意，"保留法"与"重组法"忠实原文，极大程度上再现了原文语言"陌生化"，然并非忠实便一定能再现"陌生化"手法，译文再现效度具体缘由将于下文析之。

四、要因分析

通过上文分析发现，杨、戴译本整体上再现了语言"陌生化"，取得了较好再现效果，得以传递原文语言的疏离感与奇异感，向译入语读者传递《野草》别样的艺术创作与鲁迅独特的思想创新，但亦有未再现部分，下文将对其要因进行探知。

杨、戴倾力再现《野草》语言"陌生化"并非恣意而为。从外因来看，是鲁迅小说"译出为主期"国家翻译原则、翻译制度管理与前人对翻译"陌生化"之要求通力合作的成果；从内因来看，是杨宪益坚持"严格忠于原文"的翻译理念及戴乃迭配合翻译的成就。其一，《野草》翻译正值鲁迅小说"译出为主期"，国家重视中华文学经典的对外输出与传播。"该时期中国对外文学翻译的主要目的是通过翻译在异文化中塑造出文化'自我'"（任荣、郭薇，2023），故而国家从意识形态层面主张在译出策略上保留本民族文化特征，主动向外输出。此时，杨、戴正于外文出版社工作，投身中国翻译事业，致力于中国文化对外交流与传播。外文出版社是"居于话语中心地位的官方出版机构"（同上），具有一定权威性，依据国家意识形态进行翻译。受雇于制度管理下的杨、戴肩负着推动中华文化"走出去"、促进中西方文化交流与沟通的历史使命，所译之作均受到管制与监督，译者行为需严格遵守组织管理，杨宪益（2001：190）更是称自己为"受雇的翻译匠"，所译不由自己做主，因此杨、戴的翻译遵守国家翻译要求，忠实原文、再现原作。不仅如此，正如前文所述，"陌生化"不断发展并与翻译相结合，在文学翻译中诸多研究者认为译者应当保留原文"陌生化"，再现原作独特的用词、风格与行文结构，彰显其魅力。鲁迅本人作为一个翻译家亦讲求翻译要忠实原文，坚持"宁信而不顺"的翻译原则。在如此背景之下，杨、戴力求忠实还原原作文学特色及艺术亮点，在《野草》英译中尽力避免将原文翻译成译入语读者屡见不鲜之物，通过再现语言"陌生化"化习见为新知，给读者制造新奇感受，延长其阅读时间及审美难度。其二，1980年，杨、戴应文艺杂志《半球》（*Hemisphere*）的主编亨德森（K. R. Henderson）之请，就文学翻译问题进行讨论。杨宪益表示，"译者应尽量忠实于原文的意象，既不要夸张，也不要增益。……总之，译者必须严格忠于原文"（Henderson，1980）。可见，杨宪益本人坚持"严格忠于原文"的原则，并强调"对原作的内容，不许增加或减少"（杨宪益，1998：83）。戴乃迭虽认为译者应该多一点创造性，而不是对原文亦步亦趋（Henderson，1980），但基于外文局的规范，在合译时主要遵循了杨宪益的翻译方法，二者合力还原《野草》语言"陌生化"，争取再现原作文学及艺术效果。

反观之，杨、戴译本未能再现"陌生化"是译者兼顾译文可读性及中英存在语言文化差异的结果。"翻译是一个复杂的过程、一项艰巨的任务，任何翻译策略都不可能彻底解决某一种翻译问题"（冯正斌、党争胜，2019），故而为了保障译文的可读性，译者不可避免地会改变原文表述。在《野草》翻译中，出于上述缘由，译文对原作进行变更以求通顺，如"暖国的雨，向来没有变过冰冷的坚硬的灿烂的雪花"一句中，"冰冷的坚硬的灿烂的雪花"为"定语叠加"的词类运用"陌生化"手法，译本将其处理为"The rain of the south has never congealed into icy, glittering snowflakes"，通过换译、重组改变"坚硬的"词性及原文词语排列方式，译文通晓明白、符合语法，却失了"陌生化"的韵味。此外，即便译文忠实原文，但由于中英语言文化间存在差异，译文仍无法传递原文"陌生化"效果。如"我疾走，不敢反顾，生怕看见他的追随"一句中,"追随"为动词却放在名词的位置上,是一种非常规表达,译文"I hurried away, not daring to look back, for fear I should see it coming after me"虽保留了"追随"的动词词性,然其位于动词"see"后,在英语结构中为非谓语动词,契合英文表述,读来无反常感,未能传递原文"陌生化"。

五、结语

本文探析《野草》语言"陌生化"典型性制因发现,《野草》"陌生化"是鲁迅所处时代之音及其矛盾心理合力作用的结果。同时,本文从词类运用"陌生化"再现之探析、组句模式"陌生化"再现之探查、修辞手法"陌生化"再现之探赜三个角度展开对《野草》杨、戴译本语言"陌生化"研究。分析发现,译本整体倾向忠于原文,倾力再现原文"陌生化"手法且有较好呈现效果,但仍有未能再现部分。探寻其要因可知:从外因来看,鲁迅小说翻译正值"译出为主期",国家意识形态要求译文要具备中国文化经典特色,且杨、戴受雇于官方出版机构,肩负着传播中国文化的重任,不可恣意而为;另有前人总结应保留作品"陌生化"及鲁迅本人认为翻译应当"宁信而不顺"。从内因来看,杨宪益本人坚持"严格忠于原文"的原则,加之戴乃迭的配合共同造就了忠实再现原文"陌生化"的译本,取得较好再现效果。未再现之因为译者会主动规避一些原文中晦涩难懂的表达以保障译文可读性,由此磨灭了原文"陌生化",加之两种语言之间难以逾越的文化鸿沟,中译英时"陌生化"传递难免缺损。

总而论之,翻译原文中不常见词语、非常规表达、"陌生化"表述时"不要为求通顺而轻易地用常见的表达方式来置换原文中'不常见的词语',因为被置换掉的很可能是'天才的标志'"(王东风,2023)。可见,关注译文对原文"陌生化"的传递是一个举足轻重的问题,同时译者对"陌生化"的处理在一定程度上决定了译文对原作文学性与艺术性传递的忠实度,故而本文研析《野草》杨、戴译本语言"陌生化"再现效果,对译本质量评估有着重要价值。通过分析杨、戴译本对《野草》语言"陌生化"的翻译,全面把握翻译中"陌生化"再现效果及其要因,希冀能够为《野草》英译研究提供新鲜血液,并引起译者对其"陌生化"的重视，打破译入语读者先定视野，传递中华语言文化的独特魅力。

参考文献：

［1］Gentzler, E. *Contemporary Translation Theories*, Rev. 2nd ed. Shanghai: Shanghai Foreign Language Education Press, 2004.

［2］Heaney, S. *The Government of the Tongue*, London: Faber and Faber, 1988.

［3］Henderson, K. R. "The Wrong Side of a Turkish Tapestry", *Hemisphere*, 1980(1).

［4］Shklovsky, V. "Art as technique", In Rivkin, J. & Ryan, M. (eds.). *Literary Theory: An Anthology (2nd edn.)*. Oxford: Blackwel Publishing, 1998.

［5］冯正斌、党争胜：《前景化语言翻译策略研究：以〈废都〉葛浩文英译本为例》，《外语教学》2019年第1期。

［6］韩文易：《"奇异的"与"疏离的"：〈野草〉语言的陌生化特征新解》，《文化学刊》2021年第1期。

［7］李荣启：《文学语言学》，北京：人民出版社，2005年。

［8］鲁迅：《二心集·关于翻译的通信》，见《鲁迅全集》（第4卷），北京：人民文学出版社，1981年。

［9］任荣、郭薇：《鲁迅小说百年英译历时比较研究》，《上海翻译》2023年第1期。

［10］荣立宇：《〈野草〉的语言特征及其翻译——以杨宪益、戴乃迭译本为例》，《民族翻译》2022年第4期。

［11］宋夜雨：《"后五四"的鲁迅与〈野草〉的写作缘起》，《中国现代文学研究丛刊》2021年第7期。

［12］孙艺风：《翻译规范与主体意识》，《中国翻译》2003年第3期。

［13］孙郁：《鲁迅的语词之"力"》，《读书》2015年第3期。

［14］王彬彬：《鲁迅与现代汉语文学表达——兼论汪曾祺语言观念的局限性》，《中国现代文学研究丛刊》2021年第12期。

［15］王东风：《翻译诗学与诗学翻译》，《中国翻译》2023年第2期。

［16］王家平、高雅迪：《2009—2020年英语世界的鲁迅研究状况考察（下）》，《鲁迅研究月刊》2022年第5期。

［17］王文斌、毛智慧：《汉英表量结构中异常搭配的隐喻构建机制》，《外国语文》2009年第3期。

［18］严苡丹、王羽西：《张爱玲自译文学作品中陌生化手法的再现研究》，《外语学刊》2015

年第 4 期。

[19] 杨铭:《冗余信息、修辞格反复及其翻译》,《外语教学》2002 年第 6 期。

[20] 杨宪益:《漏船载酒忆当年》,薛鸿时译,北京:北京十月文艺出版社,2001 年。

[21] 杨宪益:《略谈我从事翻译工作的经历与体会》,见金圣华、黄国彬编:《因难见巧:名家翻译经验谈》,北京:中国对外翻译出版公司,1998 年。

[22] 俞元桂等:《中国现代散文史(1917—1949)》,北京:人民文学出版社,2018 年。

[23] 张益:《俄国形式主义"陌生化"理论评析》,《江海学刊》2002 年第 6 期。

[24] 朱立元:《关于场外征用问题的几点思考》,《清华大学学报》(哲学社会科学版)2015 年第 2 期。

许渊冲莎剧译者惯习钩沉及其动态实践表现探究

——基于《哈梦莱》翻译档案的索隐 *

张汨 周金萍 **

摘要： 翻译档案是翻译家在从事翻译实践过程中直接形成的清晰、确定、具有完整记录作用的固化信息，可分为文本、副文本、前文本和元文本四大类。本文以布迪厄社会学理论中的"惯习"概念为依托，以许渊冲及其莎剧新译《哈梦莱》为研究对象，通过翻译档案中的前文本和元文本等钩沉许渊冲在家庭环境、学习教育、工作经历等社会化过程中形成的译者惯习，进而结合文本、副文本、前文本和元文本等剖析其惯习在翻译选材、翻译理念及翻译决策方面对其《哈梦莱》汉译本的影响。

关键词： 许渊冲；翻译档案；社会翻译学；译者惯习

Abstract: Translation archive contains clear, definite and complete record of solid information directly formed by translators in the process of translation practice, which can be roughly divided into four categories: text, paratext, pre-text and meta-text. Based on the concept of "habitus" in Bourdieu's sociological theory, this paper takes Xu Yuanchong and his new translation of Shakespeare's *Hamlet* as the object of study to triangulate Xu's translator habitus through pre-text and meta-text in the translation archives from the aspects of family environment, study and education and work experience. And then combining the text,

---

* 2022 年北京外国语大学中国外语与教育研究中心第十一批"中国外语教育基金"项目一般课题"基于译者档案的许渊冲莎剧翻译修订研究"（项目号：ZGWYJYJJ11A153）的阶段性研究成果。

** 张汨，博士，江西师范大学外国语学院副教授，硕士生导师，主要从事翻译史研究。周金萍，江西师范大学外国语学院硕士研究生，研究方向为英汉翻译。

paratext, pre-text and meta-text, it analyzes the influence of translator habitus on his Chinese translation of *Hamlet* in terms of the selection of translation materials, translation thought and translation decisions.

Key words: Xu Yuanchong, translation archives, sociology of translation, translator's habitus

一、引言

许渊冲（1921—2021）作为中国当代翻译界最有影响的译者之一，从事文学翻译近 80 个春秋，译作合计 60 余部，涵盖中、英、法等语种，内容主要集中在外译中国古典名著方面，体裁包含诗词曲赋、古典散文、近代戏曲、经典小说等。不仅如此，许渊冲还对其丰富的翻译实践经验进行提炼和总结，形成了自己独树一帜的翻译见解，为中国文学翻译理论的构建做出了巨大贡献。许渊冲大量的翻译实践也引发了研究者的关注，但当前研究主要聚焦其中国古典诗歌（张汨、章凌峰，2022）和翻译理论（祝一舒，2022）方面，而其莎剧翻译研究却鲜有专文论及，现仅有张汨、朱艺雯（2022）考察了许译《安东尼与克柳葩》的翻译特色，而通过翻译手稿动态考察其译者惯习的研究更是少之又少。鉴于此，本文拟依托布迪厄的文化社会学理论，重点探讨许渊冲莎剧译者惯习形成的社会轨迹，进而分析其在翻译选材、翻译理念、翻译决策等方面对《哈梦莱》汉译产生的影响。

二、译者惯习理论及其在翻译研究中的现状

在成为一门独立学科之前，翻译学一直附属于语言学之下，主要研究译文与原文在语言和形式上的对等。但翻译活动无法离开社会而在真空中进行，20世纪 80 年代，图里（Gideon Toury）率先将社会学中的"规范"概念引入翻译学研究，可以看成社会学和翻译学结合的先驱。此后在 20 世纪 90 年代出版的《描写翻译学及其后》中，图里进一步提出"翻译规范"（translation norm）的概念，同时使翻译研究从规约走向了描写（Toury, 1995），翻译规范成为解释翻译行为的工具。此后，翻译学与社会学的结合逐渐引起了广大研究者的关

注，也慢慢形成了一门新兴子学科——社会翻译学，由此布迪厄、拉图尔和卢曼等提出的社会学理论被借鉴至翻译学研究中，极大地丰富了社会翻译学的理论宽度。上述社会学理论中，布迪厄提出的"惯习"概念被用于补充翻译规范，试图解释影响译者翻译行为客观因素之外的主观因素，拓展了该领域的研究维度。

布迪厄社会学理论的三大核心概念分别是场域、惯习和资本。场域指的是"各种主客观位置之间形成的一个网络"（Bourdieu & Wacquant，1992：97），惯习是"一系列持久的、可转换的性情倾向系统，是一个结构化又被结构化的结构，产生并建构实践和表达方式，并且无意识地预设最终目标"（Bourdieu，1977：72），而资本则是"以物质化或者综合、内化形式积累的劳动。当这种劳动在排他性的基础上被个体或群体占有时，就能使他们以具体的或劳动的形式占有社会资源"（Bourdieu，1986：241）。惯习具有"被结构化"（structured）和"结构化"（structuring）两个基本特征。"具体而言，'被结构化'指的是行为者在场域中不断吸收和内化社会结构，形成思维定势，即惯习；而'结构化'指的则是行为者使用在场域中形成的思维定势进一步参与场域中各种社会实践，对场域进行建构。"（张汨，2020）因此，基于以上核心关键词的阐释和"惯习"的两大基本特征，"惯习"的概念可以更好地理解为"译者在翻译过程中体现出的思维习惯和思维定势，是译者早期的信仰不断内化，在历史语境中塑造而成的，它内在化于特定历史阶段的译者意识结构之后，作为一种'前结构'的行为模式，指挥和调动译者的翻译方向，赋予翻译行为以特定的意义，是译者行为规则、翻译策略等实际表现及精神方面的总根源"（骆萍，2010）。该理论将影响翻译实践活动的主客观因素进行综合考察，强调译者行为与社会实践的双向构建。

就译者惯习研究而言，国外开山之作是丹尼尔·西米奥尼（Daniel Simeoni）《译者惯习的核心地位》（1998）一文，他首次提出"译者惯习"的概念，认为其能够更多关注翻译规范未涉及的译者主体问题。随后，古安维克（2005）选取三位译者作为研究对象，通过分析他们社会轨迹形成的方式，得出译者惯习是影响译者翻译实践的重要因素这一结论；瑞娜·梅拉茨（Reine Meylaerts，2008）通过研究发现，译者在保持或变换翻译规范过程中也在一定程度上受到布迪厄的惯习理论的影响。虽然这些研究都强调了"惯习"理论在翻译过程中的作用，但宏观综述偏多，实证研究偏少，缺乏微观视角的具体化个案考察。随着国外社会翻译学的不断发展以及国际交流的日益频繁，国内也开始对布迪厄的惯习理论进行如火如荼的研究。目前国内学者主要是将"惯习"理论应用于文学作品翻译的个案研究，从译者主体性出发，分析译者惯习对翻译行为、翻译思想和翻译策略等的影响。屠国元（2015）以近代翻译家马君武为个案，通过分析其在不同时期的译者惯习对译材选择行为的影响，折射出他"以译报国"的主体性指向；王洪涛、王海珠（2018）以蓝诗玲的《鲁迅小说全集》英译为例，探讨蓝诗玲在接受教育、学术研究、工作等社会化过程中所形成的译者惯习对其翻译选材、翻译观、翻译策略等方面的影响；汪宝荣、崔洁（2019）以余华小说《第七天》的英译者白亚仁为研究对象，分析其译者惯习在翻译选材、翻译观和翻译策略三方面的影响。

虽然这些研究证明了布迪厄"惯习"理论在翻译过程和翻译实践中的作用，但基本是通过静态的原文译文对比来分析其译者惯习对翻译行为的影响，而通过翻译档案，尤其是翻译手稿动态呈现译者惯习影响的研究暂付阙如，因此翻译档案有助于推动译者惯习研究的发展。

三、翻译档案与译者惯习研究

目前关于"翻译档案"的研究，国内文献仅有三篇。栗长江、李修平（2014）以沙博理的翻译选材、翻译成就、翻译目的以及翻译策略为轴线，勾勒了其颇具传奇色彩的翻译档案。丁玲（2015）在葛浩文翻译论述的基础上对其翻译活动和翻译思想进行了简要概括。许诗焱、许多（2018）以译者葛浩文翻译《推拿》期间与作者毕飞宇之间的往来邮件为基础，探索译者与作者在翻译过程中的互动，以期促进译界对第一手翻译档案的保存和交流。但上述研究并未对"翻译档案"给出具体定义，也并未涉及"翻译档案"的详细分类。

档案的最新定义是："档案是组织或个人在以往的社会实践活动中直接形成的清晰的、确定的、具有完整记录作用的固化信息。"（冯惠玲、张辑哲，2006：6）由此可知，翻译档案则是翻译家在从事翻译实践过程中直接形成的清晰的、确定的、具有完整记录作用的固化信息。目前有关翻译档案的研究不多，因此还尚未有研究对其所含文本类型进行明确界定，我们可根据张汨（2021：131）对史料的分类方法，将翻译档案分为文本、副文本、前文本和元文本四大类。文本主要是指"来源文本和目标文本"，即原作和译本；副文本指"文学文本周围不同形式的产品，分为内副文本和外副文本"，在翻译档案中，内副文本主要是"译本的封面、标题、献辞/赠言等"，外副文本则是译者笔记、译者与作者的互动交流（书信往来、电话交流、媒体对谈），翻译过程中的参考资料等；前文本指"在出版之前的文本"，也就是翻译手稿；元文本是"独立呈现但与（上述）其他文本相关的文本，包括译者、编辑、出版商、读者以及译者协会的声明和论述，译文的评论和评价以及其他涉及译文接受的文档"（Hermans，1999：85），主要包括译者发表的相关论述、自传他传等。

对译者惯习的研究需尽可能挖掘不同史料，融合不同类型的翻译档案，从而确保论证的准确性和客观性，提高研究的完整度和可信度。来源文本和目标文本之间的静态对比是进行翻译家研究的主要路径，也是目前国内译者惯习研究的主要方法，通过两者之间的对比研究可推断译者的翻译行为和翻译思想，勾画其社会轨迹，但却存在一定程度上的主观性。副文本作为文本类型的补充，是一种更为私人的史料，尤其是译者与作者的互动交流，能为译者行为选择研究提供鲜活而珍贵的材料，减少文本研究所带来的主观性。此外，作为前文本的"翻译手稿中的自我修改可以为翻译家思想和翻译策略研究提供更为真实的语料，基于翻译手稿可以对翻译家进行更为客观的研究"（张汨，2018）。因此翻译手稿中的自我修订处可以动态地呈现译者的翻译行为选择，研究者可以基于此来分析译者惯习的影响。而译者在其他场域形成的翻译观、发表的相关论述、自传他传等可以为译者惯习研究提供另一个全新的视角，从译者自身角度出发，结合其历史背景和真实想法，最大程度还原译者的翻译行为选择。通过将不同类型的翻译档案结合起来研究，我们可以更为全面客观地总结出译者的翻译成就、翻译选材、翻译目的、翻译思想以及翻译策略等，从而钩沉其译者惯习。

四、许渊冲莎剧译者惯习形成及动态体现：《哈梦莱》个案考察

1. 许渊冲惯习的形成

译者惯习可分为初始惯习和专业惯习。梅拉茨认为，每个人都有初始惯习，如一个人的家庭环境、成长过程等（张汨、瑞娜·梅拉茨，2016）。简而言之，初始惯习主要是指译者进入翻译场域和开始翻译实践之前的社会轨迹，映射到译者身上，就是指译者的家庭环境、受教育经历和由此形成的语言能力。专业惯习主要是来源于译者的翻译实践或专业的理论学习，一般是译者进入翻译场域之后逐渐形成的。良好的专业惯习可帮助译者获得社会资本，并由此转化为象征资本从而提高译者在翻译场域中的社会地位，获得同行的认可并成为一名优秀的译者。

（1）初始惯习

翻译档案中的"元文本"涵盖的人物传记，可为翻译家研究提供翔实丰富且真实生动的史料信息。许渊冲先生于2021年4月出版了其自传——《许渊冲百岁自述》。在本书中，许渊冲讲述了自己在家乡江西南昌的读书生活以及父母对其翻译思想的启蒙作用。许渊冲的父亲爱好整洁，教导许渊冲从小就要把文房四宝放在最方便取用的地方，而许渊冲把文房四宝扩大到文字，也就是寻找最好的表达方式。父亲用实际行动培养了许渊冲对秩序的爱好，也就是古代"礼乐之治"的"礼"——模仿自然界外在的秩序。其母亲受过教育，擅长绘画，去世时留下了两本图画、一本作文，正是那两本图画中的花木鸟兽引起了许渊冲对"美"的爱好，也就是"礼乐之治"的"乐"——模仿自然界内在的和谐。反映在翻译上，也就是母亲影响了其译诗的"音美"，父亲则影响了其译诗的"形美"。在许钧与许渊冲的通信中，许渊冲认为"翻译原则应该是双向的：既可用于外译中，也可用于中译外"，这个原则便是"文学翻译要用最好的表达方式"。（许钧，1996）因此，在翻译西方文学经典时，许渊冲也遵循了"音美"与"形美"这两个翻译标准。在重译莎剧时，许渊冲兼顾口语的流畅和原作的词韵之美，对于是忠实于原文的内容还是形式，会根据实际需求在翻译时做出最优选择，保存原作的艺术魅力。

许渊冲中学时期就读于南昌最好的中学——南昌二中，在此期间，许渊冲的英语水平就已十分突出；而后就学于西南联合大学外文系，不断提高其外语水平，养成了诵读西方经典的习惯并由此形成了深厚的文学素养；1944 年考入清华大学研究院外国文学研究所，此时的他就已开始研读莎士比亚，中西学养广博深厚，文学造诣得到进一步提升。除此之外，许渊冲自幼熟读四书五经，博览群书，汉语能力也十分优秀。正是此段学习和教育经历使得许渊冲拥有优秀的双语能力，为其日后进入文学翻译场域从事外国文学汉译活动积累了资本，也促成了其喜爱、研习并深谙文学作品的初始惯习。

（2）专业惯习

许渊冲曾在解放军外国语学院工作多年，工作之余一直坚持进行翻译活动。1983 年任教于北京大学，从事文学翻译长达 60 余年，积累了丰富的翻译实践经验。许渊冲的主要成就体现在外译中国古典名著方面，他所外译的作品时间跨度大、体裁丰富，包括中国古代典籍《诗经》、戏剧《西厢记》、散文《道德经》、《毛泽东诗词》等，被誉为"诗译英法唯一人"。在诗歌翻译理论方面，除了"三美论"，许渊冲还提出了"三化论"和"三之论"。祝一舒（2017）曾提出许渊冲的翻译思想极具"前瞻性"，表现之一便是"从翻译的本质出发，积极倡导文化翻译的'双向交流'观"。这种双向交流观不仅体现在外译中国古典名著方面，也体现在汉译外国文学作品方面，比如德莱顿诗剧《一切为了爱情》、福楼拜小说《包法利夫人》以及莎士比亚戏剧，等等。随着翻译实践经验的积累和深化，许渊冲在汉译外场域中形成的惯习也慢慢迁移到其外译汉的场域，与其在外译汉场域中形成的惯习共同影响其行为倾向。因此，在汉译外国文学作品时，许渊冲也一直坚持"三化论"和"三之论"，关照普通读者，注重译文的可读性，致力于达到"深化使人乐之"的最高翻译境界。许渊冲丰富的翻译实践，一方面促进中国文化走出去，另一方面又为国人了解世界文学作品提供了一个窗口，可谓是汉外及外汉双向翻译的能手。许渊冲的教学经历和翻译实践也逐渐内化为其在文学翻译场域的专业惯习。

2. 许渊冲译者惯习在《哈梦莱》汉译本的外化表征

随着教学经验的不断积累和翻译实践的不断深入，许渊冲逐渐形成优秀的双语能力、喜爱并研习文学作品的初始惯习以及致力于文学翻译的专业惯习，这些惯习不断外化表征在其翻译选材、翻译理念和翻译决策等方面。

(1) 翻译选材

作为享誉古今中外的杰出文豪，莎士比亚戏剧和诗歌为世界文学之林增添了浓墨重彩的一笔，莎剧汉译更是引起了不少中国翻译家的兴趣，比如梁实秋、卞之琳、方平、朱生豪、许渊冲等著名翻译家。许渊冲指出，莎剧开辟了戏剧的新天地。作为莎士比亚四大悲剧中最负盛名的剧作，《哈姆雷特》也曾被学者誉为莎剧中"巍峰上的巅峰"（北塔，2003），不但在西方世界，在中国也几乎是家喻户晓。

其实，翻译莎翁剧作也是许渊冲的一桩夙愿。早年时期，许渊冲曾参照莎翁名剧《哈姆雷特》及塞万提斯小说《堂吉诃德》，在吴宓的指导下写了一篇《吉诃莱特》故事，由此可以看出他对莎翁戏剧的喜爱。"在晚年，凭借对莎剧的热爱以及对戏剧作品内核的敏锐捕捉，许渊冲完成了莎剧14册的翻译，赋予这些作品新的生命。"（张汩、朱艺雯，2022）由此可见，喜爱、研习并深谙文学作品的译者惯习以及莎翁剧作在文学场域中的地位使得许渊冲虽已年过九秩但仍发心重译莎翁剧作，旨在为其翻译生涯画上一个圆满的句号。

(2) 翻译理念

关于翻译时来源文本与目标文本在内容与形式上的对应问题，翻译界对此还暂无定论，国内外翻译家也各执一词，较具代表性的观点有严复的"信达雅"，林语堂的"忠实、通顺、美"，刘重德的"信达切"，泰特勒的"三原则"，奈达的"功能对等"以及弗米尔的"目的论"，等等。在此问题上，许渊冲认为"如果保留原语形式能够保存原作魅力，自然可以保留原语形式，但如保留形式而不能保存魅力，或不保留形式却能保存魅力，那就应该舍形式而取内容，舍原语形式而取艺术魅力"（许渊冲，2001）。由此可见，许渊冲十分注重译文内容忠实于原文，强调译文的准确性，但译文的内容与形式并不是二元对立的，而应根据实际需求在翻译时尽量做出最优选择，保存原作的艺术魅力。许渊冲还曾提出"等化、浅化、深化"（三化论）的翻译方法论。"'等化'即译文与原文意义的对等；'浅化'指要使译文比原文更容易看懂；'深化'指译文应超越原文，将原文的深层含义充分译出，使之更为具体深入"（李正栓、张丹，2022）。其实，许渊冲十分关照普通读者，重视读者的阅读体验，考虑读者的接受度。他提出了"知之、好之、乐之"（三之论）的目的论，该理论与"三化论"紧密相连，"浅化可以使人知之，等化使人好之，深化使人乐之"（许渊冲，2001）。因此，在重译莎剧时，许渊冲兼顾口语的流畅和原作的词韵之美，在朱生豪、梁实秋等前人研究和实践的基础上，许渊冲的新译后来居上，达到了全新的水平。

（3）翻译决策

自"社会学转向"发生以后，译界学者就将研究重点放在了译者主体身上。翻译手稿作为真实存在的客观史料，能为翻译家研究提供更加翔实的资料。纵观国内外翻译手稿研究现状，目前还存在不少问题，其中之一便是"当代翻译家的手稿基本上还未进入研究者的视野，尤其是在世或去世不久的著名翻译家"（冯全功，2022）。由于许渊冲莎剧新译《哈梦莱》出版时间较晚，且受所获资料的限制，有关研究相对较少。基于张汨、文军（2016）对翻译手稿修订处的分类，笔者也通过定性与定量的方法对许渊冲莎剧新译《哈梦莱》翻译手稿中的修订之处进行分类和统计（见表1）。其中，表内斜杠前数字代表修订处数量，斜杠后数字代表修订次数。

表1 许渊冲《哈梦莱》翻译手稿修订类型数量统计情况一览表

	第一幕	第二幕	第三幕	第四幕	第五幕	总计
名词	43/44	34/35	56/61	26/29	33/36	192/205
动词	36/37	27	48/49	23	23/24	157/160
形容词	21	8	20	8	5	62
代词	13	10	13	4	10	50
副词	25	15	28	8	4	80
连词	5	4	5	5	6	25
助词	26	13	17	12	15	83
介词	1	4	6	0	3	14
数词	1	5/6	1	0	2	9/10
量词	2	3	1	0	0	6

续表

	第一幕	第二幕	第三幕	第四幕	第五幕	总计
数量词	1	3	1	0	1	6
词序	13	11	20	7	7	58
句子	50/57	36	79/81	33/35	35/36	233/245
笔误	7	12	6	5	5	35
模糊	16/17	12	5	6	7	46/47
总计	260/270	197/199	306/314	137/142	156/161	1056/1086

限于篇幅，本文选取修订次数最多且具有代表性的名词、动词和形容词来阐释译者惯习对许渊冲莎剧翻译决策的影响。

例1：

Ham: Nay, I know not. Is it the king?

Queen: O, what a rash and bloody deed is this!

Ham: A bloody deed, almost as bad, good mother. (Shakespeare, 1928: 892)

译文：

哈梦莱：不，我也不知道，不是国王吗？

葛露德：啊，多么鲁莽的血腥勾当罪行！

哈梦莱：真是血腥，简直就像杀了国王还嫁给他弟弟一样。（许渊冲，2017：196）

本译例选自《哈梦莱》第三幕第四场。哈梦莱王子怒气冲冲地来到王后寝宫，想当面质问其父王的死因。本以为躲在帷幕后面的是他那万恶的叔父，殊不知却误杀了奸臣波洛涅，而此时的王后十分震惊地斥责哈梦莱王子杀了老好人波洛涅。在原文中，王后使用"bloody deed"来描述哈梦莱的"残暴"行为，许渊冲先是将其译为"血腥勾当"，随后改为"血腥罪行"。从语义上分析，"勾当"一词有两个意思，第一个意思是事情，经常指坏事情，第二个意思是担当、料理事务，结合上下文语境，这里的"deed"肯定是第一种意思；而"罪行"指犯罪的行为。我们可以注意到，下文哈梦莱王子同样使用了"bloody deed"来控诉王后"杀了国王还嫁给他弟弟"的行为。因此，与"罪行"相比,"勾当"的语义较轻,不足以概括王后违背伦理道德和法律的行为。此外,"勾当"给人一种刻意而为之的感觉,但结合上下文语境可知,哈梦莱王子并不是蓄意杀害波洛涅,而是不小心误杀,因此,译为"罪行"更符合故事情节的发展和人物性格的描绘。许渊冲博览多闻,学问习熟,拥有扎实的双语能力和深厚的文学素养,故他深知将"deed"译为"罪行"会更符合现代汉语的语言规范。再者,将第一个"deed"译为"罪行"还起到了反讽的作用,不明真相的王后认为精神失常的哈梦莱王子胡乱杀人,却不知自己和现任国王才是真正的凶手。许渊冲将"deed"译为"罪行",达到了超越原文的境界,也使读者获得了"深化使人乐之"的阅读体验。

例 2:

Pol: Indeed that is out o'th'air. [Aside.]How pregnant sometimes his replies are! A happiness that often madness hits on, which reason and sanity could not so prosperously be delivered of. I will leave him and suddenly contrive the means of meeting between him and my daughter. My honourable lord, I will most humbly take my leave of you. (Shakespeare, 1928: 882)

译文:

波洛涅:坟墓里倒不怕风。——(旁白)他的疯话倒不是风言风语,内容说得比不疯的人还更丰富深刻。我要离开他去布置安排他和我女儿的会见了。——尊敬的殿下,我要向你告辞了。(许渊冲,2017:96)

本译例选自《哈梦莱》第二幕第二场。在第一幕的第五场中,先王的阴魂与哈梦莱王子见面,并告知他毒害自己的凶手就是其叔父。不仅如此,其叔父还篡夺了王位、诱骗了其母后,知道真相的哈梦莱王子一时难以接受,便选择装疯来寻求合适的时机为父报仇。在与女儿莪菲莉的一番交谈后,波洛涅误以为哈梦莱王子发疯的原因是他让女儿拒绝了王子的爱意。故在与国王、王后进行商谈之后,波洛涅决定制造一场有意的会见来试探哈梦莱王子的真实情况。原文是用"contrive"一词来描绘波洛涅的行为,在此语境中该词的意思是"巧妙地策划、谋划、设计",许渊冲先是将其译为"布置",后又改为"安排"。从词的本义上来说,两者都是"有条理地处理或安顿"的意思,但"布置"有自上而下地分配处置的意思,其对象一般是具体的事物,比如"作业、会场、教室"等;"安排"的适用范围更广,可用于一切场合,对象可以是人,也可以是具体的或抽象的事物,常与"工作、生活、任务"等词语搭配。因此从动宾搭配角度看,"会见"属于抽象的事物,应与"安排"搭配。许渊冲在文学翻译场域形成的专业惯习使其形成了十分注重译文内容忠实于原文的翻译理念,而将"contrive"译为"安排"更符合原作者所要表达的深层含义,也更符合波洛涅阿谀奉承、为虎作伥的奸臣形象。另外,相比于"布置会见","安排会见"更符合中文读者的阅读习惯,这样翻译也能提高译文的可读性和准确性。由此可见,许渊冲十分关照译语读者的阅读体验,努力提高译文的可接受度和流畅度。

例3:

Hor: That can I,

At least, the whisper goes so. Our last king,

Whose image even but now appear'd to us,

Was, as you know, by Fortinbras of Norway,

Thereto prick'd on by a most emulate pride. (Shakespeare, 1928: 871)

译文:

贺来宵:我来说吧。我看流传的说法不错,刚刚显灵的先王,你们都知道,~~接受了挪威国王福丁拔的挑战~~接受了骄傲自大、目空一切的挪威国王福丁拔的挑战。(许渊冲,2017:10)

本译例选自《哈梦莱》第一幕第一场。贺来宵为丹麦先王哈梦莱的侍从,今晚与马塞勒一同在丹麦艾西诺皇家城堡炮台放哨。他们刚刚目睹了先王哈梦莱鬼魂的显灵,此刻正在讨论丹麦国近来发生的种种怪事。从上下文可知,在他们心中,先王哈梦莱的形象一直都是威风凛凛、神气且勇敢,而对于挪威国王福丁拔,文中先后用野心勃勃、不可一世等词来进行描绘。从词语的语义上看,原文的"emulate"为古英语,意思为"争强好胜","pride"则有"自豪;傲慢、自负"等多种含义。从翻译手稿的修订痕迹可以看出,许渊冲初译时漏译了这两个重要词语,随后结合前后文的语境,将其译成了"骄傲自大、目空一切"这两个极富贬义的词语,使其意义明晰化,符合挪威国王福丁拔在整部剧中的人物形象和感情色彩。许渊冲喜爱、研习并深谙文学作品的初始惯习促使其形成了致力于文学翻译的译者惯习，并提出翻译要注重文化交流、融通与互鉴，译文既应忠实于原文，也要超越原文，既讲语言间的友谊，也讲语言间的竞赛，做到辩证统一才是最好的（祝一舒，2019）。许渊冲将"emulate pride"译为"骄傲自大、目空一切"既做到了内容上忠实于原文，避免了漏译的明显错误，又传神地刻画出了剧中的人物形象，加强了读者对剧中人物的记忆。

五、结语

本文通过对翻译档案的定义和类型进行阐释，探讨了如何通过文本、副文本、前文本和元文本钩沉及动态体现译者惯习，进而详细勾勒了许渊冲在家庭环境、学习教育、工作经历等社会化过程中所形成的初始惯习和专业惯习。以许渊冲及其莎剧新译《哈梦莱》为个案，我们发现许渊冲的译者惯习对其翻译选材、翻译理念及翻译决策等方面具有影响，尤其是其翻译手稿动态呈现了译者惯习对其莎剧翻译实践的影响，保证了译文的准确性和流畅性。

参考文献：

［1］Bourdieu, P. & Wacquant, L. *An Invitation to Reflexive Sociology*, Chicago: Chicago University Press, 1992.

［2］Bourdieu, P. *Outline of a Theory of Practice*, Cambridge: Cambridge University Press, 1977.

［3］Bourdieu, P. "The forms of capital", In Richardson, J. G. *Handbook of Theory and Research for the Sociology of Education*, New York: Greenwood Press, 1986.

［4］Gouanvic, J. M. "A Bourdieusian Theory of Translation, or the Coincidence of Practical Instance", *The Translator*, 2005(11).

［5］Hermans, T. *Translation in Systems: Descriptive and System-oriented Approaches Explained*, Manchester: St. Jerome, 1999.

［6］Meylaerts, R. "Translators and (Their) Norms", In Pym, A., Schlesinger, M. & Simeoni, D. (ed.). *Beyond Descriptive Translation Studies*, Amsterdam: John Benjamins Publishing Company, 2008.

［7］Shakespeare, W. *William Shakespeare Complete Works*, New York: Oxford University Press,

1928.
[8] Simeoni, D. "The Pivotal Status of the Translator's Habitus", *Target*, 1998(1).
[9] Toury, G. *Descriptive Translation Studies and Beyond*, Amsterdam: John Benjamins, 1995.
[10] 北塔:《巍峰上的巅峰——译本序》,见〔英〕莎士比亚:《哈姆雷特》,北塔译,北京:中国少年儿童出版社,2003年。
[11] 丁玲:《葛浩文的"翻译档案"》,《商情》2015年第32期。
[12] 冯惠玲、张辑哲主编:《档案学概论》,北京:中国人民大学出版社,2006年。
[13] 冯全功:《翻译手稿研究:现状、问题与趋向》,《上海翻译》2022年第2期。
[14] 李正栓、张丹:《许渊冲译者行为研究》,《北京第二外国语学院学报》2022年第3期。
[15] 栗长江、李修平:《沙博理的翻译"档案"》,《兰台世界》2014年第1期。
[16] 骆萍:《翻译规范与译者惯习——以胡适译诗为例》,《西安外国语大学学报》2010年第2期。
[17] 屠国元:《布尔迪厄文化社会学视阈中的译者主体性——近代翻译家马君武个案研究》,《中国翻译》2015年第2期。
[18] 汪宝荣、崔洁:《英籍汉学家白亚仁的译者惯习探析——以余华小说〈第七天〉英译为中心》,《外国语文研究》2019年第4期。
[19] 王洪涛、王海珠:《布迪厄社会学理论视角下蓝诗玲的译者惯习研究——以〈鲁迅小说全集〉的英译为例》,《外语教学》2018年第2期。
[20] 许钧:《"化"与"讹"——读许渊冲译〈红与黑〉有感》,《外语与外语教学》1996年第3期。
[21] 许诗焱、许多:《译者-作者互动与翻译过程——基于葛浩文翻译档案的分析》,《外语教学与研究》2018年第3期。
[22] 许渊冲:《莎翁戏剧新译四种——许渊冲手迹》,深圳:海天出版社,2017年。
[23] 许渊冲:《再谈〈竞赛论〉和〈优势论〉——兼评〈忠实是译者的天职〉》,《中国翻译》2001年第1期。
[24] 张汨、瑞娜·梅拉茨:《译者惯习研究面面观——瑞娜·梅拉茨教授访谈录》,《东方翻译》2016年第3期。
[25] 张汨、文军:《朱生豪翻译手稿描写性研究——以〈仲夏夜之梦〉为例》,《外语与外语教学》2016年第3期。
[26] 张汨、朱艺雯:《许渊冲莎剧翻译的动态译者行为批评研究——基于〈安东尼与克柳范〉翻译手稿的考察》,《外国语言与文化》2022年第2期。
[27] 张汨、章凌峰:《许渊冲汉诗法译的文化自觉观研究》,《外语教育研究》2022年第

3 期。
[28] 张汨:《翻译手稿研究:问题与方法》,《外语教育研究》2018 年第 2 期。
[29] 张汨:《翻译微观史书写:理论与方法》,《外语与外语教学》2021 年第 5 期。
[30] 张汨:《郝玉青译者惯习形成及其对翻译行为的影响研究——以〈射雕英雄传〉(卷一)英译本为例》,《外国语言文学》2020 年第 3 期。
[31] 祝一舒:《翻译艺术与翻译创造性——论许渊冲的翻译美学追求》,《中国翻译》2022 年第 3 期。
[32] 祝一舒:《试论许渊冲翻译思想的前瞻性》,《外语教学》2017 年第 1 期。
[33] 祝一舒:《试论许渊冲翻译思想的特质》,《上海翻译》2019 年第 5 期。

戴乃迭英译张洁作品研究 *

朱云会 **

摘要：本文从社会翻译学视角，对戴乃迭英译张洁作品进行描述性研究。考察翻译活动的社会动因，分析场域运转如何影响翻译选材；探寻译者翻译行为的痕迹，揭示译者惯习如何影响翻译文本叙事；廓清传播模式，分析行动者资本互动如何影响作品翻译出版。研究发现，戴乃迭英译张洁作品深受西方读者喜爱可归因于顺应场域需求的翻译选材、译者职业生涯中不断形塑的惯习以及资本的有序运转。

关键词：戴乃迭；张洁；场域；译者惯习；资本互动

Abstract: To provides a descriptive analysis of Gladys Yang's English translation of Zhang Jie's writings from a Perspective of Sociology, this article studies the social motivations of translation activities and the influences of field operation to the selection of translation material. To explore the traces of the translator's behavior and reveal the influence of the translator's habitus to the narrative of translated text. To elucidate the communication method and examine the impaction of actors' capital interactions to translation and release. The study finds that the field favorite translation material, the habitus continuously formed over the translator's career, and the orderly operation of capital are responsible for the success of Zhang Jie's works among western readers.

Key words: Gladys Yang, Zhang Jie, field, translator's habitus, capital interaction

---

* 本文系国家社科基金重大招标项目"社会主义文学经验与改革开放时代的中国文学研究"（项目号：19ZDA277）的阶段性成果。
** 朱云会，西安理工大学人文与外国语学院讲师，博士，主要从事翻译与跨文化传播研究。

一、导言

张洁（1937—2022）是 2000 年以前唯——位多次获得短篇、中篇和长篇小说国家级奖项的当代作家，也是迄今为止唯——位两次获得茅盾文学奖的作家，其作品在国内外产生了重要影响。其中，作品《条件尚未成熟》(*The Time Is Not Yet Ripe*, 1984)、《祖母绿》(*Emerald*, 1985)、《爱，是不能忘记的》(*Love Must Not Be Forgotten*, 1987)、《沉重的翅膀》(*Leaden Wings*, 1987)被英籍翻译家戴乃迭译介到国外。目前，学界对戴乃迭英译张洁作品的研究主要集中于《沉重的翅膀》和《爱，是不能忘记的》，且以女性主义视角（Jiang, 2018；Meng, 2020 等）为主。本文力图从社会翻译学出发，深入分析戴乃迭英译张洁作品，拟探究如下研究议题：(1) 场域运转如何推动戴乃迭英译张洁作品；(2) 译者惯习如何影响戴乃迭的翻译策略；(3) 资本互动如何影响戴乃迭英译张洁作品的域外接受。

二、场域运转与翻译选材

任何社会形态都是由一系列不同层次的场域构建而成，每一种场域都是一个结构化的空间，有自己的运行规律和独立于政治和经济的力量关系。(Bourdieu, 1993：6) 在所有场域中，权力场域处于领导地位，统领文学场域、经济场域、翻译场域等。本文将张洁作品创作视为一个相对独立的文学场域，探究权力场域和经济场域对文学场域创造活动的影响。与此同时，将戴乃迭英译张洁作品的翻译活动视为一个相对独立的翻译场域，探究权力场域、经济场域、文学场域对翻译场域译介活动的影响。

1. 文学场域与作家创作

张洁作品的创作与政治场域的发展密切相连。纵观 20 世纪 60 年代至 80 年代的政治场域，主要包括两个社会主题：经济体制改革和女性解放。作为文学作品的创造者和文学场域的行动者，张洁抓住两个社会主题，通过把事实讲给权力，争取到文学场域的重要地位。

张洁是一位具有前瞻性的作家。"文革"过后，受社会环境的影响，文学场域的众多作家竭力展示"文革"的"伤痕"，张洁率先看向未来，描述改革开放下的社会现状。脱稿于1981年的小说《沉重的翅膀》抓住当时社会的重大题材——把工业搞上去，展现了四化建设、工业改革过程中以郑子云为代表的改革派和以田守城为代表的保守派之间的较量，是工业化的一幅即时摄影作品。作者借助人物形象描述了十一届三中全会前后的政治变化以及工业化过程中政治方针的调整，从而梳理出有涵括力的政治叙事。作品的"社会意义高于文学意义"（荒林、张洁，2005）。

此后，张洁又着眼于四化建设"用人"方面的问题。彼时，"党中央一再强调把一大批德才兼备、年富力强的中年知识分子提拔到领导岗位上来，实现领导班子革命化、年轻化、知识化、专业化"。在这种形式下，1983年出版的短篇小说《条件尚未成熟》大胆提出改革中的关键问题，即培养什么样的接班人，让什么样的人担任领导岗位。作者借助这部社会转型时期的改革文学，敏锐地发现问题、揭露问题，防止因干部和人才的失误任用影响"四化"建设的进程，与20世纪80年代经济体制改革形成鲜明的共振。

表1 张洁的创作生涯[①]

阶段	时间	创作特点	代表作
初期	20世纪70年代末至80年代初	作品闪耀着对完美生活状态和思想境界的追求，写作中女性意识接近于一种无意识的流露	《从森林里来的孩子》（1978）、《捡麦穗》（1979）、《爱，是不能忘记的》（1979）
成长期	20世纪80年代初至80年代中期	作者在关注社会现实和重大题材的同时，开始关注女性本身，探讨女性的命运。此时的作品更加敏锐和犀利	《沉重的翅膀》（1981）、《方舟》（1982）、《祖母绿》（1984）

① 本表依据中国现代文学馆发表的文章《张洁远去，她走过的文学之路》整理。

续表

阶段	时间	创作特点	代表作
成熟期	20世纪80年代后期至90年代	作品风格由早期的诗意、浪漫、理想、抒情转向夸张、犀利、尖刻和冷峻。作品始终体现了对人性的关注、对理想的坚守	《只有一个太阳》(1988),《红蘑菇》(1991),《世界上最疼我的那个人去了》(1992),《无字》(1998)
晚期	21世纪初	文字更加自在、洒脱,写作的题材更趋国际化。张洁晚年的大部分时间在美国度过,除写作外,还开始学习画画	《知在》(2006),《灵魂是用来流浪的》(2009),《流浪的老狗》(2013)

在经济体制改革的同时,社会发展的另一个维度是与旧伦理观念的决裂。权力场域对女性,尤其是知识分子女性的关注持续上升,主要表现为解放女性、改善婚恋观。1978年9月8日至17日,中国妇女第四次全国代表大会在北京召开,总结了妇女运动的历史经验和教训,提出把全国妇女的思想统一在社会主义现代化建设的目标下。十一届三中全会后,女干部、女教师等重新回到工作岗位。通过参加各种形式的农业技术培训,农村妇女的文化、技术和生产管理能力都得到提高。1979年,张洁率先洞察到这一社会变革,撰写出版《爱,是不能忘记的》,规劝人们,尤其是女性群体抛去精神枷锁,追求新生活。由此,张洁开启了对妇女解放问题的思考。

1983年9月2日至12日,中国妇女第五次全国代表大会提出,今后五年的主要任务是:"提高妇女的社会主义觉悟和文化科技水平;维护妇女儿童的权益;继续精心培养儿童和少年,大力发展托幼事业;教育妇女用社会主义思想处理婚姻家庭问题;加强各民族妇女的团结和妇女界统一战线;发展同世界各国妇女的友好关系。"(孙晓梅,2008:54)次年,张洁撰写出版中篇小说《祖母绿》,继续探寻男性与女性之间的平衡,指出妇女解放运动最大的敌人是人们思想中的封建主义毒瘤。

2. 翻译场域与翻译选材

戴乃迭英译的张洁作品均出版于20世纪80年代,作为文学作品的翻译者和文学翻译场域的行动者，戴乃迭通过响应"权力"的号召、满足"权力"的需求，实现了文学翻译场域的竞技目标。分析国内权力场域的发展变化，戴乃迭选译的张洁作品抓住了当时社会的两大主题，一是社会工业经济体制改革，二是摆脱旧习俗的束缚，实现妇女解放。其中，《条件尚未成熟》响应了第一个主题，《爱，是不能忘记的》《祖母绿》响应了第二个主题，《沉重的翅膀》兼顾了第一个主题和第二个主题。

表 2 戴乃迭英译张洁作品

序号	名称	时间	出版社	备注
1	《沉重的翅膀》（*Leaden Wings*）	1987 年	英国维拉戈出版社（London: Virago Press）	译著
2	《条件尚未成熟》（*The Time Is Not Yet Ripe*）	《中国文学》（英文版）1984 年秋季刊；1987 年收入《张洁小说选》（英）	Chinese Literature Press; San Francisco: China Books & Periodicals（熊猫丛书）	译篇
3	《祖母绿》（*Emerald*）	《中国文学》（英文版）1985 年夏季刊；1987 年收入《张洁小说选》（英）	Chinese Literature Press; San Francisco: China Books & Periodicals（熊猫丛书）	译篇
4	《爱，是不能忘记的》（*Love Must Not Be Forgotten*）	1982 年收入《当代女作家作品选》（英）；1987 年收入《张洁小说选》（英）	Chinese Literature Press（熊猫丛书）；San Francisco: China Books & Periodicals（熊猫丛书）	译篇

国外权力场域的发展同样影响翻译场域的翻译选材。20 世纪 70 年代，中国的一系列大踏步发展引起西方尤其是美国权力场域的重视，使其认识到中国的积极作用，开始正视中国的地位。1979 年中美建交。西方十分关注中国政治经济改革，希望通过阅读文学作品了解中国的现代化进程。整个 20 世纪 80 年代，中美都处在"蜜月期"，促进了中美文学领域的互动。

在妇女运动方面，20 世纪 60 年代至 80 年代，国际妇女运动掀起第二次浪潮。与以争取妇女的各种权利为目标的第一次浪潮不同，第二次浪潮则更多围绕妇女自身的问题，譬如生育、婚姻制度、家务劳动等。受此影响，许多发展中国家也开始妇女运动。发展中国家的女性一方面积极投身于国家发展，一方面与传统的社会偏见和文化习俗做斗争。此时，许多西方国家渴望通过文学作品了解其他国家尤其是发展中国家妇女运动的进展。"女性作家的写作透过独特的女性视角和经验来建构自我的生命感受和价值场域……成为表达当代中国社会的一大文化符号。"（吴赟，2015）因此，女性作家创作的展现中国女性生活状态的文学作品受到西方读者的喜爱。

由此可见，除原作质量上乘之外，一部文学作品的成功译介很大程度上始于作品宏大的社会影响。戴乃迭选译的张洁的四部作品分别响应了国内权力场域的两大主题，即中国社会经济变革和妇女解放。在顺应新中国对外宣传政策需要的同时，满足了域外权力场域的期待，为译作的成功译介奠定了重要基础。

三、译者惯习与翻译策略

在文学翻译场域中，每一位参与者的个人行为都会受到其所在场域的规范（norms）或者规则的影响。与此同时，参与者的个人行为习惯也会影响场域的运转。社会翻译学者将其称为"惯习（habitus）"，即一种"持久的、可以转换的、潜在的行为倾向系统，是一种已经结构化了的结构，倾向于作为促使结构化的结构而发挥作用，即作为时间活动和表象的生成和组织原则起作用"（Bourdieu，1977：72）。译者是翻译活动的重要参与者之一，其在不同语言和文化中形成的惯习对不同的场域产生不同的影响。戴乃迭英译的张洁作品均出版于 20 世纪 80 年代。此时，戴乃迭是外文出版社旗下《中国文学》（*Chinese Literature*）期刊的职业外籍译者，翻译策略受出版社规范的影响。进入 20 世纪 80 年代，《中国文学》的翻译环境逐渐放松，译者的自由度增加，个体性得以彰显。分析戴乃迭英译张洁作品的翻译策略，主要展现了译者作为文化大使的惯习。这是译者"在外文局工作多年后已固化定型的译者惯习"（汪宝荣、李伟荣，2020）。

译者的人格特征影响译本的情感表达（王树槐，2023）。1919 年，戴乃迭出生于中国，7岁返回英国，接受英国的学校教育。1937年，戴乃迭进入牛津大学学习法文，在修文斯先生（E. R. Hughes）的介绍下加入中国协会，后来转为学习中文，成为牛津大学第一位修中文学位的学生。读书期间，戴乃迭阅读并研究中国古代典籍，如《诗经》《论语》《易经》，还阅读了一些唐代传奇和佛教书籍，具有一定的中文基础。中英文的双重文化教育使得戴乃迭深谙中英文化的差异，也懂得中国文化的精华所在，从而能够在西方文化环境下，构建起双重文化身份和双重语言能力。与此同时，戴乃迭的生活环境也起到促进作用。首先，戴乃迭的父亲，著名传教士戴乐仁先生一生都在从事文化传播工作。他"在中国担任过化学、物理和经济学教师，帮助创建工会组织，参加赈荒救济工作"（杨宪益，2010：3）。其次，戴乃迭的伴侣杨宪益先生致力于中国文化外译事业，将多部中国文学作品译介到国外。二人的文化传播事业都对戴乃迭产生了一定的影响。

在多重因素的影响下，戴乃迭作为文化大使的惯习逐渐形成。戴乃迭认为"传统的翻译法是直译，过于死板的直译，以至使读者常常搞不懂我们说的是什么意思"（杨宪益，2010：10），因此译者应该将"原文的文学味道带入英语，尽可能地省略脚注，不引人注目地放大文本，使引文或典故更容易理解"（Yang，1980：622）。阅读戴乃迭英译的张洁作品可以发现，戴乃迭作为文化大使的惯习主要体现在三个层面：语言层面、语篇层面和文本层面。

1. 语言层面

语言的异质性是跨文化交际的屏障之一。对于人类能否跨越语言的异质性，一部分学者认为可以通过翻译跨越语言之间的异质性障碍，从而实现文化交流。因此，只有跨越语言异质性的翻译活动才能够有效地实现两种文化之间的交流与理解。戴乃迭如何在翻译过程中处理语言的异质性成为本部分考察的主要内容。

含有自然意象、社会意象等元素的意象话语具有典型的中国特色，且意象话语的翻译具有相对稳定性，很难受到外界因素的影响，因此具有较强的参考性。依次阅读戴乃迭英译的《沉重的翅膀》《爱，是不能忘记的》《祖母绿》《条件尚未成熟》，分析译者对意象的保留、更改和删减，发现戴乃迭省略了许多意象话语的翻译，譬如"没头苍蝇""揪人肺腑""门当户对""借题发挥""卷铺盖卷""鹦鹉学舌""鸡毛蒜皮""天花乱坠""满城风雨"等。对于未省略的意象话语，戴乃迭多采用归化的翻译策略和显化的翻译方法，譬如，"寄人篱下"（suffer the pain of living in a home that was not her own）、"耳旁风"（pay not a blind bit of notice）、"挂羊头卖狗肉"（dishonest）、"指脊梁骨"（talk about behind their backs）、"贼风入耳"（an ill wind had blown through my ear）等。每一个意象话语都含有"非常丰富的内在含意，可能其中还包含着一个典故。但是，一旦译成英语或用英语解释时，可能就需要用一个或者两个句子来表达，即使如此，仍旧不能表达出原来所有的气魄和分量"（杨宪益，2010：3）。因此，戴乃迭只保留了少部分意象话语的原有意象，譬如，"曾经沧海难为水，除却巫山不是云"（no lake can compare with the ocean, no cloud with those on Mount Wu）。除此之外，戴乃迭还省略了《沉重的翅膀》引用的京剧脸谱和《红楼梦》《好了歌》的描写。

由此可见，在翻译意象话语的过程中，戴乃迭注重读者的阅读体验，希望通过消除语言的异质性来增强文本的可读性。在中国长时间的生活经历使戴乃迭对中国的文化习俗有了深入的了解。正因为如此，戴乃迭能够较为准确地译介具有中国特色的文化习俗。

2. 语篇层面

语篇的连贯性和紧凑性是译文可读性的重要影响因素之一。作为一个意义完整的语言实例，语篇内部的逻辑语义关系应当清晰、通顺，或为因果关系，或为时间关系，或为空间关系，等等。散文的"形散而神不散"就在于此。在中英翻译实践中，由于中英文语言的差异，从"意合"语言到"形合"语言的转换也将涉及语篇的拆分、删除与整合。分析戴乃迭的英译文，为了实现语篇的连贯性和语义的紧凑性，译者合并同一语义群的多个段落，使得语篇更加连贯、紧凑。

例1：因此，卢北河爱这老房子的幽暗。

这栋小楼，是左葳父亲名下的。"文化大革命"那十年浩劫期间，居然像世外桃源地躲过了那场劫难。这是因为左葳的父亲，不但是国内数一数二的国宝，在国际上也是一个很有地位、很有影响的人物。所以便被当做标本似地保护下来。（张洁，2012：328）

译文：And so she loved the gloom of this old house, which had been the property of Zuo Wei's father. It had come through unscathed during the ten years of turmoil of the Cultural revolution, because he was so well-known not only in China but abroad. Thus he had been protected. (zhang jie, 1989: 18)

上述两段原文讲述了同一个情节，第二段是对第一段中"老房子"的解说，即对左葳家老房子的描述。译者运用"which"引导的定语从句将两段合译为一段。与此同时，译者通过显化原文的因果关系，将原文的五句译为三句，增强了篇章的紧凑性，彰显了英文"形合"的特点。戴乃迭英译张洁的每一部作品都存在段落合并的现象。譬如，在《爱，是不能忘记的》中，主人公犹豫自己是否要嫁给邻居眼中的"好男人"，联想邻居背后的"说长道短"时，译者将原文的三段整合为一段。又如，《条件尚未成熟》写到岳拓夫晨跑眼看着"到公园里来锻炼身体的队伍不断地扩大"（张洁，2012：256）时，作者从大到小依次描述"有些人"的特点和其中"有几位"的特点。译文中，译者将这种递进关系合译为一段，使语篇的语义群更加清晰。

例2：卢北河从沙发上站起来，扭开了一旁的落地灯。灯光透过绿色的纱罩，映出一片不大的光晕。她重又拣了一个不在这光晕里的沙发角斜躺下去。

从吃晚饭以后，卢北河就这么一动不动地斜躺在沙发上，独自个儿地盘算着她的心思。

左葳上火车站送儿子去了。

就是左葳在，她也不会把自己没有考虑成熟的事情讲给他听。他什么时候拿出过一个果断的意见来呢？想到这里，卢北河淡淡地笑了笑。（张洁，2012：328—329）

译文：Since supper Beihe had been sitting motionless, alone, mulling over a problem. Zuo Wei had gone to the station to see off their son. Even if he'd been home she wouldn't have told him what was on her mind. He never had any definite views of his own anyway. Beihe smiled. She stood up and switched on the standard lamp by the sofa. It shed a small patch of light through its green shade, and she moved away from it to another sofa. (zhang jie, 1989: 18)

原文既有时间关系也有空间关系，是对主人公卢北河的动作描写和心理描写。译文不仅将原文的四段合译为一段，还打乱原文的时间关系，将原文的第一段后移至译文的最后一句。细读调整后的译文，卢北河开落地灯的描写承接了上文对左葳的思考，引出下文对"儿子"的思考，起到承上启下的作用。与此同时，戴乃迭显化翻译原文的不可靠叙述，明确表述"左葳从未拿出过一个果断的意见"。

为了实现语篇的连贯性和紧凑性，译者还省略了原文的冗杂描写以及读者难以理解的政策性描写。戴乃迭认为，"中国的出版商在鼓励作家压缩或删减他们的作品方面做得还不够。张洁的许多细节描述和内心独白很生动、微妙，洞察了当代中国人的生活和思维方式。但是，在某些地方，有关政治和经济政策的争论持续了太久。大多数中国读者都跳过了对精简生产程序、行为主义和先进国家提高工业效率的方法的详细描述。要理解这些论点，需要对1980年左右的中国经济有深入了解。译本在作者的允许下进行了删减"（Zhang jie，1987：xii）。譬如，《沉重的翅膀》用336个字详细叙述了一次思想政治工作座谈会召开的经过、中途出现的变故以及不同人物对待这次会议的态度。戴乃迭的译文只有47个词，删减了许多内容，只保留了故事的主干。与此同时，译者还省略了原文对"三座大山"等历史信息的翻译，降低了读者的阅读负担。细读戴乃迭的译文可以发现，译者在删除原文内容的同时，对译文进行补偿（restitution），即用概括性语言总结删除的内容，以此保证译文语篇的完整性、连贯性和紧凑性。

3. 文本层面

翻译的过程是一个思想理解和再阐释的过程。阐释学翻译学派的代表人物乔治·斯坦纳（George Steiner）提出，不应该把翻译研究仅仅局限在语言层面，而应该将其视为一种文化转换。（赵丹，2020）为了更好地实现文化转换，戴乃迭英译张洁长篇作品的英译本和短篇作品的译文集均添加了译者序言。

在《沉重的翅膀》的序言中，戴乃迭开篇介绍张洁的文学地位，称她是"中国最有趣、最具争议的作家之一"（Zhang jie，1987：viii）。接下来介绍张洁的原生家庭、教育经历以及她如何走上写作道路，探讨作品《爱，是不能忘记的》引起大众关注的原因，讲述《沉重的翅膀》的成文过程、发表过程以及发表后的遭遇。戴乃迭就文本中所体现的社会问题进行深入探讨，指出"张洁的《沉重的翅膀》从男性的视角批判了现行婚姻制度的不足。作品中提到的六对已婚夫妇，只有一对是幸福的"（Zhang jie，1987：X）。其中，副部长郑子云不爱自己的老婆，婚姻生活单调无趣。但为了塑造自己良好的形象，他在外人面前仍然保持一种绅士的姿态，给人一种夫妻恩爱的假象。方文煊则为了自己所谓的前途，舍弃了自己深爱的女人，与背弃自己的老婆重归于好，同时也让自己遗憾终生。莫征则在女主人公圆圆的推动下抓住了自己的幸福。

在《爱，是不能忘记的》英译本序言中，戴乃迭描述张洁创作风格的变化特点以及产生变化的原因，即"文革"的遭遇。序言中，戴乃迭称赞张洁"在当局充分认识到妇女问题或采取官方行动之前率先提出妇女问题的先锋"（Zhang jie，1989：2）。在这部作品中，张洁对社会道德规范发起挑战，指出了当时婚姻制度的缺陷。除了翻译有关女性问题的作品外，戴乃迭还在国际期刊发表《中国办公室女职员》（Women Office Workers in China，1981）、《中国女作家》（Women Writers，1985）等介绍中国知识女性的文章，表明中国女性的地位逐渐得到改善。

通过对英译文语言层面、语篇层面和文本层面的深入分析可知，双重文化身份和双重语言能力，再加上在中国生活了将近60年的生活经历，使得戴乃迭形成了独特的译者惯习。翻译的功能之一就是在目的语文化环境中塑造源语文化和源语文化形象。戴乃迭洞悉中西文化的差异，成为促进中西文化交流的使者。

四、资本互动与翻译传播

翻译场域的维续和变更主要依靠场域内各种资本力量对空间的争夺。张洁的《沉重的翅膀》《条件尚未成熟》《爱，是不能忘记的》《祖母绿》四部作品在域外的成功与源语国家和目的语国家的文学场域、政治场域、经济场域等场域中资本的互动直接相关。从翻译传播的主体、客体1（源语信息）、译者、客体2（译语信息）、媒介、受体和效果七个元素出发，理清场域、行动者资本之间的关系，探究资本互动如何影响翻译传播。

首先，作者张洁在国内外积累了一定的象征资本和社会资本。自1978年初登文坛以来，张洁创作了一系列重要的文学作品。其中，处女作《从森林里来的孩子》获得 1978 年全国优秀短篇小说奖；作品《谁生活得更美好》获得 1979 年全国优秀短篇小说奖；作品《条件尚未成熟》获得第三届全国优秀中篇小说奖；作品《沉重的翅膀》获得第二届茅盾文学奖；等等。这些获奖经历为张洁积累了大量的象征资本。与此同时，《沉重的翅膀》的出版"开创了中国社会现实主义和社会批评的主流传统"（Chi & Wang，2000：250）。作品问世后，人们赞扬作者直面改革主题的勇气，称赞《沉重的翅膀》从思想和艺术成就来看，都属于这类作品中的佼佼者。（杨桂欣，1985）张洁占有的象征资本使其在源语国家的文学场域脱颖而出。在国外，张洁的作品也同样得到许多学者的高度关注，他们认为小说描写的情景反映了中国的现实状况。学者 Roxann Prazniak（1990：45）指出，作品《爱，是不能忘记的》描述的有关当代中国社会主义和女性主义的视角，揭示了欧美经验所塑造的女性主义概念的局限性，并指出可以通过纳入中国经验的声音来扩展这些概念。除此之外，张洁多次被邀请前往国外参加学术活动，提高了自己的国际影响力，积累了自己的社会资本。

从译者而言，戴乃迭具有足够的文化资本和象征资本。戴乃迭的学习和生活经历使其深谙中国文化，也因此积累了大量的文化资本。与此同时，戴乃迭翻译出版的大量译作为其在国外积累了一定的象征资本。自 20 世纪 30 年代以来，戴乃迭独译或与杨宪益合译了大量中国文学作品，譬如鲁迅的《野草》（*Wild Grass*）、《朝花夕拾》（*Dawn Blossoms Plucked At Dusk*）、《呐喊》（*Call To Arms*）、《彷徨》（*Wandering*），古华的小说《芙蓉镇》（*A Small Town Called Hibiscus*）、《浮屠岭及其他》（*Pagoda Ridge and Other Stories*）等。这些译著得到国外读者的好评，学者李·欧凡（Lee，1985：566）曾表示，"'熊猫丛书'中质量最佳的译本当数戴乃迭翻译的文学作品"。Frances Wood（1985）同样赞扬戴乃迭的译文清晰地描绘了中国偏远地区的生活图景。

从出版社的角度而言，出版"熊猫丛书"的出版社和英国维拉戈出版社（Virago Press）均占有一定的经济资本、象征资本和社会资本。1981 年至 1986 年，"熊猫丛书"由《中国文学》杂志社负责出版；1987 年外文局成立中国文学出版社专门负责"熊猫丛书"和《中国文学》杂志的翻译出版工作。（耿强，

2011）外文局管辖下的官方出版机构具有较强的经济资本、象征资本和社会资本，为中国文学作品的外译提供了雄厚的经济支撑和广泛的社会关系。英国维拉戈出版社是西方重要的女性文学出版机构之一，以专门出版女性作家作品、促进女性运动为目标，也因此占有一定的象征资本、经济资本和社会资本。《沉重的翅膀》对女性的描写引起了出版社的关注，加之作者和译者的国际影响力，使其得以出版。

一个场域的动力学原则，就在于它的结构形式，同时还根源于场域中相互面对的各种特殊力量之间的距离、鸿沟和不对称关系。场域中积极活动的各种力量分析者之所以将这些力量筛选出来，把它们看作对场域运作关系重大的因素，正是因为这些力量造成了场域中至关重要的差异，确定了特定的资本。（布迪厄、华康德，1998：139）在戴乃迭英译张洁作品的翻译场域中，原作者及其作品具有一定的象征资本，译者具有一定的象征资本和文化资本，中国文学出版社和英国维拉戈出版社具有一定的象征资本、经济资本和社会资本。这些资本在特定的翻译场域中相互斗争，推动了翻译活动的持续开展。

五、结语

翻译与社会之间存在着一种相互作用与影响的"共变（covariance）"关系（王洪涛，2011），任何翻译活动均是翻译主体参与社会活动的成果，其核心体现在多元社会因素和社会机制的相互影响。就文学翻译而言，是以译者为中心的翻译主体在文学翻译场域的作用下，借助其他翻译主体的力量推动文学文本译介传播的社会实践活动。考察戴乃迭英译张洁作品的翻译选材、翻译策略和译本传播，厘清了译本得以成功译介的原因，即符合场域需求的翻译选材、读者本位的翻译策略和资本的丰厚积累，这对中国文学作品的持续外译具有借鉴意义。

参考文献：

[1] Bourdieu, P. *The Field of Cultural Production Essays on Art and Literature*, edited by Johnson, R. New York: Columbia University Press, 1993.

［2］Bourdieu, P. *Outline of a Theory of Practice*, Cambridge: Cambridge University Press, 1977.

［3］Chi, P. & Wang, D. *Chinese Literature in the Second Half of a Modern Century*, Bloomington: Indiana University Press, 2000.

［4］Jiang, M. "Female voices in translation: an interrogation of a dynamic translation decade for contemporary Chinese women writers", *The Translator*, 1980–1991.

［5］Lee, L. "Comtemporary Chinese Literature in Translation: A Review Article", *The Journal of Asian Studies*, 1985.

［6］Meng, L. "Translating Gender from Chinese into English: A Case Study of Leaden Wings from Feminist Perspective", *Cogent Arts & Humanities*, 2020.

［7］Prazniak, R. "Love must not be forgotten—Feminist humanism in the writings of Zhang Jie", *India International Centre Quarterly*, 1990.

［8］Wood, F. "Review: Pagoda Ridge and Other Stories", *The China Quarterly*, 1987(110).

［9］Yang, G. "Review of David Hawkes' The story of the stone, A novel in five volumes by Cao Xueqin", *Bulletin of the School of Oriental and African Studies*. 1980.

［10］Zhang, J. *Leaden Wings*, trans. Yang, G. London: Virago Press, 1987.

［11］Zhang, J. *Love Must Not Be Forgotten*, trans. Yang, G. Beijing: Foreign Languages Press, 1989.

［12］〔法〕皮埃尔·布迪厄、〔美〕华康德：《实践与反思——反思社会学导引》，李猛、李康译，邓正来校，北京：中央编译出版社，1998年。

［13］耿强：《文学译介与中国文学"走向世界"》，上海外国语大学博士学位论文，2011年。

［14］荒林、张洁：《存在与性别，写作与超越——张洁访谈录》，《文艺争鸣》2005年第5期。

［15］孙晓梅：《中外妇女运动简明教程》，天津：天津大学出版社，2008年。

［16］汪宝荣、李伟荣：《杨宪益、戴乃迭的译者惯习比较探析》，《复旦外国语言文学论丛》2020年第1期。

［17］王洪涛：《建构"社会翻译学"：名与实的辨析》，《中国翻译》2011年第1期。

［18］王树槐：《中国文学经典英译的情感外溢：张力与制约》，《外语与翻译》2023年第1期。

［19］吴赟：《英语视域下的中国女性文化建构与认同——中国新时期女性小说的译介研究》，《中国翻译》2015年第4期。

［20］杨桂欣：《简论〈沉重的翅膀〉的艺术性》，《文艺评论》1985年第6期。

［21］杨宪益主编：《我有两个祖国——戴乃迭和她的世界》，广西：广西师范大学出版社，

2003年。
[22] 杨宪益:《从〈离骚〉开始,翻译整个中国:杨宪益对话集》,北京:人民日报出版社,2010年。
[23] 张洁:《张洁文集:中短篇小说卷》,北京:人民文学出版社,2012年。
[24] 赵丹:《哲学阐释学视野下翻译过程探析》,《社会科学家》2020年第11期。

文学翻译、文化翻译与国际传播

中英社会对儿童文学的不同形塑：中国当代儿童文学《淘气包马小跳》英译本的叙事调适研究

武光军　张艳[*]

摘要：当今儿童图书市场大量作品出自西方作家之手，中国本土儿童文学正在努力走向世界。我国儿童文学作家杨红樱创作的《淘气包马小跳》系列被译为多种语言，成为不同文化背景读者了解中国儿童文学的窗口。本文聚焦其英译本，发现其英译本针对英语读者进行了大量的叙事调适：在情节方面，译者删去了一些卫星事件，突出了核心事件；在视角方面，译者将一些涉及故事人物内心感受的细节改用第三人称视角进行叙述，以便拉近故事与人物之间的距离，增加故事情节的真实感；在处理非叙事性（别）话语上，对影响故事流的某些非叙事性（别）话语进行了删减，以避免破坏故事流，同时为了儿童读者更好地理解某些抽象概念，增加了某些非叙事性（别）话语，以解释对儿童读者来说陌生化的现象，帮助他们更好地理解故事。对于推动我国儿童文学走出去而言，我们认为《淘气包马小跳》英译本中的这些针对英语读者的叙事调适具有一定的借鉴意义。

关键词：儿童文学；《淘气包马小跳》；英译；叙事；调适

Abstract: At present, Chinese literature is trying hard to go global. The series of children's literature *Tao Qi Mao Ma Xiao Tiao* authored by Yang Hongying, have been translated into many foreign languages. The English translation of this series underwent a fair number of narrative adjustments. Our findings of these adjustments are: 1) The narrative adjustments in terms of plots help the English translation focus on the main themes; 2) The shift to the third-

---

[*] 武光军，北京航空航天大学教授、博士生导师，主要研究方向为翻译学。张艳，北京城市学院公共英语教研室讲师。

person point of view can narrow down the distance between the story and the characters; 3) The deletion of some non-narrative discourse is conducive to the narrative flow, while the addition of some non-narrative discourse makes it easier for child readers to understand unfamiliar concepts. Finally, it is pointed out that these narrative adjustments are inspirational with regard to the English translation of Chinese children's literature in the future.

Key words: children's literature, *Tao Qi Mao Ma Xiao Tiao*, English translation, narration, adjustments

一、引言

当今儿童图书市场上呈现给儿童读者的读物大多出自西方作家之手，而走向国际化的中国本土儿童作品却寥寥无几。杨红樱创作的《淘气包马小跳》系列打破了这种局面，该系列中的 8 本被译为多种语言并引入国际图书市场，成为不同文化背景的小读者了解中国的窗口。

杨红樱创作的《淘气包马小跳》系列讲述了一群淘气男生与他们的父母、老师和同学之间的幽默故事。该系列涉及三大主题：学校生活、家庭生活和社会生活。到 2016 年该系列已经包含 21 本单册，每本单册里有大约 20 个拥有独立标题的小故事，这些小故事围绕某一主题展开。小故事处于平行分布，相互之间的联系松散，因此即便跳过某个小故事也不会影响儿童读者对其他小故事的理解。同一本单册中小故事的篇幅长短相当，拥有自己的小主题，并且故事发生发展完整。《淘气包马小跳》系列一经出版就受到中国儿童读者的欢迎，该系列不仅连续 41 个月位于中国儿童图书畅销书榜首，成为中国大陆市场上唯一能与《哈利波特》系列在销售量上相匹敌的图书，而且该系列经过改编还被搬上了电视和电影银幕，其同名电视剧经久不衰。

《淘气包马小跳》系列的成功引来众多媒体的报道，2007 年北京国际图书博览会上全球最大的英语语言出版社之一——哈珀柯林斯出版集团旗下分支哈珀柯林斯儿童图书出版社购买了该系列中 8 本单册的英文版权，并于 2008 年在全球发行。该系列儿童读物的英译本为更多英语世界的儿童读者打开了一扇了解当代中国的窗户。

表 1　8 本英译单册

中文版本	英文版本
《四个调皮蛋》	*Four Troublemakers*
《同桌冤家》	*Teacher's Pet*
《暑假奇遇》	*Pesky Monkeys*
《天真妈妈》	*You're No Fun, Mom!*
《漂亮女生夏林果》	*Best Friends*
《丁克舅舅》	*Super Cool Uncle*
《宠物集中营》	*Pet Parade*
《小大人丁文涛》	*Class Genius*

这 8 本单册创作于杨红樱小说写作早期，包含了该系列的三大主题，可以帮助西方小读者全面地了解中国。本文将集中分析其中 5 本(《四个调皮蛋》《同桌冤家》《暑假奇遇》《天真妈妈》《丁克舅舅》)汉译英过程中的叙事调适，这 5 本是该系列中创作最早的作品，真实地反映了杨红樱的创作意图，且销量位于该系列的榜首，此外这 5 本单册也涵盖了三大主题，较为全面地反映了该系列小说的特点。

这 5 本单册中的《四个调皮蛋》和《同桌冤家》是关于主人公马小跳学校生活的一系列有趣故事；《暑假奇遇》讲述了马小跳的社会生活；而《天真妈妈》和《丁克舅舅》则是关于马小跳的家庭生活，通过这三个主题的故事讲述为儿童读者勾勒出了一幅完整的当代中国儿童丰富精彩的生活场景。

通过对照中英文版本，本文发现《淘气包马小跳》在英译过程中做了大量的叙事调适。基于中英不同的社会制度和社会文化，运用叙事学对《淘气包马小跳》英译中的叙事调适进行研究，找到英译中调适的原因以及发掘叙事调适后的影响，将为更多中国原创儿童文学走向世界提供借鉴。

二、儿童文学及其翻译

在西方，儿童文学与成人文学相比出现较晚，大约于文艺复兴时期才被当作一种独立的文学形式纳入多元文学体系中，且在相当长一段时间内处于文学体系的边缘。在中国，现代儿童文学出现于五四时期，其发展和翻译紧密联系。对儿童文学的研究自 20 世纪 80 年代以来得到迅速发展，儿童文学已受到越来越多学者的关注（李宏顺，2014）。洪特（Hunt，1992）认为，在如此复杂的社会环境中创作的儿童文学，有其自身的独特目的，因此定义儿童文学绝非易事，但即便如此，他仍给出了自己的定义——适合或满足儿童阅读的图书均可称作儿童文学。芬兰儿童文学作家、翻译家奥伊蒂宁（Oittinen，2000）将儿童文学定义为专为儿童创作或阅读的图书。英国儿童文学专家莱西（Lathey，2011）认为，儿童文学包括专为儿童写作的或起初为了成人创作，后被儿童阅读的以及为成人和儿童所阅读的文本。

作为一种独立的文学形式，儿童文学最突出的特征表现在儿童文学通常有双读者，因为创作什么样的儿童文学，出版哪一类儿童图书，为孩子选择哪一本儿童读物通常都是由成年人决定的，但是阅读的主体通常是儿童（王泉根，2009）。沙维特（Shavit，1986）认为，双读者意味着儿童文学的文本通常是个矛盾体，一方面要针对儿童的阅读习惯，另一方面又要迎合成人的喜好。这一特点对儿童文学意义重大。双读者意味着一本儿童读物想要出版，首先要能吸引成人的注意。这一特点增加了儿童文学创作的难度，因为它要求儿童文学的作者在创作过程中首先要考虑成人的阅读兴趣和习惯。儿童文学整体构建在成人的选择、视角以及好恶上（Oittinen，2000）。

在语言层面，可读性和生动性是儿童文学的主要特点，同时也是儿童读者心理发展的要求（吴雪珍，2006）。儿童的认知和心理发展水平有限决定了儿童文学中的用词和句式不能太过复杂，否则会破坏儿童继续阅读的兴趣。然而，这并不表明儿童文学的语言越简单越好，儿童阅读的最大目的是开发他们的语言能力和思维能力，太过直白的语言或者无趣的平铺直叙都不利于阅读目的的实现。通过对一些经典儿童读物进行分析，人们发现将简单的文字组织成有节奏感的句子，读起来朗朗上口的儿童文学作品最能给小读者留下深刻的印象（同上）。在涉及动植物时，儿童文学作者通常赋予它们生命感，使用拟人化的语言对其进行描写，以此增加作品的感染力（Lathey，2016）。

在主题层面，由于儿童读者的年龄小，理解能力受限，因此儿童读物主题通常十分集中且单个故事主题单一。儿童文学很少像成人文学作品一样涉及多个或抽象意义的主题。作品通常依循一条清晰的线索展开，卫星事件较少提及，整个作品紧紧围绕故事的主旨。此外，儿童文学作品的主题通常带有积极的情感色彩，以期对儿童读者的成长有积极向上的影响。儿童文学作品主题集中的特点同时也决定了该类型的文学作品篇幅不会太长。

儿童文学作为一种特殊的文学形式，且长期处于文学体系的边缘，对儿童文学的翻译研究是一个新兴研究领域，兴起于20世纪20年代中期，当时一些学者开始注意到翻译在儿童文学发展中发挥的重要作用，如盖斯奇埃尔（Ghesquiere，2006）指出，儿童文学的一个基本功能是确定经典，而这一基本功能深受翻译的影响。当代各国学者对儿童文学翻译的研究主要集中于儿童文学翻译史研究、儿童文学译本中改译的研究、影响儿童文学翻译文本以外因素的研究等。国外儿童文学翻译研究借鉴跨学科理论资源，从最初关注翻译价值，到现阶段重视儿童文学翻译的独特性、复杂性与丰富性的理论阐发，其研究路径从整体经验式研究，走向以原作为中心的规约性研究，再到以译作为中心的描写性研究（李文娜、朱健平，2021）。

儿童文学自身的特殊性也对翻译提出了要求。在翻译过程中，译者不仅要照顾到原作的风格，还要充分考虑译入语国家小读者的特点；不仅要消除异域文化带给小读者的陌生感，使他们能够理解文学作品的主旨、思想，还要适当地保留异域文化的色彩，帮助小读者了解世界、开阔眼界。本文主要基于不同的社会制度和不同的社会文化，从叙事学角度分析我国优秀儿童文学"走出去"的翻译问题。

三、《淘气包马小跳》英译本的叙事调适

通过中英版本的对比，本文发现《淘气包马小跳》的英译版本在翻译过程中做了大量的改动。经整理分类，本文将重点分析在叙事情节、叙事视角、小说对话以及非叙事性（别）话语方面的叙事调适。

1. 情节的叙事调适

情节，作为"故事"结构的支撑，是事件的语义系统。在日常生活中，并

非每一件事都是依据逻辑或者因果关系而发生的,然而小说却是。小说是作者在某些规则或原则的指导下将发生在日常生活中的事件进行创造性再现的过程。在一个故事中所有要素都是紧密相关的,而事件的安排应该遵循因果联系或使之最终形成一个有机的整体。因此在创作的过程中,就要充分考虑每个要素之间的关系,做好取舍,使之紧密围绕主题发展。

例1:

郑士杰说:"你们不知道你们捡到的那张软盘,对我有多重要。我一定要……反正你们得跟我走。"

他们坐上了郑士杰的大奔驰,那感觉真好……(杨红樱,2003a:104—105)

译文:

Jason Zheng quickly cut the boys off, then said: "You have no idea how important that CD is. What can I do for you, in return?"

<u>Mo desperately wanted a ride in the Mercedes Benz, so Mr Zheng rang all the boys' parents and asked if that would be all right. Penguin's father knew Mr Zheng through his business dealings, and said he was a good man. He reassured Monkey, Mo and Hippo's parents that their sons would be OK.</u>

So the boys went for a ride in Jason Zheng's spacious Mercedes, which felt incredible!…(Yang, 2008: 69)

该故事选自《四个调皮蛋》。马小跳和他的三个好朋友整天形影不离,有一天放学后,他们在一间公共厕所捡到一张软盘,根据软盘上的信息他们找到了失主——一家大公司的董事长。这张软盘对于公司来说十分重要,为了答谢四位小朋友,董事长决定带他们去兜风。在中文版本中,作者将写作重点放在马小跳和他的朋友做了一件好事并得到了回报,以此来宣扬乐于助人的精神,帮助儿童读者树立正确的价值观。然而在英译版本中,译者增加了一段来说明带他们去兜风是征得了四个小朋友家长的同意,这一情节在不长的故事中相对来说较长,译者的这种安排使之成为一个重要的故事情节。这一情节对于教会儿童读者安全意识十分重要,因此通过该情节的添加,使该故事更加真实,以符合西方的社会特点。

2. 视角的叙事调适

创造故事的每一个事件都不能自己呈现出来，而必须通过某个视角呈现在人们面前。故事的叙述总是伴随着某个观察角度，而这个观察角度被称为视角。叙事视角指的是叙事者或故事人物从哪个角度看待故事。胡亚敏（2004）将叙事视角分为四类，即：零视角或传统的全知视角；内视角包括第三人称固定视角和第一人称经历视角；第一人称外视角包括以第一人称叙事者为主角的叙事视角和第一人称叙事者为旁观者的叙事视角；第三人称外视角。

《淘气包马小跳》系列基本采用了传统的全知视角，全知的叙事者不仅能控制每一个故事人物的行为，并且能深入地了解每个人的内心活动和感受。同时叙事者通过转换视角能够帮助故事人物了解彼此的内心活动。传统的全知视角是一种客观的叙述，将故事完整地呈现在读者面前，不留悬念。

例2：

"我们总不能这样空着手去看路曼曼吧？"

马小跳很调皮、很淘气，但也很有人情味。

丁文涛说："我身上可没带钱。"

其实，丁文涛身上有钱，在内裤的内袋里。他妈妈给他的每一条内裤都缝了一个秘密的内袋，那就是装钱的地方。（杨红樱，2003b：42）

译文：

"I think we should buy Man-Man a get-well present," said Mo.

"I haven't got any money on me," Wen said, quickly.

Mo knew that Wen did have money on him. His money was inside his underpants. Wen's mum had sewn a secret pocket in all his underpants to put money inside. Mo had noticed a pocket once when they were changing for PE. But he thought he's better not saying anything. (Yang, 2008: 21)

该故事选自《同桌冤家》，马小跳的同桌路曼曼生病了，马小跳想和夏林果、丁文涛一起去看望路曼曼。在去之前，马小跳建议为路曼曼买一份礼物，夏林果响应马小跳的主意，愿意出钱，而丁文涛却撒谎说自己没钱。在中文版本中，叙事者采用全知视角告诉读者丁文涛的秘密即他的钱藏在内裤的口袋里，使得这个秘密成为一个公开的信息，失去了秘密该有的神秘色彩。而在译文中，译者采用了第三人称视角，从马小跳的视角去揭露这个秘密。通过马小跳的视角来观察故事人物，拉近了读者与马小跳之间的距离。

3. 非叙事性（别）话语的叙事调适

非叙事性（别）话语指的是叙事者通过其直接言语或者通过将自己的观点渗透在人物事件的描述中来对事件进行解释或评价。非叙事性（别）话语包括公开的议论与隐藏的评论。叙事者公开的讨论对读者的思想以及他们对故事的评价有直接影响，而隐藏的评论不会直接被读者识破，但在一定程度上同样会影响读者的感受（申丹、王亚丽，2010）。

例3：

小非洲把嘴巴凑到马小跳的耳边，悄声说："我怀疑他们家藏有果子狸。"

马小跳要给木瓜来个措手不及："木瓜，我知道你们家有果子狸。"

"没有。"傻傻的木瓜上当了，"有果子狸怕什么？"

木瓜说得没错，就算是他们家有果子狸，也不用怕成这样。但木瓜的样子，真的是又紧张又害怕，他们家会不会藏着比果子狸更可怕的东西？

马小跳一定要弄个水落石出。（杨红樱，2003c：146）

译文：

Bat Ears whispered to Mo, "I bet they've got pangolins hidden in there."

Mo suddenly said, "Mugua, I know that you have pangolins hidden in your house."

"No, no, no, we haven't got any pangolins."

Mo was determined to find out the truth. (Yang, 2008: 109)

该故事选自《暑假奇遇》，马小跳和乡下小伙伴玩游戏的时候，发现木瓜在刻意隐藏什么，于是马小跳和小非洲联手调查，发现木瓜家里私藏着一只国家保护动物大黑熊。该选段记叙的是马小跳在游戏中发现木瓜行为异于平常，于是想要查明木瓜家里藏着什么秘密。

《淘气包马小跳》系列故事中,叙述者总是通过各种公开议论或隐藏评论的方式引导着小读者对故事进行思考,而译者根据这些非叙事性(别)话语出现的位置对其进行了取舍和添加。在例 3 中,非叙事性(别)话语出现在事件的发生过程中,打断了故事流,因此译者将此非叙事性(别)话语删除以保证不打断事件的发展,同时减少自己强加给小读者的想法,为其提供充足的空间进行思考。

例 4:

那天,全校学生到西郊体育场开运动会,午餐是每人一个煮鸡蛋、一个面包、一盒牛奶。河马张达拿起他的那个鸡蛋就往脑门上敲,蛋壳碎了,他的脑门却还是好好的。(杨红樱,2003a:12)

译文:

Mo Shen Ma had a problem. It was a new kind of problem—one he'd never come across before. It wasn't a problem caused by his mischievous ways, or a problem with his maths homework. It wasn't even a problem with Man-Man, his deskmate who wrote in her notebook every time Mo did anything wrong. No, this was a problem called...jealousy!

It all began on school Sports' Day...(Yang, 2008: 5)

该故事选自《四个调皮蛋》,马小跳和他的好朋友都十分喜欢夏林果,他们认为夏林果是班里最漂亮的女生,然而夏林果很少与男生说话,尤其是马小跳和他的三个好朋友。运动会这天,马小跳的好朋友之一张达在全班面前表演了脑门敲蛋壳,一口吞鸡蛋,引来全班同学的赞叹,夏林果也被吸引了,主动和张达说话,并将自己的鸡蛋让给张达吃。这让马小跳心里很不痛快。

在中文版本中,作者简要介绍了一下故事背景,而在译文中,译者在故事开始之前,对"嫉妒"做了一番讨论,让认知水平有限的小读者对这一抽象概念有了一定的了解。在这个选段中,译者通过增加非叙事性(别)话语来帮助儿童读者了解抽象的"嫉妒"。在增加的非叙事性(别)话语中,叙事者并没有直接定义"嫉妒",而是通过对比的方式,帮助儿童理解这一概念。

四、结语

在当今的儿童图书市场上，大量的图书出自西方作家之手，中国本土儿童文学在国际上面临着严峻的挑战。"中国儿童图书皇后"杨红樱创造的《淘气包马小跳》系列在这种背景下被译为多种语言，为不同国家的儿童读者了解当代中国儿童文学打开了一扇窗。

通过对《淘气包马小跳》系列中的5本单册进行中英对比，本文发现英译中做了一定的叙事调适。在情节方面，译者删去了一些卫星事件，突出了核心事件。在视角方面，译者将一些涉及故事人物内心感受的细节改用第三人称视角进行叙述，以便拉近故事与人物之间的距离，增加故事情节的真实感。在处理非叙事性（别）话语上，对影响故事流的某些非叙事性（别）话语进行了删减，以避免破坏故事流，同时，为了让儿童读者更好地理解某些抽象概念，增加了某些非叙事性（别）话语，以解释对于儿童读者来说陌生化的现象，帮助他们更好地理解故事。

蓝红军、熊瑾如（2022）指出，近十年国外儿童文学翻译研究体现出明显的后殖民主义色彩，其关注重心从欧洲儿童文学间的互译转向第三世界国家儿童文学的翻译，却也在一定程度上忽视了独具特色的中国文学译介，因此，中国儿童文学海外译介研究可以帮助发现被遮蔽的中国儿童文学，推动中国儿童文学国际化，实现中国儿童文学"走出去"。对于推动我国儿童文学走出去而言，《淘气包马小跳》英译本中的这些叙事调适具有一定的借鉴意义。

参考文献：

［1］Ghesquiere, R. "Why Does Children's Literature Need Translation?", In Coillie, V. & Walter, P. V. (eds.). *Children's Literature in Translation: Challenge and Strategies*, London: Routledge, 2006.

［2］Hunt, P. *Literature for Children*, London: Routledge, 1992.

［3］Lathey, G. "The Translation of Literature for Children", In Malmkjaer, K. & Windle, K. (eds.). *The Oxford Handbook of Translation Studies*, New York: Oxford University Press, 2011.

[4] Lathey, G. *Translating Children's Literature*, London and New York: Routledge, 2016.

[5] Oittinen, R. *Translating for Children*, New York: Garland, 2000.

[6] Prince, G. *Narratology: The Form and Functioning of Narrative*, Berlin: Mouton, 1982.

[7] Shavit, Z. *Poetics of Children's Literature*, Athens: University of Georgia Press, 1986.

[8] Yang Hongying. *Mo's Mischief*, trans. Anonymity. London: Harper Collins Publishers Ltd, 2008.

[9] 胡亚敏:《叙事学》,武汉:华中师范大学出版社,2004年。

[10] 蓝红军、熊瑾如:《国外儿童文学翻译研究:历史、现状与启示》,《山东外语教学》2022年第6期。

[11] 李宏顺:《国内外儿童文学翻译研究及展望》,《外国语(上海外国语大学学报)》2014年第5期。

[12] 李文娜、朱健平:《儿童文学翻译研究:现状与反思》,《外语与外语教学》2021年第4期。

[13] 罗钢:《叙事学导论》,昆明:云南人民出版社,1994年。

[14] 申丹:《叙述学与小说文体学研究》,北京:北京大学出版社,2004年。

[15] 申丹、王丽亚:《西方叙事学:经典与后经典》,北京:北京大学出版社,2010年。

[16] 王泉根主编:《儿童文学教程》,北京:北京师范大学出版社,2009年。

[17] 吴雪珍:《论儿童文学的翻译》,福建师范大学博士学位论文,2006年。

[18] 徐岱:《小说叙事学》,北京:中国社会科学出版社,1992年。

[19] 杨红樱:《淘气包马小跳:四个调皮蛋》,南宁:接力出版社,2003年(a)。

[20] 杨红樱:《淘气包马小跳:同桌冤家》,南宁:接力出版社,2003年(b)。

[21] 杨红樱:《淘气包马小跳:暑假奇遇》,南宁:接力出版社,2003年(c)。

[22] 杨红樱:《淘气包马小跳:天真妈妈》,南宁:接力出版社,2003年(d)。

[23] 杨红樱:《淘气包马小跳:丁克舅舅》,南宁:接力出版社,2003年(e)。

[24] 郑敏宇:《叙事类型视角下的小说翻译研究》,上海:上海外语教育出版社,2007年。

《富国养民策》翻译与传播的社会翻译学研究*

刘晓峰　张梦洋**

摘要：文章对晚清总税务司赫德委托艾约瑟翻译的《富国养民策》进行了社会翻译学研究，具体考察晚清翻译场域中《富国养民策》翻译与传播的行动者网络的构建，影响译者翻译策略的社会因素，主导诗学、翻译模式以及译者对他者的现代性诉求对译本形态、接受与传播的影响。研究发现：《富国养民策》的译介是晚清内部场域与外部场域共同催生的结果；初始行动者、原作、译者、作序人与出版社等行动者的资本助力了译本的接受与传播；译者惯习促使译者主要采用符合预设读者期待的归化策略；西人独译翻译模式和现代性诉求形塑的译文无法迎合传统士大夫饱受桐城派古文和八股文浸淫的阅读情趣，外加时局因素，最终削弱了该译本的影响力；该译著在当下语境仍具有一定的参考价值。

关键词：《富国养民策》；艾约瑟；翻译与传播；社会翻译学

Abstract: Based on the case of *Fu Guo Yang Min Ce* translated by Joseph Edkins under the employment of Robert Hart of Inspector-General of Chinese Maritime Customs Service, this article, from the perspective of socio-translation studies, explores the construction of actor network and dissemination of the translation, as well as the social factors that had affected

---

* 国家社会科学基金重大项目"中国翻译理论发展史研究"（项目号：20&ZD312）；全国科技名词委课题"基于语料库的晚清政治经济学术语译介研究"（项目号：YB20200010）；西安外国语大学校级重点课题"近代经济学翻译传播与中国现代性：社会翻译学视角"（项目号：22XWF02）的阶段性成果。西安外国语大学研究生科研基金项目"《富国养民策》翻译与传播活动的社会翻译学阐释"（项目号：2023SS018）研究成果。

** 刘晓峰，博士，西安外国语大学英文学院副教授，硕士生导师，翻译研究中心主任，研究方向为翻译理论与翻译教学、翻译史、社会翻译学等。张梦洋，硕士研究生，研究方向为社会翻译学、翻译史。

translation strategy and methods in it. It also tries to explain the influence of dominant poetics, translation model and the modernity appeal to the translation and its acceptance and dissemination. The study finds out *Fu Guo Yang Min Ce* was produced by the combined forces of the inner and outer fields of late Qing dynasty; the capitals of the initial actor, source text, the translator, preface writers and publisher contributed to the acceptance and dissemination of this book; Driven by his habitus, the translator mainly adopted the domestication strategy to meet the reading expectations of readers; Influenced by the model of westerner-independent translation and the appeal of modernity, the translation failed to cater to the reading habits of Chinese traditional literati who were heavily immersed in Tong cheng School's prose and stereotyped writing, which led to its declining influence in the 20th century with other social factors, but it still has certain practical value in the current context.

Key words: *Fu Guo Yang Min Ce*, Joseph Edkins, translation and dissemination, socio-translation studies

一、引言

19世纪60年代，清政府面对两次鸦片战争的失败和声势浩大的太平天国运动，被迫发起学习西方科学技术的洋务运动。洋务运动催生了大量的翻译活动，引发了中国翻译史的第三次高潮，该时期"译书为强国第一义"（苏艳，2022）。由于清朝长期闭关锁国，致使洋务运动初期国内缺乏精通西方语言的翻译人才，同时由于通商口岸的设立和《天津条约》规定清廷允许传教士来华传教，洋务派便雇用一些精通汉语的传教士从事翻译工作，这些传教士不仅翻译与科技密切相关的自然科学著作，也翻译了大量社会科学作品。当时活跃的译者有丁韪良（William Alexander Parsons Martin）、林乐知（Young John Allen）和艾约瑟（Joseph Edkins）等来华传教士，其中又以艾约瑟编译的"'西学启蒙十六种'的学科门类最为全面，呈现了较为完整的西学知识系统"（王慧斌，2019）。编译的这套丛书引起晚清权力高层关注，甫一译成，李鸿章、曾纪泽应邀为之作序，鼎力推介。《富国养民策》便是其中的一本，其底本是英国经济学家杰文斯（William Stanley Jevons）于1878年出版的 *Primer of Political*

Economy（今译《政治经济学入门》）。

《富国养民策》在 1886 年成书出版以后，又于 1892 年至 1896 年分期刊登在《万国公报》上，产生了广泛的社会影响（潘树广、吕明涛，1998；吴霞，2008；熊月之，2010a；刘兴豪，2010，2013；余冬林、谭云华，2015；等等）。目前学界对于此书的研究多集中在对其主要内容的介绍（王林，2008；吴霞，2008；赖某深，2019，2020；张登德，2022；等等）和书中经济学概念的引介等方面（邹进文、张家源，2013；李丹，2015；等等）。以上研究具有极大的启发价值，但学界对基于此书英文底本与译文细致文本比读的研究尚显不足，关于该书的一些译介问题还需进一步深入探索。如《富国养民策》作为中国近现代第一本由外国人独译的政治经济学著作，其译本呈现了怎样的文本表征，与当时主流翻译模式西译中述下的译本表征有何异同？西人独译的翻译模式对译本的接受与传播有何影响？经济学术语凝聚着经济学思想，具有重要的研究价值，在经济学术语翻译方面，该译本与中国第一本经济学译著《富国策》有何异同？本文立足于前人研究的基础上，从社会翻译学视角出发，融合场域理论和行动者网络理论，深入探究晚清翻译场域下，社会性因素、翻译模式和主导诗学对翻译选材、翻译策略、译本接受与传播的影响。

二、场域理论下《富国养民策》译介和出版网络的构建

傅敬民、张开植（2022）认为，翻译是发生在特定社会语境中的人类交际活动，翻译产品、翻译过程、翻译功能和翻译价值具有社会性。特殊时代的翻译更能彰显翻译的社会性特征，《富国养民策》的底本选择和翻译出版行动者网络的建构皆有较为清晰的社会性因素在起作用。

1. 晚清翻译场域下译本选材

布迪厄（Bourdieu，1993）认为，场域是一个具有自己运行规则的独立社会空间，根据自身规律积累特定形式的资本，并依据特定形式的权力关系进行运作。翻译场域属于文学场域的子场域，并受其支配，而文学场域则服务于权力场域。由此可见，场域具有多层次特征，权力场域处于最高等级，支配着翻译场域。19 世纪中叶的英国是名副其实的"日不落帝国"，在国际权力场域中

居于中心位置。这时的英国通过战争、贸易等多种方式迫使清政府打开国门，攫取其资本，而后者由于国力衰弱处于场域的边缘位置。为了改变"落后就要挨打"的局面，并在国际场域中获得存身之所，清政府在其主导的内部场域中发起了"自强求富"的洋务运动。而晚清的翻译场域又受制于其权力场域，服务于以维护封建统治为目的的洋务运动。

在洋务运动的大背景下，清廷权力场域代表学习西方科学技术，为了翻译"洋文"创建许多官办翻译机构，如京师同文馆和江南制造总局翻译馆等，这些机构为译者提供经济资本和社会资本赞助其开展翻译活动，所译之书不仅有军事、物理、化学等自然科学书目，还包括经济学、历史学等社会科学著作，直接或间接地推动了19世纪80年代以后翻译西学、启蒙民智的活动。孙维新（1898）认为，当时重要的启蒙书籍就包括林乐知的"格致启蒙"系列，丁韪良的"格物入门"系列和艾约瑟的"西学启蒙十六种"。

洋务运动时期西学引进的底本选材，主要受维多利亚时代英国在国际权力场域中的超然地位和众多在华英籍传教士的影响。英国《自然》（Nature）杂志创刊之初，创办者麦克米伦（Daniel Macmillan）邀请博物学家赫胥黎（Thomas Henry Huxley）、化学家罗斯科（Henry Enfield Roscoe）、物理学家斯特沃特（Balfour Stewart）担任主编，向世界顶级学者邀约撰写各自领域科学教科书，以编撰成"科学启蒙"（Science Primers）丛书（Lightman，2009），其中就包括杰文斯的 Primer of Political Economy 和 Primer of Logic（艾约瑟将其译为《辨学启蒙》，严复将其译为《名学浅说》，今译《逻辑学初阶》）。由此可见，《富国养民策》底本在英国乃至整个世界的场域中占据了重要地位。19世纪80年代，中国已被迫打开国门几十年，逐渐融入世界贸易市场，迫切需要现代经济学知识管理国内经济，并指导清政府与其他国家开展贸易，《富国养民策》等经济学译著的出现可谓恰逢其时。除此之外，杰文斯在底本序言中明确说明，撰写此书目的是向小学生介绍一些基础的政治经济学知识（Jevons，1878），因其内容通俗易懂，易于被缺乏现代经济学知识储备的中国读者理解与接受。因此，出任晚清海关总税务司的英国人赫德（Robert Hart）在聘请艾约瑟为海关专职翻译后，便请友人金登干（James Duncan Campbell）将麦克米伦出版公司的全套"科学启蒙"丛书邮寄到中国，完成了翻译的选材过程。

2. 翻译网络的构建

（1）初始行动者赫德

赫德（1835—1911），字鹭宾，1854年来华，在中国工作和生活半个多世纪，是近代中西关系史上的重要人物，也是《清史稿》中得以立传的少数几个外籍人员之一。（赵少峰，2012）1863年，赫德受命担任晚清海关总税务司，自此担任该职近半个世纪。除了致力于海关，赫德对晚清的西学翻译亦有较大贡献。他不仅是京师同文馆的监察官，参与同文馆的管理，还负责考察同文馆学生的学业，多次带这些学生去欧洲实习历练，并帮助总理衙门为同文馆聘请洋教习。此外，赫德还赞助丁韪良翻译团队翻译了《万国公法》《富国策》《星轺指掌》等重要著作，首次为晚清社会引入了参与国际场域建构的重要文化资本，如国际法、政治经济学和外交学等重要学科。

"西学启蒙十六种"的翻译源于赫德引进科学教科书的计划。早在1865年5月30日的日记中，赫德写道："将基本上实用类的有益的著作译成中文。"（凯瑟琳等，2005：340）而直到1880年，他才真正推进这件翻译事宜，"即让艾约瑟翻译西学启蒙课本，由总税务司署印行"（熊月之，2010b：381）。"西学启蒙十六种"英文底本内容包括物理学、化学、地理学、地质学、生理学、植物学、动物学、政治经济学以及历史学等学科，对晚清来说既实用又有益。此外，该套丛书底本在19世纪70年代陆续出版，属于科学启蒙读物，对于缺乏现代科学知识积累的晚清士子来说，具有较高的可读性与可接受性。

赫德作为初始行动者，掌握着晚清海关关税，拥有构建翻译场域所需的经济资本；出任总税务司一职多年，受封二品大员（后受封为正一品），高官厚禄赋予了赫德巨大的政治和社会资本；他凭借自身的资本，选择了当时国际社会最为流行的科学启蒙读物，聘请艾约瑟作为翻译者，邀请洋务巨子李鸿章、曾纪泽为之作序，并在海关造册处印刷发行，构建了完整的翻译行动者网络。

（2）译者资本、惯习与译文文本

艾约瑟（1832—1905）早年就读于伦敦大学，毕业之后，接受神学教育并加入英国伦敦宣道会，1848年来华传教。（熊月之，2010b）在传教的同时，艾约瑟曾在上海最早的现代化出版社墨海书馆主持编辑出版工作，并成为《六合丛谈》、《教会新报》（后更名为《万国公报》）和《益智新录》等报纸的重要撰稿人。他不仅掌握多种西语，同时也会汉语（包括很多方言）、满语、蒙古语、藏语和苗语，并撰写了《上海方言口语语法》《汉语官话口语语法》《中国口语入门》《汉语的进化》等汉语著作。同时，艾约瑟对儒、释、道三教有深入研究，曾出版《中国的宗教》《中国的佛教》等专著。他的古典文学涉猎范围从清代上溯至先秦，研究内容包括诗词歌赋、神话传说和戏剧小说，几乎囊括了中国传统文学的所有体裁（刘现合、杨德民，2018），足可见其文化资本的雄厚。1856年访问过墨海书馆的郭嵩焘称他"学问尤粹然"[1]。凭借自身的文化资本，艾约瑟建立了广泛的社会网络，"先生自来中国与华人友爱者多，即总理衙门之王大臣亦多与先生交好"[2]，获得了晚清权力高层的认可。

在翻译方面，艾约瑟和张福僖（？—1862）合译了《光论》，与李善兰（1811—1882）合译了《重学》20卷及《圆锥曲线说》3卷，与王韬（1828—1897）合译了《格致新学提纲》，并独自翻译了太平天国的《资政新篇》。艾约瑟在传教士办的报纸上发表汉语文章100余篇[3]，有关中国语言和文化的著述颇丰，外加他广泛的社会兼职，成就了他在晚清来华传教士中的盛名。1873年艾约瑟计划返回英国，多位友人分别在报纸上发文为之送行，其中李修廷感慨到，"山影苍苍，水色茫茫，先生之名，山高水长"[4]，其在传教士和中国文人中的名望可见一斑。艾约瑟早赫德6年来华，"19世纪50年代，赫德学汉语的过程中，就读过艾约瑟编写的《汉语会话》，赫德在日记中多次提及受到的影响"（赵少峰，2012）。两人常年活动于京沪两地，结识了许多共同朋友，这为赫德于1880年建构翻译行动者网络招募艾约瑟为海关翻译者提供了契机。

"惯习"是布迪厄场域理论的核心概念之一，布迪厄（1990：53）把惯习定义为"持久稳定且可转置的性情倾向系统"。西米奥尼（Daniel Simeoni）第一次将其引入翻译研究，厘定了译者惯习在翻译研究中的重要作用。研究译者惯习的前提是了解译者的社会轨迹。笔者认为艾约瑟译者惯习的形成与以下两个因素密切相关：第一，艾约瑟不仅通过刻苦学习掌握了汉语和一些少数民族语言，而且深入了解中国的文化风俗、世情世貌，对儒、释、道有着深刻的认

---

[1] 《郭嵩焘日记》第一册，长沙：湖南人民出版社，1981年，第33页。
[2] 引自《万国公报》，1876年第380期。
[3] 数据来自晚清民国期刊全文数据库。
[4] 引自《教会新报》，1873年第242期。

知。第二，艾约瑟既是多个报刊的重要撰稿人，也曾多年主持墨海书馆的编辑出版工作，对图书编辑出版的规范了如指掌。他对中国语言、宗教的研究和撰稿人、编辑的职业惯习，经过"转置（transpose）"影响其翻译惯习的形塑。为了顺利通过封建王朝严格的审查制度和迎合晚清文人的审美取向，当时许多译者都对原著内容做了较大的改编，其中较为知名的同类译著包括丁韪良、汪凤藻合译的《富国策》，以及傅兰雅（John Fryer）口述、应祖锡笔述翻译的《佐治刍言》。与中外合译不同，"西学启蒙"系列完全由艾约瑟一人编译，他在编译该套丛书的过程中，既保证基本内容忠实于原著，又充分运用归化策略统摄下的翻译方法，如合儒和格义，提高了译文的可读性与可接受性，有力地推动了译著的顺利出版与接受。下文以《富国养民策》和其底本为例，探究艾约瑟归化策略的具体应用。

"合儒"为明代意大利传教士利玛窦所首创，他着儒服，戴儒冠，走上层路线，肯定了耶、儒共存的合理性。（张西平等，2011）儒家思想在中华大地有着两千多年的文化建构，对中华文化的影响丝毫不亚于基督教之于欧洲的影响。因此，艾约瑟在对文本的处理上经常使用合儒，具体表现在译文中儒家文化负载词的使用。详见以下两例：

例1：They say that there are many better things than wealth, such as virtue, affection, generosity. (Jevons, 1878: 8)

译文：亦惟于仁义道德，爱民爱物，器物以宽宏处，加之意而已。（艾约瑟，1886：2）

例2：We shall see that it is due in great part to the laws of nature. (Jevons, 1878: 49)

译文：然若等人所以分得极多而无怨，自必由于理之自然为本原也。（艾约瑟，1886：51）

对于格义策略，学者们有各自独特的理解。格义是"以固有的、大家熟知的文化经典中的概念解释尚未普及的外来文化的基本概念的一种权宜之计"（刘笑敢，2006）；"指用中国传统思想中的术语、概念解释和比附西学中的术语和概念"（韩江洪，2006：163）；"指在目标语文本中没有类似概念情况下，使用目标语中某类概念阐释原文本中的概念"（黄立波、朱志瑜，2016）。总结来说，格义就是用目标语中的另一概念替代源语的概念。这种翻译方法反复出现在《富国养民策》中，如用"士农工商各类人"译 all classes of the population，用"格致学"译 physical science，用"商贾"译 trade 等。

事实上，《富国养民策》文本中归化策略主导下的翻译方法除了合儒、格义外，还有换例和明晰化等。这些翻译方法的使用旨在削减原文中存在的异化成分，减少预设读者的阅读障碍，从而提高译本的可接受性和可读性。

由于明清闭关锁国长达二百多年，而同时期的西方经历了工业革命和资产阶级革命，国计民生各个领域常年保持飞速发展状态，使得晚清和西方世界严重脱节，西方社会科学话语在晚清汉语语境内缺乏对应表达，西方经济学术语的译介即是一个典型案例。

早在《富国养民策》出版的六年前，《富国策》作为第一本中国人系统接触的西方政治经济学译著，对经济学术语的译介有重要的贡献，译者是京师同文馆总教习丁韪良和"既长于汉文尤其精于英文"的汪凤藻[①]。汪凤藻对《富国策》里经济术语的翻译总体呈现归化策略，很多术语译名都是取自中国古代文献（刘晓峰，2017）。傅兰雅口述、应祖锡笔述的《佐治刍言》、严复翻译的《原富》皆是如此。而《富国养民策》作为第一本外国人独译的政治经济学著作，艾约瑟不仅大量使用中国文化中现有的或古文献中存在的经济思想或概念对译西方现代经济术语，这一点与《富国策》等译著类似，而且在翻译中频繁使用意义更为精确的双音节词和多音节词，方便目标语读者的理解，参见下表：

原文经济术语	《富国养民策》对应术语	中国传统经济概念	《富国策》对应术语	今译
Adam Smith	亚当·斯米	—	斯密氏，斯式	亚当·斯密
lends it (money)	权子母	《国语·周语下》："古者，天灾降戾……于是乎有母权子而行，民皆得焉。若不堪重，则多作轻而行之，亦不废重，于是乎有子权母而行，小大利之。"	—	借钱

---

① 引自 1882 年版《富国策》凡例，上海美华书馆摆印。

续表

原文经济术语	《富国养民策》对应术语	中国传统经济概念	《富国策》对应术语	今译
Commerce	懋迁	语出《书·益稷》:"懋迁有无化居。"	商贾,通商,交易	商业,贸易
Capital	资财,资本,本;本银;	《三国志平话》:"俺资本船货物多,城外恐有失。"《国语·周语中》:"宽所以保本也,肃所以济时也。"	资本,本,财,本资,资	资本
employment	工作;技艺	—	役;业	工作;职业
mortgage	质典	《金史·百官志三》:"大定十三年,上谓宰臣曰:'闻民间质典,利息重者至五七分……'"	契	担保,抵押
income	进项	《儿女英雄传》第三一回:"果然如此,这点儿进项就所入不抵所出。"	收入	—
property	产业	《史记·苏秦列传》:"周人之俗,治产业,力工商,逐什二以为务。"	产	房地产,财产
value	利益;货值	—	利;贵贱;价;价值	价值
payments	交易	《易·系辞下》:"日中为市,致天下之民,聚天下之货,交易而退,各得其所。"	偿	支付

(3) 译本的资本优势与影响

以《富国养民策》为代表的"西学启蒙十六种"具有同时代多数译著望尘莫及的优势。除了译著底本在世界范围内享有的知名度与影响力外,当时身居高位的李鸿章、曾纪泽都为这套译著作序,前者称该丛书为"其理浅而显,其意曲而畅,穷源溯委,各明其所由来,无不阐之理,亦无不达之意,真启蒙善本",后者称"今阅此十六种,探骊得珠,剖璞呈玉,选择之当,实获我心"。

毫无疑问，李、曾二人凭借自身巨大的权力资本，积极推介这套丛书，极大地助力了该丛书的接受与传播。

此外，在印刷出版方面，赫德还动用总税务司下属的海关造册处印刷出版该套丛书。1873年，赫德将江海关（上海海关）的印书房与表报处合并成立一个独立机构——海关造册处。海关造册处（以下简称"造册处"）从成立之初到1949年，除了1941年太平洋战争爆发后短暂被日军占领中止了其工作外，其余时间均在高效运转。章宏伟（2003b）提到，因海关资金充足，造册处的工作人员都是一时之精英，并拥有当时中国最先进的现代化印刷设备，"其百年前的印刷产品丝毫不逊今天"。除了资金充足、技术先进外，造册处还具有当时官办出版机构所不具有的一个优势，即海外关系网络。叶再生（2002）发现，"海关系统的出版单位与上海洋人办的图书发行机构和国外某些大都会如纽约、巴黎、伦敦、横滨等地的图书公司建立有经售业务关系"。

除此之外，造册处出版内容类型多样，出版数量巨大，包括汉语、英语、法语等多种语言，"海关造册处出版物的品种数量奇多，是中国近代历史上出书品种最多的一家出版社"（章宏伟，2003b）。对于出品质量，造册处有一套严密的审查机制，保证了作品质量，"如有错讹，及时更正，而且告之读者"（章宏伟，2003a），在读者中间享有极好声誉。由此推知，造册处利用自身在业界积累的象征资本推动了"西学启蒙十六种"丛书在读者中间的接受与传播，极大地增强了该套丛书在晚清翻译场域内的竞争力与影响力，所以才会引发一经出版，"好者争睹"[①]的现象。

正是基于以上种种资本优势，《富国养民策》于1892年到1896年以章节形式在林乐知所办的《万国公报》上刊载30多期。甲午战争之后，康有为、梁启超发起"公车上书"，请求变法维新，并通过著书立说为变法营造舆论氛围。1897年梁启超所辑"西政丛书"就是在这种氛围下出版发行的，其中就收录了《富国养民策》（潘树广、吕明涛，1998）。梁启超在编辑丛书时，以"圈识"和按语提示读者各书的重要程度，如《希腊志略》《罗马志略》均打双圈，按语谓"古史之佳者"；《富国养民策》则加三个圈，表示此书十分重要。（同

[①] 引自《格致汇编》"披阅西学启蒙十六种说"，第六卷，1891年夏，第49页。

上）此外，"西学启蒙十六种"和"西政丛书"出版后不久，都被日本收藏在日本国立国会图书馆。《富国养民策》虽然拥有以上种种资本，但在后世的影响力和知名度却不如《佐治刍言》和《富国策》等译著，这从《影响中国近代社会的一百种译作》和《西学东渐与晚清社会》对这三本译著的收录与记录情况中就可窥其端倪，究其原因，至少受到了以下几种因素的影响。

三、翻译模式、诗学特征与现代性诉求对译著传播的影响

综合考察，《富国养民策》翻译模式的独特性、诗学表征，以及赫德和艾约瑟等行动者惯习对晚清中国的现代性诉求，在一定程度上影响了该译著的传播。

1. 翻译模式

中西语言相去甚远，来华传教士即使通过努力学习掌握了汉语口语和官话，他们的文章和深谙四书五经的中国传统士子的文章依旧有云泥之别。正所谓"言之无文，行之不远"，译成之书只有符合当时的诗学规范才可能为传统士大夫所接受，而对于来华传教士来说，写出符合传统士大夫阅读倾向的文章可谓难比登天，这就决定了传教士的翻译工作离不开与中国士人的合作。因此，明末至晚清来华传教的主要译书模式是中西合译，即西人口述（亦称"口译"或"授"），中国士子笔录（亦称"笔受""润色"或"演"），学界亦称这种译书方式为西译中述。对于这种合译模式，江南制造局翻译馆的傅兰雅曾述，"至于馆内译书之法，必将所欲译者，西人先熟览胸中而书理已明，则与华士同译。乃以西书之义，逐句读成华语，华士以笔述之。若有难言处则与华士斟酌何法可明；若华士有不明之处，则讲明之。译后，华士将初稿改正润色，令合于中国文法"（戴吉礼，2010：546）。这种翻译模式虽在后世饱受诟病，梁启超就曾言"舌人相承，斯已下矣"（郭延礼，1998：73），但在明末和晚清却是迎合士大夫阅读惯习的无奈之举，也是获得他们认可的最佳方式。相较于西述中译的合译模式，"西学启蒙十六种"的编译工作由艾约瑟一人完成，这在该套丛书的序言中已有记录："总税务司赫君择授以泰西新出学塾适用诸

书,俾于公牍之暇译以华文,抵今五载,得脱稿告成。"[1] 而一人独译的翻译模式也极大地影响了《富国养民策》的诗学特征。

2. 诗学特征

诗学原本是关于诗歌的学问,因为亚里士多德时代的主要文学体裁就是诗歌,但文艺复兴之后,随着小说等其他样式的文学体裁问世,诗学就逐渐发展成了一套关于"文学的整个内部原理"(Fontaine,1993:8)的学问,勒菲弗尔(Lefevere,1992:87)认为,译者要出版自己的译作,就要尽量使其不与目标语文化的意识形态发生冲突。此外,译作要出版、销售,要让读者容易接受,还要符合目标语文化的诗学观,而晚清时期士人和仕人所崇尚的诗学主要是桐城派古文和八股文(刘晓峰,2017)。

《富国养民策》诗学的独特之处,主要体现在文本的文体上。关于来华传教士的著述使用何种文体这一问题,1877 年上海举行的第一次来华新教传教士大会上,艾约瑟就主张使用一种"普通的文学文体"(the ordinary literary style),这种文体比官话(Mandarin)更加简明。大部分中国读者将官话视为一种低级的语言(凤媛,2020)。结合本文可知,艾约瑟放弃使用士人崇尚的桐城派古文或者八股文文体进行翻译,而是采用这种"普通的文学文体"翻译了《富国养民策》,但这种新文体在传统士人中的认可度能否赶上西译中述翻译模式下的译文仍有待考察。

此外,其他社会性因素也影响到《富国养民策》的传播。一是戊戌政变失败后,以慈禧太后为首的顽固派逮捕维新派,并下令焚毁康、梁的所有著作,收录到"西政丛书"里的《富国养民策》也难逃厄运,这极大地影响了该书在士大夫中间的传播。再加上李鸿章在序言里写道:"今复有博文书院之设,而赫君之书适来,深喜其有契余,意而又当其时也。"[2] 这道明了李鸿章本计划把该套丛书用作博文书院的教科书。但由于书院创办人之一的周馥调任,另一创办人德璀琳要求修建铁路等请求引起了李鸿章的疑虑,加之河北数年水灾,书

---

[1] 出自"西学启蒙十六种"丛书第一本《西学略述》中艾约瑟所作的叙。笔者认为,李鸿章、曾纪泽作的是序,艾约瑟与前两人地位和资本不同,故称"叙"。

[2] 出自"西学启蒙十六种"丛书第一本《西学略述》中李鸿章所作的序。

院资金断裂，缺乏优秀生源，最后房舍抵押给德华银行，致使博文书院胎死腹中。（王杰，2015：50）因此，《富国养民策》错失了像《富国策》和《佐治刍言》那样出版后即作为教材产生影响的机会，这也是进入20世纪之后前者知名度和影响力不如后两本译著的一个重要原因。

3. 行动者惯习中对晚清中国的现代性诉求

苏星鸿、杨雅瑞（2023）认为，现代性这一概念非常复杂且充满分歧，往往被用来描述现代社会不同于古代社会的本质特征。从一般意义上讲，现代性具有一些共性特征，比如说经济上的市场经济，政治上的民主政治，价值观念上的个人自由，发展动力上的科学理性，交往特征上的世界历史，思维方式上的复杂性思维等。从某种程度上来说，中国现代性肇始于近代，发展于新中国成立以后，在改革开放后取得飞速发展。近代中国的现代性并不是从内部产生的，"而是西方现代性的强迫使然"（姚德薇，2021：216），晚清翻译场域下译自西方的著作无形中孕育了近现代中国的现代性因素。

因汪凤藻和应祖锡受传统士大夫思想的影响，导致《富国策》和《佐治刍言》原文中的现代性因素被大幅改写或删减，而《富国养民策》是赫德赞助艾约瑟一人翻译的，在忠实传达原著经济思想的同时，也较为真实地表现了两者的期待惯习中对晚清中国的不合时宜的现代性特征诉求。比如，在经济思想上，书中阐述了税收等现代经济思想，税收是国家的主权，但在晚清中国谈税收很不协调；在基础设施建设方面，书中列举了修火车的诸多便利："城内居者，可随时赴乡间多花草处观瞻游览，岂似无铁路时，闷居城中，永不获觐乡间美景，呼吸之风气频换，自不染疫气疾病也，乘火车至远方遨游，或观海涛，或望山景，坐言起行，身体无不舒适耳。"（艾约瑟，1886：20）但这种现代性生活追求忽视了晚清社会的具体情况，没有考虑到当时抵触火车的社会集体无意识，因为火车的运行便于西方列强的经济和文化侵略；此外，书中提倡世界各国互通有无、合作共赢，这虽符合当今的人类命运共同体理念，但却相悖于晚清在国际场域中的巨大劣势，劣势催生了保守的民族心理；在自由平等思想上，"极紧要者，人于各行技艺，遇机缘俱可随意学习，不应稍有阻拒"（同上，44），国民有权利从事自己喜欢的任何职业。同时指出虽然在国家层面人人平等，但现实生活中不平等现象依旧存在，"尝闻人云，人生在世，俱属平等，同为得自主自由者，何主奴之有，人之为是言也，即国政之面观之，余等无所置词，惟即日间起居应事接物观之，则大有区别矣"（同上，59）。这些现代性诉求都是晚清社会和封建统治阶级所不允许的。

总之，由于桐城派古文和八股文是清朝的主导诗学，西人独译模式下赫德和艾约瑟采用的新文体与晚清传统士大夫所固守的诗学观念相悖，同时译本中的部分现代性诉求与晚清当时的社会现实有许多不协调之处，在一定程度上影响了《富国养民策》的传播。

参考文献：

［1］Bourdieu, P. *The Field of Cultural Production: Essays on Art and Literature*, edited by Johnson, R. New York: Columbia University Press, 1993.

［2］Bourdieu, P. *The Logic of Practice*, trans. Nice, R. Stanford: Stanford University Press, 1990.

［3］Fontaine, D. *La Poétique: Introduction à la Théorie Générale des Formes Littéraires*, Paris: Éditions Nathan, 1993.

［4］Lefevere, A. *Translating Literature: Practice and Theory in a Comparative Literature Context*, New York: The Modern Language Association of America, 1992.

［5］Lightman, B. *Victorian Popularizers of Science: Designing Nature for New Audiences*, Chicago: The University of Chicago Press, 2009.

［6］Jevons, W. *Primer of Political Economy*, London: Macmillan, 1878.

［7］艾约瑟：《富国养民策》，北京：总税务司署，1886年。

［8］戴吉礼：《傅兰雅档案》（第二卷），桂林：广西师范大学出版社，2010年。

［9］凤媛：《19世纪最后20年新教传教士关于汉译〈圣经〉"浅文理"体的讨论与实践再探》，《史林》2020年第4期。

［10］傅敬民、张开植：《翻译的社会性与社会的翻译性》，《解放军外国语学院学报》2022年第1期。

［11］郭延礼：《中国近代翻译文学概论》，武汉：湖北教育出版社，1998年。

［12］韩江洪：《严复话语系统与近代中国文化转型》，上海：上海译文出版社，2006年。

［13］黄立波、朱志瑜：《严复译〈原富〉中经济术语译名的平行语料库考察》，《外语教学》2016年第4期。

［14］理查德·J·司马富、约翰·K·费正清、凯瑟琳·F·布鲁纳编：《赫德与中国早期现

代化——赫德日记（1863—1866）》（*Robert Hart and China's Early Modernization: His Journals, 1863-1866*），陈绛译，北京：中国海关出版社，2005年。

[15] 赖某深:《晚清时期介绍西学的启蒙丛书》,《世界文化》2020年第4期。

[16] 赖某深:《〈走向世界丛书〉——历史与现实在此对话——"走向世界再回首"之五》,《博览群书》2019年第3期。

[17] 李丹:《晚清西方经济学财富学说在华传播研究——以在华西人著述活动为中心的考察》,《中国经济史研究》2015年第3期。

[18] 刘现合、杨德民:《"忠顺通"与"自由"翻译——艾约瑟文学翻译研究》,《外语学刊》2018年第6期。

[19] 刘晓峰:《Manual of Political Economy 汉译本〈富国策〉翻译研究》,北京外国语大学博士学位论文,2017年。

[20] 刘笑敢:《"反向格义"与中国哲学研究的困境——以老子之道的诠释为例》,《南京大学学报》(哲学·人文科学·社会科学版) 2006年第2期。

[21] 刘兴豪:《论〈万国公报〉舆论对维新派的影响》,《求索》2010年第10期。

[22] 刘兴豪:《论〈万国公报〉舆论与维新运动的启动》,《新闻春秋》2013年第1期。

[23] 潘树广、吕明涛:《梁启超与丛书——为纪念戊戌变法一百周年而作》,《中国典籍与文化》1998年第4期。

[24] 孙维新:《泰西格致之学与近刻翻译诸书详略得失何者为最要论》,见王韬编:《格致书院课艺》(第2册),上海：上海富强斋书局,1898年。

[25] 苏星鸿、杨雅瑞:《中国现代性建构与人类文明新形态创造》,《特区实践与理论》2023年第2期。

[26] 苏艳:《中国古代国家翻译实践的国家意识》,《中国社会科学报》2022年1月11日。

[27] 王慧斌:《晚清"西学启蒙十六种"的"即物察理"认识论》,《自然辩证法研究》2019年第8期。

[28] 王杰编著:《学府探赜——中国近代大学初创之史实考源》,天津：天津大学出版社,2015年。

[29] 王林:《〈佐治刍言〉与西方自由资本主义思想的传入》,《甘肃社会科学》2008年第6期。

[30] 吴霞:《试析英国伦敦会传教士艾约瑟的经济理论及其对中国社会的影响》,《哈尔滨学院学报》2008年第9期。

[31] 熊月之:《晚清西学东渐过程中的价值取向》,《社会科学》2010年第4期（a）。

[32] 熊月之:《西学东渐与晚清社会》,北京：中国人民大学出版社,2010年（b）。

［33］姚德薇:《集体认同建构与现代性的多元呈现:一项社会学的考察》,北京:知识产权出版社,2021年。

［34］叶再生:《早期海关出版社追述》,《出版发行研究》2002年第5期。

［35］余冬林、谭云华:《晚清经济类汉文西书及其主要经济术语》,《玉溪师范学院学报》2015年第1期。

［36］张登德:《英国政治经济学在晚清的境遇——以〈富国策〉和〈原富〉译介为例》,《安徽师范大学学报》(人文社会科学版)2022年第2期。

［37］章宏伟:《海关造册处出版物探略》,《出版史料》2003年第1期(a)。

［38］章宏伟:《海关造册处初探》,《中国出版》2003年第3期(b)。

［39］张西平等编:《架起东西方交流的桥梁——纪念马礼逊来华200周年学术研讨会论文集》,北京:外语教学与研究出版社,2011年。

［40］赵少峰:《"西学启蒙丛书"中的西方史学及学界回应》,《聊城大学学报》(社会科学版)2012年第2期。

［41］邹进文、张家源:《Economy、Economics中译考——以"富国策""理财学""计学""经济学"为中心的考察》,《河北经贸大学学报》2013年第4期。

Silent Spring 汉译经典化的当代阐释 *

仲文明 **

摘要：Silent Spring 汉译的半个世纪历程中，截至 2021 年共有 58 名译者在 62 家出版社出版了 106 个译本。Silent Spring 在中国的译介历程是其汉译行动者网络的动态构建过程，也是作品不断经典化的过程。从行动者网络的角度追溯翻译文学经典化的过程，对中国文化文学外译和翻译文学作品经典化研究有着积极的启发意义。

关键词：行动者网络理论；社会翻译学；Silent Spring；中国文化外译

Abstract: Since *Silent Spring* was translated into Chinese more than 50 years ago, 58 translators have released 106 translations in 62 publishing houses by 2021. *Silent Spring*'s translation in China may be viewed as an ongoing endeavor involving the networking of its Chinese translation actors and canonization of its works. Examining the canonization process of translated literature through the lens of Actor-network theory has positive implications for the study of Chinese culture and literature translation and canonization of translated literary works.

Key words: Actor-network theory, Socio-translation studies, *silent Spring*, Chinese culture translation

一、引言

翻译研究一直在寻找边界，也一直在突破边界。寻找边界，意味着划定翻

---

* 本文系国家社科基金项目"国家重大突发公共事件对外应急话语机制及长效因应策略构建"（项目号：21BYY086）和湖南省社科基金项目（项目号：20JD067）的阶段性成果。

** 仲文明，博士，中南大学副教授，博士生导师，研究领域为社会翻译学、翻译史、语言智能研究。

译作为一门学科的独立性和疆域，内求于己，丰富翻译研究的内涵；突破边界，意味着不断采用跨学科的方式引入外部框架，外求于世，扩大翻译研究的外延。在寻找边界和跨越边界的过程中，不断扩大的内涵和视角让翻译研究路径从单纯的、静态的语言转换逐渐转变成动态、复杂的社会性研究。有学者认为，20 世纪下半叶以来翻译研究先后经历了两次转向，即语言学转向和文化转向（谢天振，2003），研究重心从文本转向译作的发起者、翻译文本的操作者和接受者，"翻译行为的过程、语境、产品以及翻译活动的参与者"进入翻译研究的视野（Williams & Chesterman，2002：51）。作为"特定情景中有目的地构建文本的过程"（桑仲刚，2018），翻译活动涉及的不仅仅是译者的认知，也是从发起到传播、接受的社会性过程。翻译界逐渐关注到翻译产品、翻译过程、翻译功能和翻译价值的社会性（傅敬民、张开植，2022），皮埃尔·布尔迪厄（Pierre Bourdieu）的文化社会学理论、尼克拉斯·卢曼（Niklas Luhmann）的社会系统理论、布鲁诺·拉图尔（Bruno Latour）与米歇尔·卡龙（Michel Callon）的行动者网络理论（Actor-Network Theory，ANT）相继被引入翻译研究领域，翻译研究从某种意义上开始了"社会学转向"（Wolf & Fukari，2007）。其中，行动者网络在翻译中的应用在国内也得到了较为热烈的探讨（刘毅，2021；邢杰等，2019；王岫庐，2019；张莹，2019；汪宝荣，2020；骆雯雁，2020），限于篇幅，此处不再展开介绍。

二、*Silent Spring* 汉译行动者网络建构历程

1962 年，蕾切尔·卡逊（Rachel Carson）的著作 *Silent Spring*[①] 出版，"标志着世界生态文学时代的正式来临，开启了一个自觉表达生态意识、深入思考人与自然关系的新阶段"（张语和，2011）。该作品自 1970 年首次译成中文以来，截至 2021 年共有 106 种译本诞生，涉及 58 名译者和 62 家出版社（仲文明、王亚旭，2022）。译本以三种出版定位，即作为生态文学经典、科普读物

---

① 本研究在指代原作时使用 *Silent Spring*，由于国内汉译本译名均为《寂静的春天》，指代译作时使用《寂静的春天》。

经典和青少年阅读经典进入中国翻译文学系统，完成了经典化的道路。*Silent Spring* 的经典化之旅发生在历时的中国文化场域内，译介活动社会性属性逐渐增强，其译介行动者网络的构建对翻译文学作品经典化、文化国际传播都有着重要参考意义。

Silent Spring 最初于 1970 年在中国台湾地区被翻译为中文，1979 年中国大陆出版第一个全译本，截至 2021 年，译介形式包括 96 个全译本、10 个编译本、3 个导读本、1 个评点本、1 个民族语言版本和 4 部衍生读物。2014 年进入公版期后，新的译本不断涌现，译介行动者呈指数级上升：各大出版商参与其中，各大图书馆、互联网平台、文化名人积极推荐，教育部将该书列入新编语文教材指定阅读书系。*Silent Spring* 各译本的上架建议以生态文学经典、科普读物经典和青少年阅读经典三大类为主，可细分为科普丛书、自然文学经典、青少年读物、义务教育必读书目、思想名著、纪实文学，甚至包括大中型企业负责人必读书目，荐书人包括文化名人、科学家、政府官员、文学家等。公版的世界文学文化名著在国内由多家出版社出版数十个译本已不新鲜，但分类定位如此繁杂、书评人与推荐人身份如此多元，*Silent Spring* 在中国的文本行旅情况的确值得思考。

仲文明、王亚旭（2022）追溯了 *Silent Spring* 汉译的行动者网络，划分为初构期（1970—1979）、蓄力期（1980—1996）、网络扩容期（1997—2013）、蓬勃期（2014—2021），发现其社会网图和技术网图不断壮大。*Silent Spring* 中译本数量总体上呈现出先保持平稳，后快速增长，最后迅速下降的趋势。有几个时间点值得关注：1970 年，首个中译本诞生；从 1970 年到 2013 年，译本数量一直保持相对平稳；2014 年开始，译本数量呈现井喷式增长；2018 年，译本数量达到峰值，之后进入稳定期。1979 年，*Silent Spring* 在中国大陆的译介活动发端，这一年吕瑞兰与李长生在中国科学院地球化学研究所编辑出版的内部学术刊物《环境地质与健康》上发表其节选译文。其早期翻译活动发起人为环境保护科研工作者，主要媒介为学术刊物，受众群体限于环境保护科学工作者。2014 年后，行动者网络向更广泛的维度构建，网络构建的方向和目标倾向于挖掘原著的文学价值。2017 年后，*Silent Spring* 在中国译介的行动者网络迅速发展，特别是进入移动互联网时代后，人类行动者与非人类行动者空前丰富，非人因素如生态文明建设理念的广泛传播对相关翻译产品及衍生品的生产都有着重要影响。梳理总结 Silent Spring 的译介，也有利于我们了解译本生产、传播的社会过程，勾勒翻译活动行动者网络的构建和变迁。从翻译自身建构的角度而言，Silent Spring 内在的价值——环保意识的启蒙、科学性与文学性兼备的文体，无疑是众多复译重译版本涌现的根本原因。"绿色经典文库"策划人之一，1997 年吉林人民出版社《寂静的春天》译本责任编辑、责任校对范春萍女士在谈及"绿色经典文库"选题时表示，"《寂静的春天》这个选本，肯定是首选。在所有可能的选项中，包括成书年代比它早的、成书年代晚于它的，它都是所有绿色经典中首屈一指的。后面的受它引领，前面的被它点亮。对于环保这个主题，它是绕不过的高山，肯定不可能不选它"[1]。复译被视为"拓展文本生命空间的重要方式之一"（黄婷、刘云虹，2020），以 ANT 的视角而言，翻译活动具有开放性，指向不断"转译"发展的永续动态构建。ANT 认为，社会是一个由无数异质和不稳定的行动者网络组成的，是物质和符号、人类行动者和非人类行动者共同协作的结果，世界上不存在孤立行动者的网络，每一个行动者网络都在不断变化。Silent Spring 汉译行动者网络动态建构的过程，也是其汉译本进入中国社会文化系统，不断经典化的过程。

  Silent Spring 译者行动者初期以环保科技工作者为主，后期包括专职译者、翻译研究者、少年文学作家等；翻译形式由节译、摘译到全译和编译；译介传播载体从发行量不大的内部学术期刊，到全媒体多模态传播；非人类行动者数量呈现出显著增长趋势，如承载译文的媒介从期刊报纸变成图书、电子书；副文本越来越丰富，从最初的黑白插图与简单注释变为导读、名家荐语、练习、二维码等多模态形式；传播手段从书店变为微博等社交媒体、豆瓣等书评网站、抖音等短视频平台，以及当当网等图书销售平台（仲文明、王亚旭，2022）。Silent Spring 汉译文本一步步从边缘走向中心，是逐步经典化的过程。

  Silent Spring 在中国译介的 50 年历程里，生态文明意识在中国也逐渐从一种思潮演变成社会公约，继而成为执政理念，后来更是被写入宪法。2012 年 11 月 8 日，中国共产党第十八次全国代表大会报告中指出："把生态文明建设

---

[1] 内容引自作者对范春萍教授的访谈。

放在突出地位，融入经济建设、政治建设、文化建设、社会建设各方面和全过程，努力建设美丽中国，实现中华民族永续发展。"2018年3月11日，十三届全国人大一次会议第三次全体会议通过了《中华人民共和国宪法修正案》，将"生态文明"正式写入宪法。"生态文明"得到国家根本大法的认可，由一种社会观念上升为国家意志，生态文明建设成为党和政府统筹推进"五位一体"总体布局的重要内容。生态学开始成为显学，生态文学在中国也进入了新的发展阶段。环境生态主管部门多次组织学习、推介《寂静的春天》。2018年12月，《寂静的春天》入选40年（1978年12月—2018年12月）"中国最具影响力的40本科学科普书"，排名在《物种起源》《时间简史》等名作之前，高居第三位。北京理工大学出版社将《寂静的春天》与《瓦尔登湖》《沙乡年鉴》一起列为"自然文学三部曲"出版；译林出版社等知名出版社也将《寂静的春天》列入文学经典丛书。2017年，《寂静的春天》入选教育部新编语文教材指定阅读书系。近年来，众多名人通过纸质译本、互联网平台、短视频平台推介该书，如"全民读书季"阅读活动，中央电视台"读书""朗读者"栏目、新浪微博"好书推介"、微信读书等，在国内掀起了一股热潮。此外，阅读行为也逐渐引导着社会行为。如全国政协人口资源环境委员会《寂静的春天》读书群组在集体阅读过程中通过导读、发言、点评、互动，形成了约8000字的导读文稿、4.6万字的发言集锦，以及读书活动总结与委员建议，参与读书的委员"既议理又议政，科学建言、理性资政"①；2020年7月，农业农村部种植业管理司会同全国农技中心、农药检定所组织开展《寂静的春天》读书活动，并形成了《关于开展化肥农药减量增效情况的报告》上交给国务院。《寂静的春天》在中国产生了巨大的文学影响、文化影响与社会影响，这一现象说明该著作在译介过程中已经取得了经典化的地位，且兼具科普经典、文学经典、青少年读物经典三种身份。

Silent Spring 在中国的译介传播过程，与中国生态环境保护意识逐渐增强并逐步上升为国家意志的过程几乎同步，这一时期也是中国翻译学科和翻译行业迅速发展的时期。同一时期，翻译的社会活动属性日益得到凸显，翻译活动

---

① 详情见人民政协网 http://www.rmzxb.com.cn/c/2021-02-24/2792212.shtml。

由研究教学机构的内部交流或译者个人兴趣产物逐渐演变成社会文化语境下商业因素或意识形态驱动的社会性活动。Silent Spring 的译介活动处于上述社会历史文化语境中，作为在场的存在物对描绘同时期翻译活动面貌有着样本意义。

Silent Spring 译文经典化地位的确立一方面与该作品的文学魅力、现实关切和叙事手段有关；另一方面也受益于我国社会经济文化场域的变迁。观察 Silent Spring 译介过程中不断扩大的行动者网络，可以发现：翻译传播是翻译系统内外部因素共同作用的结果，不仅翻译活动不是在真空中进行的，翻译活动的产品在译入语文化中的接受也不是在真空中进行的（孙致礼，2007），其行动者尤其是对译本最终形态产生影响的直接行动者等"经典化行动主体互相协作、互补短长"（钱梦涵、张威，2020），对其传播的效果有着重要影响。因此，研究 Silent Spring 翻译活动中行动者网络的构建与扩展，对中国文化走出去的策略选择有着一定的启示作用。

翻译文学有别于"文学翻译"，不同于本土文学，也不等于外国文学，它是中国文学的特殊组成部分（王向远，2004）。Silent Spring 在中国的译介传播活动网络吸纳的读者行动者从科学工作者到文学爱好者再到青少年，逐步以中国语言的形式进入了中国文学系统，成为中国翻译文学的一部分，这一过程背后是行动者网络的动态构建。从 Silent Spring 汉译的过程与呈现结果中，可以看出行动者网络理论对文化国际传播的普适意义及对文学作品经典化的启示。

三、行动者网络对文化国际传播的启发

行动者网络是由诸多不同的、互动的行动者通过异质工程（heterogeneous engineering）建立起来的联系（Law，1987：113）。行动者和网络相互促成，相互建构。在翻译行为中，行动者网络是通过翻译过程而被建构的。行动者网络理论的提出者法国社会学家拉图和卡龙在跟随科学家进入实验室、追踪科学知识的建构过程时发现，真正从事科学的人并不都坐在实验室里，相反，实验科学家的存在只是因为有更多的人在实验室以外的其他地方从事科学（Latour，1987：162）。那些在实验室之外的科学家一直在与社会各界因素保持联系，一

旦他们与社会的联系中断，实验室内部的研究工作也会陷入停顿。由此可见，所有参与科学知识生产的行动者都应该成为研究者的研究对象，都应该被平等对待。社会翻译学构建已经进入"学科理论走向与发展应用阶段"（刘晓峰、惠玲玉，2023：13），其基于内生性着眼外向性的研究视野和途径对思考复杂跨社会文化系统的传播活动有重要启发意义。在翻译与中国文化国际传播过程中，所有行动者都应被平等对待、共同研究，研究者本身也是积极的行动者，也有必要成为研究对象。

"中国文化走出去"战略推动了我国翻译实践转向"汉译外"与"翻译社会"（胡牧，2013），文学翻译是文化国际传播的重要方式，对提升我国国际传播能力和向世界展现真实、全面、立体的中国具有重大意义。翻译与对外话语体系建设的关系密不可分，许多学者认为，对外话语体系建设中文学翻译异常重要，能够实现国家形象建设由自我视野向他者视野过渡。中国研究者可以通过外国文学作品在中国的传播途径与效果，反观中国文学作品在西方的传播情况，探讨中国文化国际传播的有效途径。

Silent Spring 既是书籍出版史上的一次飞跃，也开辟了环保运动的先河。蕾切尔·卡逊并不是书写农药污染的第一人，但却在恰切的历史时刻提出了时代的质疑，并引发全民关注滥用科技导致的环境危机。该作品之所以有如此广博的社会影响，是因为当时美国的历史、社会和文化语境已经做好了接受的准备（刘茜、李清平，2018）。*Silent Spring* 原作的上乘质量、广泛社会影响力的文化资本是其网络建构的前提条件。早期科学工作者身份译者发现、识别问题是网络建构的基础，非人类行动者意识形态是网络建构的变量，出版商、教育行政部门、设计师、后驱译者、销售推广人员等人类行动者是网络扩建的保障，术语软件、翻译记忆技术等非人类行动者又是改善网络的重要条件，该网络的每一次转译并非都是成功的，但整体仍然不失为成功的范例。

行动者网络理论为翻译研究和文化国际传播提供了新的方法，即跟随译者的思维与行动。只有当研究者跟随译者参与整个翻译过程，"真实"感受译者在翻译过程中遇到的社会意识形态因素、文化语境因素、与出版商的协商与妥协内容、对读者行动者的期待与召唤等，才能真实记录翻译过程中所发生的一切，才能了解在行为网络中，有哪些行动者被召集进了翻译活动，他们是如何相互协商与妥协，从而最终形成一个稳定的网络，用于指引后续翻译实践及文化国际传播工作的。

"当前的英译活动主要受国际文学场域非均衡性结构的制约，而传播的效果则深受西方英语国家文学系统自身状况的制约"（王洪涛，2021），中国文学作品在国际传播过程中，应注重行动者网络理论的辐射作用，应广泛关注网络体系中各因素的相互合作、妥协与转化作用。有学者指出，目前尚存在"中国当代文学译介和传播的渠道不畅，外国主流出版机构的参与度不高"（高方、许钧，2011）等问题，也揭示了中国文学外译活动网络行动者过于单一的现状。学界也开始思考"外译产品的供给侧创新"（何绍斌、李芳，2023），包括中外译者合作、与国外出版社合作出版等。在 ANT 看来，这是有意识地增加网络节点与行动者，建构和拓展外译行动者之网。译作经典化行动者网络的发起人应在不可预知、纷繁芜杂的社会—物质实践关系中理清思路，尽量征召、动员能够扮演重要角色、推动网络流转的行动者作为译者、审校、改编、出版行动者加入同盟。对外传播中国文化，让中国文学"走出去"是一项系统性工程，受各种因素共同影响，决非单一因素（如译者）可以胜任和完成的。

综上所述，行动者网络理论对文化国际传播的启发有二。其一，在中国文化国际传播过程中，研究者要注意选择质量上乘、在中国本土具有宏大社会影响的原本。其二，研究者应该把翻译看作一种复杂的、涉及多重因素的社会现象，不是单纯的语言转换问题，而是由译者主导一切的语言文化技术性问题。

四、行动者网络理论对文学作品经典化的启示

行动者网络理论认为，人们做任何事情都不是在完全真空中进行的，必须受到周围环境的影响。因此，人们的行为应该和这些因素加起来一并考虑。这就是行动者网络所要完成的任务（黄德先，2006）。文学作品在目标语国家实现经典化的过程中，行动者网络理论可发挥框架引领作用。*Silent Spring* 汉译本的经典化与原文的语言质量和社会价值等因素密不可分，也与译者的翻译策略与技巧、各行动者的相互合作与妥协、中国社会环境的需求等因素直接或间接相关。*Silent Spring* 汉译过程中，除语言文字方面的区别外，还受到了中国

读者的文化认知、情感取向、环保意识以及中国特定的历史、政治、社会环境等各类因素影响。有鉴于此，译者需要采用相应翻译策略，对译文进行符合读者期待和社会因素的增补、删减与改编。即使读者读到的翻译文学是经过删节、改编、变形，甚至是译者的再创作，翻译文学在译介、传播的过程中被目标语读者接受并逐渐经典化，都能给读者带来异域的阅读感受，甚至影响其知识构成（肖娴、陈元飞，2020），这是文学作品能够在目标语国家实现经典化的原因之一，也是经典文学作品需要不断被复译的原因之一。

1. *Silent Spring* 汉译本经典化成因探讨

文学在世界范围内经典化的必由之路是文本经由翻译而旅行的过程。经典化的常见表现形式是，原文文本不仅实现了从一种文字到另一种文字的转换，更是从一种文化到另一种文化的旅行。行动者网络理论认为，翻译行动中的各个行动者，是在相互协商、对抗、转换的过程中，形成的翻译网络。在翻译网络中，译者是主要行动者，但不是唯一行动者。除了译者外，翻译中还存在各种既合作又对抗的行动者，如作者、读者、原文、译文、编辑、出版商、翻译评论者、翻译审查者、赞助人、封面设计者的决策、促销策略、版权政策、稿酬制度，以及其他组织机构（黄德先，2006）。《寂静的春天》在中国经典化的过程，就是网络中行动者合力的综合过程。

20世纪70年代，中国社会的环保意识仍较为薄弱，中国读者及出版机构对于环境问题可能造成的影响还没有深刻感受，因此，《寂静的春天》只是被读者当作科普类翻译读物，以了解生态环境与人类生活的关系，并未引起全社会的广泛关注。核心行动者如出版机构和译者也基本将网络扩展限定在环保、农业科技工作者之内。

20世纪80年代中期至90年代后期，随着中国社会的进一步发展，中国的环保意识逐步增强。20世纪80年代中期，中国大陆文学界的生态意识开始觉醒，生态文学的思潮逐渐形成，1994年生态文学研究的命题正式提出。此时，《寂静的春天》不再被中国读者和出版机构视作单纯科普读物，而是富含真挚情感及强烈呼吁的翻译文学作品。21世纪，环境保护问题已经成为全球共识。该作品的第一章内容被选入杨立民主编的《教育部普通高等教育"十五"国家级规划教材·现代大学英语精读》教材，在国内得到广泛使用。2017年，《寂静的春天》入选教育部新编语文教材指定阅读书系。2020年4月,《寂静的春天》被列入《教育部基础教育课程教材发展中心中小学生阅读指导目录（2020年版）》，旨在向中小学生普及生态环保意识与绿色发展理念。

Silent Spring 中译本在中国由科普读物到具备多重价值的经典作品的过程，就是行动者网络中各因素相互对抗、制约、合作的过程，是西方作品在中国实现经典化的过程。译者虽然是主要行动者之一，却不一定是初始行动者，更不可能是唯一行动者，为了翻译产品生产这一共同目标，作为核心行动者的发起人（不一定是译者，也有可能是出版机构或赞助人）或译者行动者往往会征召新的行动者加入，如审阅专家、校对人员等。各个行动者都需要有自己的代言人，越是能成为背后可能的行动者代言，越是能实现网络构建的成功。

2. 行动者网络理论对文学作品经典化的启示

从 Silent Spring 中译本在中国的经典化过程可以看出，对于译作能否成为目标国经典文学作品，起决定作用的，不仅仅是译者，还有翻译中的众多既合作又对抗的行动者。翻译的成功依赖于动员各个行动者，相互协商、妥协，确定各个行动者在翻译网络中的角色，并最终形成一个稳定的网络（黄德先，2006）。

翻译出版活动作为社会实践性活动，是"翻译与出版合二为一的过程"（覃江华、梅婷，2015），译者应与出版行动者就网络构建目标达成一致，才能推动行动者网络建构。在整体出版传播网络中，设计的行动者更加多元，译者虽然是主要行动者之一，却不一定是初始行动者，也不一定是核心行动者，其在网络中的地位不仅受到原作、原文作者和译文读者的影响，还受到社会文化场域中其他人类行动者与非人类行动者的影响，如意识形态等，当翻译活动行动者网络遇到强有力的消极行动者时，译者往往要屈从于其他行动者的压力，或者采取迂回的措施转换网络构建方向。因此，译作出版并非翻译生产的网络构建的终点，更重要的还是在其传播、流通领域将吸引、招募更多的行动者参与进来，在不同的节点联结，扩大网络的影响，增强其稳固性。汪宝荣认为，中国文学译作传播网络包括"图书营销流通、图书评论推介和作家作品认可行动者网络"（汪宝荣，2020），这一划分就主要着眼于译作出版之后的后续网络构建。从社会学视野着眼，我们不再将译介视为单纯的学术性活动，而是社会性活动，其涉及主体也不再是从原作到译者、译作、译文读者的封闭式构成，而是不断动态构建的开放式社会性网络；其走向不再是链条式的由此及彼，而是不断消解中心的动态网络。此外，作品的经典化离不开包括译介研究者在内的研究人员的努力。文本的重写形式不仅包括翻译，教材编写、文学史书写、文学批评都是进入目的语文化重写的形式（Alvarez, ed., 2007：138）。

综上所述，行动者网络理论对于文学作品经典化的启示是，翻译生产活动应突破惯常的原文与译文、译者与作者、自然与社会等二元对立，原作、译作、译者不再是天然的核心行动者，关注转译过程，注重译介行动者网络中各类行动者的联结，通过发现共同问题、赋予共同利益、招募动员潜在的行动者加入，共同促进最终目标——文学作品经典化的实现。在这个去中心化的行为网络中，没有译者中心，也没有原文中心、译文中心或读者中心等任何中心，只有多重行动者的不断协商与妥协。

参考文献：

［1］Alvarez, R. & Vidal, M. Carmen-Africa. (eds). *Translation, Power, Subversion*, Beijing: Foreign Language Teaching and Research, 2007.

［2］Latour, B. *Science in Action: How to Follow Scientists and Engineers Through Society*, Cambridge, MA: Harvard University Press, 1987.

［3］Law, J. "Technology and Heterogeneous Engineering: The Case of the Portuguese Expansion", In Bjiker, W. E., Hughes, T. P. & Pinch, T. J. (eds.). *The Social Construction of Technical Systems: New Directions in the Sociology and History of Technology*, Cambridge: MIT Press, 1987.

［4］Williams, J. & Chesterman, A. (eds.). *The Map: A Beginner's Guide to Doing Research in Translation Studies*, Manchester: St Jerome Publishing, 2002.

［5］Wolf, M. & Fukari, A. *Constructing a Sociology of Translation*, Amsterdam: John Benjamins Publishing Company, 2007.

［6］傅敬民、张开植:《翻译的社会性与社会的翻译性》,《解放军外国语学院学报》2022 年第 1 期。

［7］高方、许钧:《中国文学如何真正走出去？》,《文汇报》2011 年 1 月 14 日。

［8］何绍斌、李芳:《论译出行为——译介学视域下的中国文化外译》,《上海翻译》2023 年

第 3 期。

[9] 胡牧:《翻译研究:转向社会——对转型期我国译论研究的思考》,《外国语(上海外国语大学学报)》2013 年第 6 期。

[10] 黄德先:《翻译的网络化存在》,《上海翻译》2006 年第 4 期。

[11] 黄婷、刘云虹:《生成与建构:凡尔纳作品在中国的百年译介》,《外语教学》2020 年第 4 期。

[12] 刘茜、李清平:《〈寂静的春天〉在中国的译介——兼论翻译学与社会学的界面研究潜势》,《中国翻译》2018 年第 2 期。

[13] 刘晓峰、惠玲玉:《社会翻译学理论融合问题再思考》,《上海翻译》2023 年第 1 期。

[14] 刘毅:《〈射雕英雄传〉在西方的译介传播:行动者网络、译者惯习与翻译策略》,《解放军外国语学院学报》2021 年第 2 期。

[15] 骆雯雁:《行动者网络理论在翻译生产描述研究中的应用——以亚瑟·韦利英译〈西游记〉为例》,《外语研究》2020 年第 2 期。

[16] 钱梦涵、张威:《中国文学对外译介中的"文学祝圣"——〈解密〉英译本的"伪经典化"个案研究》,《外国语(上海外国语大学学报)》2020 年第 4 期。

[17] 覃江华、梅婷:《文学翻译出版中的编辑权力话语》,《编辑之友》2015 年第 4 期。

[18] 桑仲刚:《论翻译问题之问题:一个活动理论的视角》,《外语教学理论与实践》2018 年第 4 期。

[19] 孙致礼:《译者的职责》,《中国翻译》2007 年第 4 期。

[20] 汪宝荣:《中国文学译介与传播行动者网络模式——以西方商业出版社为中心》,《解放军外国语学院学报》2020 年第 2 期。

[21] 王洪涛:《中国古典文论在西方英译与传播的理论思考——社会翻译学的观察、主张与方略》,《中国翻译》2021 年第 6 期。

[22] 王向远:《翻译文学导论》,北京:北京师范大学出版社,2004 年。

[23] 王岫庐:《行动者网络翻译研究》,《上海翻译》2019 年第 2 期。

[24] 肖娴、陈元飞:《中国百年翻译文学阅读史变迁:表征与反思》,《广东外语外贸大学学报》2020 年第 5 期。

[25] 谢天振:《当代西方翻译研究的三大突破和两大转向》,《四川外语学院学报》2003 年第 5 期。

[26] 邢杰、黎壹平、张其帆:《拉图尔行动者网络理论对翻译研究的效用》,《中国翻译》2019 年第 5 期。

[27] 张莹:《行动者网络理论与中国文化外译——以熊式一英译的 *Lady Precious Stream*

(〈王宝川〉)为例》,《外国语（上海外国语大学学报）》2019 年第 4 期。

[28] 张语和:《生态文学：从对自然的赞美到强烈的反思意识》,《人民日报》2011 年 1 月 18 日。

[29] 仲文明、王亚旭:《Silent Spring 汉译行动者网络构建考察》,《上海翻译》2022 年第 4 期。

场域理论视域下刘慈欣《三体》英译与传播[*]

于金权[**]

摘要： 刘慈欣《三体》在英语世界的成功引发了海外的中国科幻小说热潮。本文借鉴布迪厄的场域理论，在考察中国科幻文学在国际翻译场域中位置的基础上，深入分析译者、出版社、编辑和评论者对于《三体》在英语世界成功传播所起的作用，以期为中国文学进一步"走出去"提供借鉴。研究发现，刘宇昆的惯习和资本影响下的《三体》译文流畅又不失原文的中国特色。译者、国内外出版社、编辑和评论者利用各自积累的各类资本为《三体》在英语世界的成功传播起到了重要的推动作用。

关键词： 刘慈欣；科幻文学；场域理论；翻译行动者

Abstract: The success of Liu Cixin's *Three-body Problem* in the English world has given rise to the popularity of Chinese science fiction abroad. Drawing on Bourdieu's field theory, this article examines the position of Chinese science fiction in the international translation field before analysing the roles of the translator, publishing houses, the editor and critics in the successful dissemination of *Three-body Problem* in the English world. By so doing, it aims to provide some measures to help Chinese literature further going global. It finds that the English translation of *Three-body Problem* under the influence of Ken Liu's habitus and capital is fluent and retains the Chinese characteristics in the source text. The various capital accumulated by the translator, the Chinese and American publishing houses, the editor and critics have acted as important driving forces for promoting the dissemination of *Three-body*

---

[*] 浙江省社会科学界联合会研究课题（2024N018）和杭州市外文学会课题（HWKT2023001）的阶段性成果。

[**] 于金权，南京师范大学讲师，翻译学博士（后），主要从事社会翻译学和中国文学英译研究。

Problem in the English world.

Key words: Liu Cixin, science fiction, field theory, translation agents

一、引言

近年来，中国著名科幻作家刘慈欣《三体》改编的电视剧和动画及《流浪地球》改编的电影系列在海内外备受关注，收获较高的收视率和票房，这无疑与《三体》原著在世界文学场域积累的象征资本和海内外拥有的庞大读者群息息相关。2014年11月，《三体》英译本在美国一出版，迅速登上了美国亚马逊"亚洲图书首日销量排行榜"的榜首和"2014年度全美百佳图书榜"，成为备受关注的畅销书。2015年，刘慈欣又凭借《三体》荣获第73届有科幻文学界诺奖之称的"雨果奖"最佳长篇故事奖，成为首位获此殊荣的亚洲人。随着刘慈欣《三体》的畅销和获奖，中国科幻小说在世界科幻文学界占据了一席之地，受到了海外出版社、读者和评论家的追捧，在全球范围内形成了中国科幻小说的热潮，产生了广泛的国际影响力。在2015年至2020年间，中国科幻文学作品外译数量快速增长，"增长曲线几乎是一条笔直向上的直线，年译介量在这五年内快速破百"（李晋、肖维青，2023）。因此，诚如严锋所言，刘慈欣"单枪匹马，把中国科幻文学提升到了世界级的水平"（宋明炜，2011）。

刘慈欣的《三体》能够在英语世界大获成功，赢得国际科幻文学界的高度认可，推动中国科幻文学步入世界文学的殿堂，翻译的作用不言而喻。作为中国文学"走出去"的典范，《三体》在英语世界的译介与传播引起了学界的广泛关注。吴赟、何敏（2019）从译介语境、译介主体的能动作用和译者翻译策略三个方面阐述了《三体》英译本在美国被广泛接受的原因。吴攸、陈滔秋（2020）深入分析了数字全球化时代背景下刘慈欣科幻文学的海外译介与传播模式，认为选择具有世界性的作品，通过多元主体的协调合作，同时创新传播手段，有助于中国文学进一步"走出去"。吴瑾瑾（2021）在系统梳理《三体》海外传播现状的基础上，从文学角度探讨了其海外传播成功的核心要素，认为《三体》的新奇性、世界性和本土性是其海外传播成功的关键所在。然而，现有研究主要从文学和传播学的视角考察了《三体》在海外成功传播的成因，从社会翻译学的角度展开研究有待拓展。作为一种综合的研究模式，社会翻译学的研究能够超越文本与语境、内部与外部、微观与宏观等一系列的二元对立，对翻译生产和传播等活动展开系统、全面的研究（王洪涛，2021）。换言之，社会翻译学能够研究翻译生产、流通和接受各个相关联的环节，具有全过程研究的特色（胡牧，2023）。鉴于此，本文主要借鉴布迪厄的场域理论，考察中国科幻文学在国际翻译场域中的位置，深入分析和阐释译者、出版社、编辑和评论者对于《三体》在英语世界成功传播所起的作用，进而为中国文学进一步"走出去"提供借鉴。

二、场域理论：场域、资本、惯习和行动者

在社会学理论中，布迪厄的场域备受翻译学界青睐，为探索翻译行动者和考察不同文化和社会之间翻译流动的不对等权利关系提供了有效的方法（Inghilleri，2020：198）。McMartin & Gentile（2020）借鉴布迪厄和克莱顿·奇尔德里斯（Clayton Childress）的社会学理论，考察了比利时作家史蒂芬·赫特曼斯的《战争与静画》多语种的翻译、生产与接受情况。Kung（2021）利用布迪厄的场域理论，探讨了制约当代中国台湾文学在英语世界译介传播的语言、社会、文化因素。国内也有大量学者借鉴布迪厄的场域、资本和惯习的概念，讨论翻译流通与传播、翻译选择、翻译策略和翻译行动者等翻译领域内的重要议题（邵璐、于金权，2021；汪宝荣，2022；冯正斌、吴康明，2023）。布迪厄的社会学理论在社会翻译学研究中的重要性由此可见一斑。

布迪厄的社会实践论，又称为"场域理论"，是一种文化生产理论，超越了传统客观主义和主观主义的两元对立，主要包含场域、资本和惯习三大核心概念。布迪厄以文学场域为例来阐释场域的概念，指出"文学场域既是一个力场，又是一个旨在转变或保持已有力量关系的竞技场：每一个参与者把从之前争斗中获得的力量（即资本）用来制定一些策略，这些策略总的发展方向取决于该参与者在权力争斗中的地位，即他所拥有的特定资本"（Bourdieu，1990a：143）。从这个定义中可以发现场域的四个特点。首先，场域是一个竞技场，充满斗争的社会空间，行动者和机构都试图重新分配资本。其次，场域中的行动

者之间充满竞争，纷纷利用自己的现有资本获取更多的资本。再次，场域是一个等级制的结构，行动者的资本决定了其在场域中的位置。最后，场域并不是一成不变的，而是动态发展的，受到行动者之间斗争的影响。

在布迪厄（1986：241）看来，资本是"（以物化形式或'合并'、具体形式）累积的劳动。当资本被某个人或某群人作为私人（亦即独有）财产占用时，它能使这些人以实际或现行劳动的形式来占用社会能源"。资本有三种基本形式，即经济资本（金钱、物质条件）、文化资本（学历、知识）和社会资本（人脉关系）。除了这三种基本形式外，还有象征资本，以名声和威望的形式体现，通过同行的认可获得。这四种资本形式并非各自独立、互不联系，而是可以互相转化。比如，经济资本在一定条件下可以转化成文化资本和社会资本，当这些资本获得认可，便转化成了象征资本；反过来，象征资本也可以在一定条件下转化成经济资本、文化资本和社会资本。尽管如此，拥有经济资本，并不意味着一定拥有文化资本、社会资本或象征资本。我们需要以动态、相对的眼光看待这些资本。

惯习是"可持续的、可转换的定势系统，倾向于使被结构的结构发挥具有结构能力的结构的功能，也就是说，发挥产生与组织实践与表述的原理的作用，这些实践与表述在客观上能够与其结果相适应，但同时又不以有意识的目标谋划为前提，也不以掌握达到这些目标所必须的操作手段为前提"（Bourdieu，1990b：53）。惯习是可持续的，具有持久性和稳定性，但并非一成不变。惯习也同时具有结构和被结构的功能。与图里的规范概念强调译者的共性不同，布迪厄的惯习概念有助于揭示译者的个性。

需要特别注意的是，场域、资本、惯习和行动者紧密联系。行动者的惯习受到所处场域和在相应场域积累的资本的影响，同时也具有建构作用，能够推动场域发生变化。行动者积累的资本决定了其在场域中的位置，影响其在场域竞争过程中所采取的策略。简言之，布迪厄以场域、资本和惯习为核心的社会实践论，突破了以往个体与社会二元对立的局面，能够同时探索翻译个体的翻译行为和社会文化因素，阐释翻译场域、行动者的资本和译者惯习对翻译传播活动的影响。

三、国际翻译场域中的中国科幻文学

中国科幻文学在英语世界的译介与传播在国际翻译场域中进行，受到现有国际翻译场域结构的制约。海尔布伦（Heilbron，1999）认为，国际翻译场域是一种中心与边缘对立的等级制结构，翻译作品的流动与语言在全球翻译图书市场上的位置息息相关。海尔布伦将全球语言划分为中心语言、半边缘语言和边缘语言三大类，指出语言在国际翻译场域中的位置取决于译自该语言的图书占全球翻译图书市场的份额，与语言的使用者规模没有直接关系，而且翻译往往从中心语言流向边缘语言。当前，译自英语的图书在全球翻译图书市场上遥遥领先于译自其他语言的图书，因此，英语毫无疑问属于中心语言。相比之下，虽然使用汉语的人口众多，但译自汉语的作品在国际翻译图书市场上占有的份额依然有限，故汉语依然属于边缘语言。在当前国际翻译场域各语言作品流动不均衡的状态下，中国文学总体处于国际翻译场域的边缘地位，流入处于主导地位的英语世界并获得认可可谓困难重重。对于中国科幻文学来说，更是如此。

虽然中国科幻文学始于晚清时期，至今已有百年历史，但在中国文学场域中长期处于边缘位置。直到 21 世纪前后，科幻文学在中国文学场域中才重新获得合法地位，促进了科幻文学创作的繁荣，涌现出了一批颇有建树的科幻作家，如刘慈欣、韩松、王晋康等。在此背景下，中国科幻文学在国际翻译场域中更是处于边缘位置，影响力非常有限。从 1972 年至 2005 年，中国科幻文学外译数量少并且不稳定。据统计，除了 1984 年译介数量达到 11 篇外，其余各年均不足 5 篇；在 1973 年至 1979 年和 1991 年至 1997 年两个时间段内，中国科幻文学外译数量甚至为零（李晋、肖维青，2023）。这组中国科幻文学的外译数据清楚地表明，21 世纪前中国科幻文学在国际翻译场域中基本处于隐身的状态。在此背景下，刘慈欣的《三体》要进入英语世界面临诸多困难，走进英语读者心中更是不易，离不开译者、出版社和评论者等各类翻译行动者的协同作用。

四、刘宇昆的译者惯习和资本

《三体》能够在英语世界广泛传播,引发读者的共鸣,首先要归功于其英语译者刘宇昆。他出生在中国,8岁移民美国,毕业于哈佛大学,主修英美文学专业和法学专业,兼修计算机专业。刘宇昆从事过软件工程师、律师和公司法律顾问等工作,工作之余还创作科幻小说,现已全职从事创作工作,成为知名的美籍华裔科幻作家。他长期在美国工作和生活,又是哈佛大学的高才生,拥有等同于母语的英语水平。他自身能够用英文直接进行科幻小说的创作。特别值得一提的是,刘宇昆写作功底深厚,用英文创作的科幻小说深受英语读者喜爱。凭借短篇小说《手中纸,心中爱》(*The Paper Menagerie*,2012),刘宇昆包揽了雨果奖、星云奖和世界奇幻奖三大奖项,也是唯一一位凭借一部作品同时荣获三大奖项的作家。2013年,他凭借《物哀》(*Mono No Aware*,2013)再次摘得雨果奖最佳短篇故事奖。刘宇昆创作的英文科幻小说频频获得国际科幻大奖,充分说明他对目标读者的需求了如指掌,特别是科幻小说读者的阅读旨趣。与此同时,获得国际科幻文学界的大奖,使得他在国际科幻文学场域中崭露头角,积累了较为丰富的象征资本,同时拥有相当的市场号召力。作为《三体》的译者,刘宇昆在国际科幻文学场域中积累的丰厚象征资本有助于《三体》引起国际科幻文学界同行和读者的广泛关注。正如卡萨诺瓦所言,高度神圣化的译者能有效地推动其翻译的作品实现神圣化,促使原作者的作品更容易获得学界、评论界、评奖机构和读者的关注(Casanova,2021:421)。《三体》英文翻译的编辑利兹·高瑞斯基(Liz Gorinsky)深知这个道理,十分看重刘宇昆在国际科幻文学界积累的象征资本,认为美国读者可能对刘慈欣知之甚少,但"他们或许会对刘宇昆的翻译充满好奇,因为他在出版第一部长篇小说之前已经名声鹊起,是唯一一位凭借一部作品同时获得雨果奖、星云奖和世界奇幻奖的作家"(O Neill,2015)。

除了创作科幻小说外,刘宇昆也积极投身翻译事业,向英语世界译介优秀的中国科幻小说,为许多中国科幻作家走向世界提供了窗口。在翻译《三体》之前,他已经积累不少翻译中国科幻小说的经验,先后翻译了包括陈楸帆的

《丽江的鱼儿们》、马伯庸的《寂静之城》、夏笳的《百鬼夜行街》、郝景芳的《看不见的星球》等在内的 60 多篇中国中短篇科幻小说。他翻译的《丽江的鱼儿们》还获得了 2012 年世界奇幻科幻翻译奖。因此，刘宇昆也在翻译场域中积累了相当的文化资本和象征资本，为《三体》英文版在英语世界广泛传播创造了有利条件。

刘宇昆出生于中国，从小受到中国文化和语言的熏陶，拥有扎实的汉语功底，能够准确把握中国文化的精髓，也时常将中国文化元素融入自己的创作中。比如，在其长篇科幻小说 The Grace of Kings 中，融合了风筝、草药和古代中国数理思想等丰富的中国元素，在叙事方式上也充分借鉴了唐诗、明清演义和中国的武侠小说。移民美国后，他曾在哈佛大学学习过文学、法律和计算机类课程，培养了出色的语言鉴赏能力和缜密的逻辑推理思维，学到了众多专业知识。此外，他热爱科幻文学，自己也用英文从事科幻创作，不断穿梭于中美文化之间，拥有出色的跨文化传播能力。刘宇昆从小成长的环境、教育背景和工作经历共同塑造了他的译者惯习，促使他的翻译准确传递出了刘慈欣《三体》中的思想、情感和风格，让《三体》在英语世界中绽放出了新的生命力。

刘宇昆尊重和热爱中国文化的译者惯习促使他在翻译《三体》过程中主要采取异化的策略。《三体》中绝大多数具有中国特色的文化意象都得到了保留，比如"炕"、"旗袍"和"屯"等，都采用了直接音译不加注释的方法，再现了原文的风貌。这让英语读者充分感受到了中国文化的异质性，获得了新鲜的阅读体验。同时，他自身作为科幻作家的惯习让他特别注重读者的需求和译本的接受。为了促进读者能够顺利理解《三体》中特定的中国文化元素，他充分运用注释为读者答疑解惑，增强译文的可读性和可接受性。例如，他将"二锅头"音译为"er guo tou"后，在注释中对其进行了适当解释，并巧妙地将它比作"中国的伏特加"。英语读者对伏特加的熟悉度有效降低了其认知负荷，去除了"二锅头"带来的异域陌生感，为英语读者理解译文铺平了道路。作为一名颇有造诣的科幻作家，刘宇昆还将自己的创作技能和对目标读者审美标准的敏锐洞察力融入翻译过程中，为英语读者呈现了节奏紧凑、文字流畅的译文。一方面，通过适当调整原文的叙事结构，准确还原《三体》硬科幻的叙事特色，让英语读者联想起世界著名科幻大师阿西莫夫的硬科幻风格，从而促使英语读者与《三体》产生强烈共鸣。另一方面，他的译文在保留一定异域特色外，对原作进行了艺术再加工，行文自然流畅，让读者觉得《三体》虽不是英文原创作品却胜似用英语直接创作的作品。比如，对于刘慈欣在三体世界中创造出的新词"三体人"，刘宇昆也在英语世界根据其内涵不露痕迹地创造了新词"Trisolaran"来翻译，再现了科幻小说的新奇性。连美国著名科幻作家、《冰与火之歌》的作者乔治·马丁（George Martin, 2015）也在其博客中盛赞刘宇昆的翻译，称其《三体》译文文字干净、紧凑，文笔流畅，看不出翻译的痕迹。因此，毫无疑问，刘宇昆译者惯习影响下产出的凸显中国特色又不失流畅的翻译大大提升了《三体》的接受度。

五、出版社、编辑和评论者的资本

除了译者刘宇昆高质量的翻译和积累的象征资本外，中国教育图书进出口有限公司（以下简称"中教图"）、美国托尔出版社、编辑以及众多评论者等翻译行动者都在推动《三体》在英语世界的译介和传播过程中发挥了重要作用。中教图充分认可《三体》的文学价值和商业价值，实际上扮演了《三体》三部曲文学代理人的角色，积极推介《三体》在海外出版传播。为了寻找合适的海外出版机构，中教图利用自己积累的经济资本和社会资本做了大量前期工作，邀请刘宇昆和周华（Joel Martinsen）担任《三体》三部曲的译者，并投入资金请他们提前完成翻译工作。在联系美国托尔出版社的时候，中教图向托尔出版社提交了《三体》三部曲的全部译稿，而不是翻译样章或故事梗概，为《三体》获得托尔出版社的垂青奠定了坚实的基础。同时，中教图利用社会资本，通过各种渠道向国际著名科幻作家和科幻小说编辑征集《三体》的书评，为《三体》在英语世界出版发行营造声势。此外，中教图还投入经济资本，积极安排刘慈欣赴美参加美国图书博览会中国主宾国活动，出席星云奖颁奖典礼，同时举办读者见面会和签售会，创造刘慈欣与读者和同行面对面交流的机会。此类活动不仅扩大了《三体》的国际影响力，也拉近了作者与读者之间的距离，有效地推进了《三体》在英语世界的传播。

与此同时，负责出版和发行《三体》英文版的美国托尔出版社的作用也不容忽视。美国托尔出版社是美国麦克米兰出版公司旗下专门从事科幻奇幻小说出版的权威出版社，曾推出乔治·马丁、奥森·斯科特·卡德（Orson Scott Card）、凯文·詹姆斯·安德森（Kevin James Anderson）等一众顶级科幻大师的作品，出版的作品中有不少作品荣获"雨果奖"和"星云奖"，并且连续30年获最佳科幻出版社奖。显然，作为英文科幻奇幻小说的著名出版社，托尔出版社属于大型商业出版社，位于大规模生产场域中，依赖市场运作模式，追求最大化的经济利益（Bourdieu, 1993：53）。通过出版一系列顶级科幻大师的作品，托尔出版社在美国科幻文学场域和出版场域中积累了丰厚的经济资本、社会资本、文化资本和象征资本，具有丰富的市场运作经验和很强的市场号召力。借助自己在科幻文学界和出版界积累的社会资本和象征资本，托尔出版社积极邀请著名科幻作家为《三体》撰写书评，推动《纽约时报》《华尔街日报》《华盛顿邮报》《出版人周刊》等主流媒体对《三体》进行了一系列报道，大大提升了《三体》的知名度，引起大众读者对《三体》的广泛关注。

此外，编辑和评论者等翻译行动者也是促进《三体》在英语世界广泛传播和接受的重要力量。在西方，编辑往往在译作的形成过程中发挥着重要作用，"不仅仅是语言文字的加工者，也是市场的策划者和把关人，市场需求是编辑考虑的主要因素，对于汉译英作品尤其如此"（周领顺、周怡珂，2018）。《三体》英文版的编辑利兹·高瑞斯基曾在哥伦比亚大学主修英语文学、心理学和计算机专业，具有丰富的编辑科幻小说的经验和市场洞察力，曾编辑过玛丽·罗比尼特·科沃尔（Mary Robinette Kowal）和乔治·曼恩（George Mann）等畅销科幻作家的作品，并于2017年获得了雨果奖长篇小说最佳编辑奖。因此，她在科幻小说编辑方面积累了大量的文化资本和象征资本，为刘慈欣《三体》的译文质量和海外传播接受保驾护航。译者刘宇昆也充分承认利兹的作用和价值，在译后记中表示"作为托尔出版社的编辑，利兹在方方面面帮我完善了译文，与她合作是我最愉快的一次编辑经历"（Liu, 2014：399）。刘慈欣也坦言，编辑利兹在编辑《三体》英译稿的时候提出过很多具体的修改意见，完善书中的细节问题，避免英语读者因文化差异造成误解（王瑶，2015）。

《三体》在英语世界的广泛传播也离不开评论者的积极评价和阐释。评论者是推进翻译作品资本积累的重要"神圣化"行动者之一，发挥着意见领袖的作用，其发表的评论影响并形塑着目标语读者的阅读选择、阐释策略及价值判断，决定了翻译作品在目标语文化的阅读和接受方式（Casanova，2021：422；刘亚猛、朱纯深，2015）。大卫·布林和乔治·马丁等一众著名科幻作家为《三体》背书，盛赞这是一部突破性的作品，政治、历史、宇宙论互相融合，相得益彰，科学和哲学猜测，独一无二。时任美国总统奥巴马也对《三体》喜爱有加，在与《纽约时报》首席书评家角谷美智子（Michiko Kakutani）交谈时称这部作品"充满想象力，非常有趣"。《纽约客》编辑乔舒亚·罗特曼（Joshua Rothman，2015）敏锐地捕捉到刘慈欣的作品与本土科幻文学的共通之处，将他誉为"中国版的亚瑟·克拉克"。这种参照式的阐释不仅揭示出刘慈欣作品的世界性和中国特性，也更容易让读者对刘慈欣的作品产生亲近感。这些评论者在文学场域、文化场域和政治场域享有丰厚的文化资本和象征资本，拥有极高的声望。因此，他们对《三体》的高度评价和认可无疑会对刘慈欣《三体》在英语世界的传播和接受产生积极的影响。

六、结语

当前，国际翻译场域结构严重失衡，中国科幻文学长期处于国际翻译场域的边缘位置。在此背景下，刘慈欣《三体》能够异军突起，在英语世界大获成功，除了作品本身兼具世界性和中国特性，容易引发英语读者共鸣外，更得益于译者、国内外出版社、编辑和评论者等翻译行动者积累的经济资本、文化资本、社会资本和象征资本为作品赋能。刘宇昆的成长环境、教育背景和工作经历塑造的惯习促使他尽可能原汁原味地呈现出原作的特质，同时又兼顾到英语读者的审美需求和可接受性，产出了既流畅自然又体现中国特色的高质量译文。编辑利兹在译文形成过程中充当了把关人的角色，利用自己的文化资本和象征资本，为译文增光添彩。刘宇昆和利兹联手打造的出色译文为《三体》在英语世界的顺利传播奠定了坚实的基础。作为美国科幻界的后起之秀，刘宇昆还通过翻译将自己在国际科幻文学界积累的文化资本和象征资本赋予《三体》，为《三体》在英语世界的广泛传播创造了有利条件。中教图和托尔出版社强强联手，充分利用各自的经济资本、社会资本和象征资本，为《三体》进入国际文学场域并获得科幻文学界和读者的广泛认可提供了强大的支撑。在文学、文化和政治场域享有丰厚文化资本和象征资本的评论者不断阐释和评介《三体》，促使译作活跃地存在于英语文学体系中，有效地提升了《三体》的国际影响力和关注度，助推作品被广泛接受。

在百年未有之大变局的时代背景下，中国文学"走出去"依然任重道远。然而，刘慈欣《三体》在英语世界译介传播的喜人成绩充分表明中国文学不仅能够"走出去"，还能真正"走进去"。因此，我们要有文化自觉和文化自信，坚信优秀的中国文学作品具有民族性，又有世界性，能够引起世界各地读者的共鸣。与此同时，我们要充分重视译者、出版社、编辑和评论者在作品对外译介和传播过程中的作用，打造中国文学作品与译者、国内外出版社、编辑和评论者之间的协作网络，充分调动各个翻译行动者积累的各类资本服务于中国文学"走出去"。

参考文献：

［1］Bourdieu, P. "The forms of capital", In Richardson, J. G. *Handbook of Theory and Research for Sociology of Education*, New York: Greenwood Press, 1986.

［2］Bourdieu, P. *In Other Words: Essays towards a Reflexive Sociology*, trans. Adamson, M. Cambridge: Polity Press, 1990a.

［3］Bourdieu, P. *The Logic of Practice*, trans. Nice, R. Stanford: Stanford University Press, 1990b.

［4］Bourdieu, P. *The Field of Cultural Production: Essays on Art and Literature*, edited by Johnson, R. New York: Columbia University Press, 1993.

［5］Casanova, P. "Consecration and accumulation of literary capital: Translation as unequal exchange", In *The Translation Studies Reader*, 4th ed., edited by Venuti, L. London: Routledge, 2021.

［6］Heilbron, J. "Towards a sociology of translation: Book translations as a cultural world-system", *European Journal of Social Theory*, 1999 (2).

［7］Inghilleri, M. "Field theory", In *Routledge Encyclopedia of Translation Studies*, 3rd ed., edited by Baker, M. & Saldanha, G. London: Routledge, 2020.

［8］Kung, Szu-wen. *Translation of Contemporary Taiwan Literature in a Cross-Cultural Context: A Translation Studies Perspective*, London: Routledge, 2021.

［9］Liu Cixin. *The Three-Body Problem*, trans. Liu Yukun, New York: Tor Books, 2014.

［10］Martin, G. Reading for Hugos [EB/OL]. 2015. http://grrm.livejournal.com/426205.html.

［11］McMartin, J. & Paola, G. "The transnational production and reception of 'a future classic': Stefan Hertmans's *War and Turpentine* in thirty languages", *Translation Studies,* 2020 (3).

［12］O Neil, J. Cixin Liu the superstar: How taking a risk on a Chinese author paid off big for Tor [EB/OL]. 2015. https://www.blackgate.com/2015/09/04/cixin-liu-the-superstar-how-taking-a-risk-on-a-chinese-author-paid:off-big-for-tor/

［13］Rothman, J. China's Arthur C. Clarke [EB/OL]. *The New Yorker*, 2015. https://www.newyorker.com/books/page-turner/chinas-arthur-c-clarke

［14］冯正斌、吴康明:《资本视阈下的译者行为分析——以〈人生〉英译本为考察中心》,《外国语文》2023年第2期。

［15］胡牧:《社会翻译学的价值功用与应用前景》,《外语教学》2023年第5期。

［16］李晋、肖维青:《社会翻译学视阈下的中国当代科幻文学海外译介:发起、生产与传播》,《语言与翻译》2023年第2期。

［17］刘亚猛、朱纯深:《国际译评与中国文学在域外的"活跃存在"》,《中国翻译》2015年第1期。

［18］邵璐、于金权:《走出沉寂的贾平凹作品英译:社会学视域下的翻译行为者角色》,《当代外语研究》2021年第6期。

［19］宋明炜:《弹星者与面壁者:刘慈欣的科幻世界》,《上海文化》2011年第3期。

［20］汪宝荣:《中国文学译介与传播模式研究:以英译现当代小说为中心》,杭州:浙江大学出版社,2022年。

［21］王洪涛:《中国古典文论在西方英译与传播的理论思考——社会翻译学的观察、主张与方略》,《中国翻译》2021年第6期。

［22］王瑶:《我依然想写出能让自己激动的科幻小说——作家刘慈欣访谈》,《文艺研究》2015年第12期。

［23］吴瑾瑾:《中国当代科幻小说的海外传播及其启示——以刘慈欣〈三体〉为例》,《山东大学学报》(哲学社会科学版)2021年第6期。

［24］吴攸、陈滔秋:《数字全球化时代刘慈欣科幻文学的译介与传播》,《上海交通大学学报》(哲学社会科学版)2020年第6期。

［25］吴赟、何敏:《〈三体〉在美国的译介之旅:语境、主体与策略》,《外国语(上海外国语大学学报)》2019年第1期。

［26］周领顺、周怡珂:《西方编辑之于译作形成的影响性——美国翻译家葛浩文西方编辑观述评》,《外语学刊》2018年第1期。

应用翻译、翻译技术与社会服务

晚清域外法律翻译的制度化演进

韩淑芹 *

摘要：晚清 19 世纪中叶到 20 世纪初期的法律翻译被划分为肇始期、洋务运动、变法修律三个时期，从"各国律例"到"万国公法"，再到修订法律馆的"变法修律"，三个时期的域外法律知识译介，其实质是法律翻译的制度化渐进过程。从长时段动态化视角对法律翻译三次历史事件加以整体化考察，剖析在晚清特定历史背景下域外法律翻译的合法化与结构化进程，为法律翻译的制度化表征提供深层的理据解读。晚清法律翻译的合法化基于机构权威与专家权威的双重权威性，翻译机构的专门化渐进、翻译人员的适格化发展推进了法律翻译的合法化蔓延；法律翻译场域的结构化取决于经费的集约化、组织结构的科层化、翻译规划的国家化。合法化与结构化共同推动晚清法律翻译的动态制度化演进，逐渐形成相对稳定的国家法律翻译制度。

关键词：法律翻译；制度化；合法化；结构化

Abstract: The law translation in the late Qing Dynasty from the mid-19th to the early 20th century has been divided into three periods, namely the initiation, the Self-strengthening Movement, and the law-drafting institution. During that time, the translation of law started in 1839, when Lin Zexu organized the translation of Vattel's *Law of Nations* before the Opium war. 1864 witnessed the translation of *Fundamental Elements of International Laws*, which shifted from "laws" to "international laws". In 1902, the Qing government established the law-drafting institution to launch large-scale translation of foreign laws. The law translation during the three periods are in essence institutionalized translation. From the long-term dynamic perspective, the three historic translation events can be analyzed integrally to shed

---

* 韩淑芹，中国石油大学（华东）教授，研究方向为翻译理论与实践、翻译教育。

light on the legitimization and structuration of law translation during the Late Qing Dynasty. Its legitimization depends on institutional and professional authoritativeness, which is correspondingly based on the institutional specialization and translators' professionalization. In addition, the structuration of law translation field relies on intensificated funds, bureaucratized organizations and state-planned translation activities. In sum, legitimization and structuration constitute the underlying factors to drive dynamic evolution of the institutionalized law translation in the late Qing Dynasty, which have helped to construct a relatively stabilized state law translation institution.

Key words: law translation, institutionalization, legitimization, structuration

一、引言

晚清域外法学知识译介始于1839年第一次鸦片战争前夕林则徐组织翻译的《滑达尔各国律例》，该律例首开译介外国法律之先河，使近代国人开始关注国际法并将其作为"以夷制夷"的权宜之计，以被动姿态开启域外法律翻译历程；1864年同文馆出版丁韪良译《万国公法》，"国际法的知识位格实现了从'律例'到'公法'的身份转变，标志着晚清逐渐打破普天之下、中央之国的世界观念，而进入主权国家之国际法体系"（李富鹏，2019），超越国别的"公法"观念旨在寻求一种公度性的普世法，蕴含着国际法的底色；及至1902年清政府成立修订法律馆（后于1905年改设宪政编查馆）开始大规模翻译外国的国内法，在民族危亡背景下不得不"参酌中西政要"进行立法变革，修订法律馆则通过译介十几个国家的几十个法典，将不同法系、不同类别的法律知识观念和知识结构呈现出来，成为晚清法律移植和法统改造的工具和参照。

晚清上述域外法律翻译均以"第一次"构成中国历史上特殊的法律翻译事件，《滑达尔各国律例》被视为"中国近代引入的第一部法学著作"（何勤华，2004：324）；《万国公法》是"我国第一次比较完整地翻译的第一部国际法著作，也是清末正式翻译的第一部'公法'类的书籍"（田涛、李祝环，2000）；变法修律则是第一次"有组织、有系统的广泛而认真的翻译外国法律和法学著作的活动"（屈文生、石伟，2007）。从长时段视角而言，构成晚清特定历史时期法律翻译活动的连续统。其连续性有三,其一在于翻译对象的"法律"本体内核,尽管所选的原文文本不同,但均为特定社会历史语境下法律文本的不二选择;其二在于翻译功用的"为国性",出于国家外贸外交、对内对外治理的国家战略需求;其三则在于翻译过程的"制度化"本质。所谓制度化是一个从无到有的渐变过程,历经"无制度到制度渐趋健全的不同阶段"(Koskinen,2014),制度化翻译概念的提出规避了以往将翻译活动视为"专业—非专业"二元对立模式的观点,使得"任何特定时间的特定翻译实践都位于制度化的渐进发展过程之中"(同上),而这一过程究竟历经了怎样的渐进变化则是尚待研究的内容。晚清三次域外法律翻译事件则为剖析制度化翻译的渐进进程提供了历史场域和历时视角。

二、晚清域外法律翻译的制度化特征

晚清域外法律译介的三次历史性翻译事件均属于政府或国家机构参与的行为,体现了"国家译"的国家主体性与"为国译"的国家战略性,见表1。

表1 晚清三次法律翻译事件的主体及功用

三次域外法律翻译事件	翻译主体	翻译功用
《滑达尔各国律例》	钦差大臣林则徐及其翻译班子成员袁德辉与伯驾	寻求国际交往准则,服务查禁鸦片之当务之急
《万国公法》	主管外交的总理各国事务衙门、京师同文馆、丁韪良及总理各国事务衙门章京	"其中颇有制服领事官之法,未始不有裨益"
变法修律	隶属法部的修订法律馆及其成员	"参酌各国法律""务期中外通行",实现国内法与各国法典的接轨

由表1可知,翻译主体从钦差大臣组建的翻译班子到清政府机构总理各国事务衙门及其下属机构与人员,再到特设的修订法律馆,无论是钦派还是特设,都带有"国家"烙印;而翻译功用从寻求国际交往准则到融通中西接轨外

国法律，则都折射出"为国"旨归。国家—机构—个体的翻译层级化构成结构化的翻译制度，具有特定制度逻辑，本质是制度化翻译，"以政治化手段保障翻译，以集约化方式组织翻译"（任东升，2022）。任东升、高玉霞（2015）将制度化翻译的表征概括为：翻译规划/政策权威化，翻译机构国家化，智力配备集约化，翻译选材层级化，译者身份制度化，译本出版发行非"市场化"。基于此，晚清三次法律翻译事件的制度化表征可以呈现如表2。

表2 晚清三次法律翻译事件的制度化表征量化表

要素构成翻译事件	权威化翻译规划/政策	国家化翻译机构	集约化智力配备	制度化译者身份	层级化翻译选材	非市场化译本出版发行	量级(+/−)
《滑达尔各国律例》	−	−	−	−	+	+	
《万国公法》	−	−	+	−	+	+	
变法修律	−	+	+	+	+	+	

由表2可见，同为制度化翻译的晚清三次法律翻译呈现出同一性及差异性特征。原文文本选材层级化、译文文本出版发行都具有制度化特征，构成文本要素制度化特征的同一性；但文本外因素则差异化明显，呈现出制度化表征由"薄"到"厚"的逐渐累积渐变过程。而表征作为一种呈现方式，是制度化本质的外在表象，呈现任何一种表征均可视为制度化翻译；换言之，只要存在正项量级即为制度化翻译，而正项量级越多则制度化程度越高。塞尔兹尼克（Selznick，1992）认为制度化是一种历时性的变迁过程，从不稳定的、组织松散的、狭隘的技术活动中生成的有序稳定的社会整合模式。本文将晚清三次域外法律翻译事件视为一个整体，从动态化制度变迁视角分析国家法律翻译实践的制度化演进过程，聚焦合法化与结构化两个关键问题，揭示制度化演进的动因及逻辑。

三、晚清域外法律翻译的制度化演进历程

"制度化是社会程序、社会义务等在社会思想和行动中获得某种规则地位的过程,是技术性活动发展的必由之路,也是组织与组织互动的过程。"(斯科特,2010:146)制度化的前提是获得地位,其首要条件是合法化,继合法化之后,则是组织制度之间互动后的结构化,"结构化就是行为者秩序化的社会实践。而这种社会实践的基础依赖于行为者的结构化能力,即利用规则(深层的和浅层的)和资源(权威性资源和分配性资源)创造差别的能力"(吉登斯,1998:79)。

1. 晚清国家域外法律翻译制度的合法化进程

《滑达尔各国律例》作为第一部从国外引入的法学著作,开启了中国对域外法律知识的翻译。换言之,此时的域外法律翻译活动作为一种新的技术性活动出现,这本身意味着制度环境的改变,新的制度环境为其合法性存在提供了赖以生发的土壤,催生了合法性的端倪。制度之所以存在,其前提则是合法性的持续,即"合法性蔓延"(contagion of legitimacy),由国家、国家机构、译者群落共同组成的法律翻译制度结构逐步形成,并由此形成理性化规则,从而为晚清法律翻译制度化奠定了合法化的基础。权威与合法性之间存在天然的联系,"如果没有权威,也就不存在合法性,合法性附着于权威之上"(Jonas & Michael,2019)。国家法律翻译机构必须获得自身的行政权威及法理权威,前者主要是通过机构权威,而后者则借由专家权威来实现,机构权威体现在机构组织的专门化,而专家权威则体现于译者群落的适格化。

(1)翻译机构专门化

晚清法律翻译的肇始期,即林则徐组织翻译《滑达尔各国律例》之际,尚未有固定化、专门性的翻译机构,而是临时性、随机性的"翻译班子"。邵雪萍、林本椿(2002)考证认为,林氏所招募的"翻译班子"主要译员有跟随林则徐赴广州禁烟的通事亚孟,1839年在广州被林则徐聘入府中做译员的袁德辉、林阿适(Liao Ahscc,又名亚林)、梁进德(即亚秩),为他审定译稿的外事专家梁廷枏、张维屏、俞正燮等,来华的美国商人亨德、美国传教士医生伯驾

(Peter Parker)、英华书院校长勃朗等，以及买办、通事、归国华侨、教会学生等各色人等。林则徐"翻译班子"的组建始于1839年他被派往广州担任钦差大臣，而随着禁烟失败以及1840年他被革职查办，他的"翻译班子"便不复存在，作为临时性的翻译机构，以人员的松散聚合完成应急性的翻译任务，仅构成域外法律翻译机构的前制度雏形。

两次鸦片战争后，西方列强通过一系列不平等条约获得在华利益，也使得中国与列强出现了相对稳定的和平时期，由此所伴生的相对宽松的环境也推动清廷有选择地译介并接纳国际法原则，由此诞生了晚清第一部全面系统介绍国际法的《万国公法》。《万国公法》主译为丁韪良，但其成功译介推广离不开总理各国事务衙门与京师同文馆两大机构的助推作用。1860年，清政府成立主管外交事务的总理各国事务衙门，着即派恭亲王奕䜣、大学士桂良、户部左侍郎文祥管理；1861年奕䜣和文祥奏请下设同文馆；1862年设立附属于总理衙门的京师同文馆；丁韪良于1864年任同文馆总教习时将美国国际法学家惠顿的 *Fundamental Elements of International Laws* 译为《万国公法》，经总理各国事务衙门的批准方得以成为国家文本并被应用推广。鉴于此，《万国公法》译文是层级性机构翻译的产物，只是此时机构分别为主管外交的机构以及下设的以培养语言人才为目标的学堂，尚未出现专司法律和（或）翻译事务的机构。

庚子事变后，慈禧太后以光绪帝名义于1901年发布"变法诏"，举行新政、变法修律，于光绪二十八年（1902）四月初六上谕称："着派沈家本、伍廷芳将一切现行律例，按照交涉情形，参酌各国法律，悉心考订，妥为拟议，务期中外同行，有裨治理，俟修订呈览，候旨颁行"，光绪三十三年（1907）六月初九，法部、大理院会奏："编纂法典，为预备立宪最要之阶段"，故"请特开修订法律馆"（朱寿朋，1958：536）。专司各国法律编译的译书处作为修订法律馆的科研及咨议职能部门，与编案处各司其职，共同支撑一二科的修律任务。至此，出现了隶属于专司法律修订机构的专门化法律翻译机构，该机构的设定无论是其隶属还是职能都初现法律翻译组织机构的专业性。

（2）翻译人员适格化

晚清法律翻译场域的"翻译群落"中，译事委托者/赞助者、译者（群）、译本审定者、出版者均构成其中的关键要素。岳中生（2020）提出法律翻译群落适格概念,"翻译群落适格指翻译群落具有符合法律规定或要求的、从事翻译活动的资格或权能","适格法律译者应是精通两门或以上法律语言的语言学家、比较法学家和翻译家","群落生产者成员主要包括制定法律法规和译本审定职责的国家职能部门,法学界、翻译界、出版界等相关专门或专业领域的代表和专家"。然而,《滑达尔各国律例》的译者来自林则徐临时组建的"翻译班子"。身为钦差大臣的林则徐既是该译事委托者,也是译本审定者,其译者包括袁德辉和伯驾二人。中方译者袁德辉汉语功底深厚并熟练掌握英文,但法律背景的欠缺使得他在译介法律著作时难免力有不逮。而"米利坚医生伯驾"则是美国公理会派往中国的第一位医务传教士,他仅粗通汉语且未曾有研习法律的经历。之所以成为林则徐选中翻译《滑达尔各国律例》的外国译者,在很大程度上源于他主动表现出的友好姿态。韩琴(2008)考证认为,"6月10日,林则徐派代表初次与伯驾会晤,很有可能是:在袁德辉完成国际法相关主题的翻译初稿后,为核实译文的准确性,着手物色国家法相关主题的外国翻译者";苏艳(2015)则认为,"林则徐采纳了袁德辉的建议,先请伯驾翻译有关战争、船只扣押、封锁港口等章节,审阅后不够满意,又请袁德辉重译,增译了有关侨民待遇等部分"。无论二者翻译顺序如何,其目的在于与袁德辉的译稿进行核实互校,便于林则徐亲自比照以确保译文的精准。由此可推断,两位译者并无直接合作,而是作为独立译者提供平行译本,尚未形成译者群落。由林则徐、袁德辉、伯驾三人构成的《滑达尔各国律例》翻译群落包括政府官员、政府译员、国外非专业译员,三人均缺乏法律知识背景,尚未达到适格的法律翻译家标准,翻译群落也并非正式的国家机关。

相比之下,《万国公法》的外方主译者丁韪良研习汉语、精通官话,且在大学期间攻读法律,从而具有一定的专业背景,从法律翻译主体的适格性而言,法律翻译资格有了较大提升。且《万国公法》虽以丁韪良为主译,但历经两次鸦片战争的清政府已然萌生译介国际法的自觉意识,认为外国律例"其中亦间有可采之处"。丁韪良本人在《万国公法》中亦称:是书先由他与"江宁何师孟、通州李大文、大兴张炜、定海曹景荣略译数卷,呈总理各国事务衙门批阅,蒙王大臣派员校正底稿出资付梓"(2020:4)。丁氏所指的"王大臣"包括恭亲王奕䜣、总理衙门大臣文祥,"派员"则是来自总理各国事务衙门的四位章京陈钦、李常华、方浚师、毛鸿图。而沟通丁韪良及总理各国事务衙门这一国家机构的桥梁则是美国驻华公使蒲安臣,"付梓"之人则是时任中国海关总税务司的英国人赫德。鉴于此,《万国公法》的译介已形成了初具规模的、由国家机关协调统筹的译本生产群落。该翻译群落以总理各国事务衙门这一主管外交事务的国家机关为轴心,涵盖国家机关掌权者、中外译者群、中方审定者群,形成了法律翻译群落,然而该国家机关系临时性的外交机构、译者及审定者中除丁韪良外,对外语及法律的驾驭能力有限。尽管群落中的个体适格得以实现,但从群落整体而言尚未达到适格化的权能并举。

变法修律时期于1907年正式设修订法律馆,专掌修订各项法律,下设提调二人,总纂四人,纂修、协修各六人,置编案、译书、庶务三处,设总办一人,译员、委员若干人,都以谙习法律人员充任。"遴选谙习中西律例司员任纂辑,延聘东西各国精通法律之博士、律师以备顾问,复调取留学外国卒业生从事翻译。"(朱寿朋,1958:5324)国家机关组建、谙习中西律例的人员,由此构成变法修律时期适格化的法律翻译译者群落。

2. 晚清国家域外法律翻译制度的结构化进程

所谓国家制度的结构化是"国家运用政治权威和政治能力整合社会资源、协调社会利益、聚合社会组织、安排发展次序的过程"(李威利,2019)。晚清域外法律翻译制度作为国家制度在翻译领域的分支与具化,其结构化主要体现在翻译经费配置、翻译组织架构、翻译行为规划三个层面。

(1) 经费配置集约化

经费配置作为物化资源分配的集中体现,投入经费的多少可以反映出国家对特定活动的认同度与支持度。作为《各国律例》翻译赞助人的林则徐采取招募的方式,将翻译班子成员招入幕僚,给予他们经济和生活保障,但因为他所组建的翻译班子并未获得清廷的授权与认可,已有研究考证林则徐作为翻译赞助人,给予译者优厚的报酬和译员职位(邵雪萍、林本椿,2002;苏艳,2015),但未有其经费来源的一手资料,推断该项经费很可能来自林则徐本人的官俸。而《万国公法》的翻译则得到政府经费资助,应丁韪良要求"照给银五百两","此项银两,即由臣衙门酌提三成船钞项下发给"。所谓"船钞项"是清政府在各通商口岸对国外商船所征收的一种海关税,被清政府视为"供国家需用的一项税收"（宝鋆，1966：344），自 1862 年开始，"船钞收入中的三成开始拨付总理衙门作为同文馆办学经费"。由此可知，翻译《万国公法》的经费赞助系清政府的税收收入，先拨付总理衙门，再由总理衙门拨付同文馆后支付丁韪良。尽管该费用并非用于法律翻译的专款，但源自国家税收的稳定经费为法律翻译提供了强有力的经济支撑。或许正是基于前期公法译介经费来源的启示，修订法律馆成立之初就奏请拨专款以资办公，沈家本在光绪三十三年（1907）上奏《奏拟修订法律大概办法》一折，提出了经费问题：

馆中需用经费，宜先筹定也。开办用款，如建设馆舍、添购书籍、印字机等项，核实估计需用银二万两，常年用款如调查、翻译、薪水、纸张、印工饭食等项约计每年需银十万两……惟是立法事宜，关系全国，既非一手足之烈，亦非一朝夕之功。所有需用经费，均系再三确核，力求撙节，无可再减。

然而这一奏请因数额过大，遭到度支部的拒绝，之后沈家本再次上奏："馆事繁重，请仍照原请数目，每年拨给经费三万两。如所请行。"几日之后，沈家本在光绪三十三年（1907）十一月十四日奏请《修订法律大臣奏馆事繁重恳照原请经费数目拨给折》，备述办事之艰辛并附带奏上经费预算单，详细列出修律馆各部门、各项工作所需用银数目，清廷最终下旨发放相应拨款。据陈煜（2007：61）考证，法律馆一年经费不下九万两，"充裕的经费是法律馆运作的命脉"，"证明了清政府的确非常看重修订法律馆的作用，在财政困难之际，依然对修订法律馆给予了足够的支持"。

（2）组织结构科层化

马克斯·韦伯提出科层制（又称"理性官僚制"）理论，是一种理想型组织的结构样态及行为模式。韦伯（2004：22—25）认为，理想型科层制的组织结构具有五个特征："明确的劳动分工、权威的等级原则、稳定的规章制度、非人格化的理性特征、普遍的用人标准。"晚清域外法律翻译的官方组织逐步迈向科层化，以专家权威替代了外行管理、以客观规章取代了主观情感、以明确分工取代了简单协作。鉴于前文对机构、人员已有相关描述，此处以组织架构图直观呈现三个不同阶段的组织结构图，由此再现科层化的不同等级。

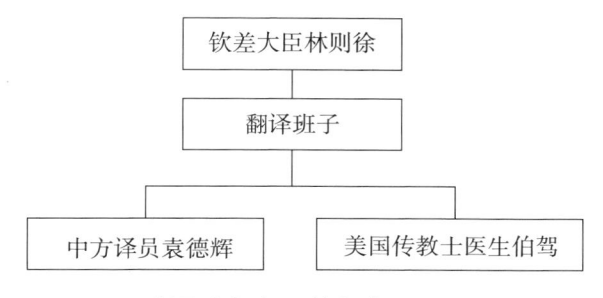

```
            钦差大臣林则徐
                  |
              翻译班子
              /      \
       中方译员袁德辉    美国传教士医生伯驾
```

图 1 《滑达尔各国律例》翻译组织结构图

在初期的法律翻译组织架构中，钦差大臣林则徐并不谙习法律，也不懂得翻译，只是凭借钦差大臣的身份组建了翻译班子；组织内部并无具体的规章制度，此次翻译行为中译员的选择主要依赖林则徐的主观判断和个人倾向；中外译员并无协作，所生成的译本仅互为参照。

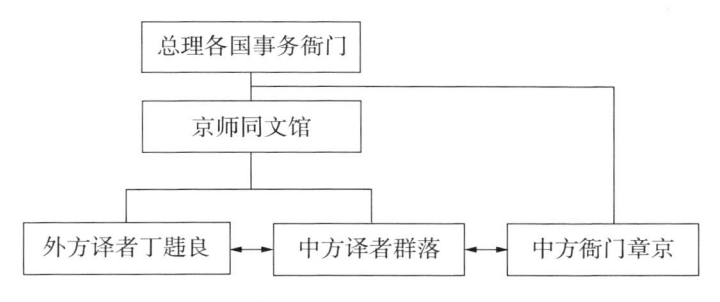

```
           总理各国事务衙门
                 |
            京师同文馆
           /     |     \
   外方译者丁韪良 ↔ 中方译者群落 ↔ 中方衙门章京
```

图 2 《万国公法》翻译组织结构图

《万国公法》的翻译是丁韪良与总理各国事务衙门协商共谋的结果，但就组织架构而言仍是垂直层面的层级关系。总理各国事务衙门作为主管外交事务的机构，下设的京师同文馆既是学堂，也承担翻译活动，摆脱了单纯外行管理的弊病，开始走向专业化；上述两大机构设有各自的规章制度；翻译行为的主体是丁韪良，但翻译之初便有江宁何师孟、通州李大文、大兴张炜、定海曹景荣辅助，后经主管总理各国事务衙门的恭亲王奕䜣派出章京"校正底稿"，形成以外方译者为主、中方官员辅助的外主内辅的合作模式，实现了人员的具体分工及翻译行为的协同合作，具有相对明确的分工和等级标准。

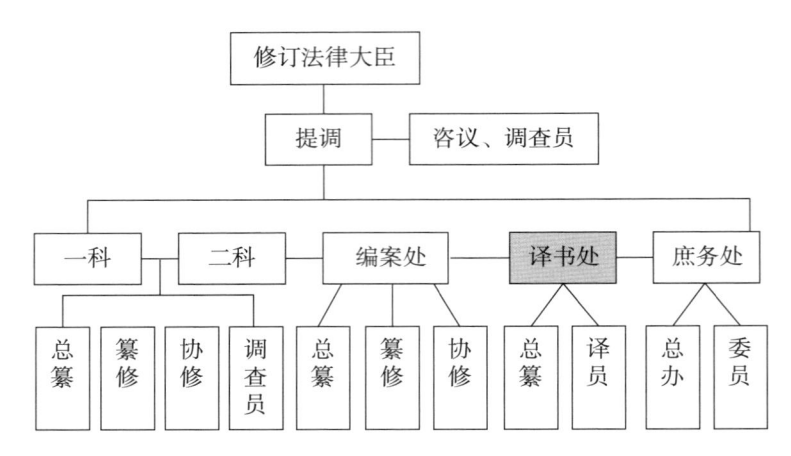

图 3　修订法律馆组织结构图

及至修订法律馆时期，两位重要的修订法律大臣沈家本、伍廷芳分别为中律、西律领域的权威人士，二人曾奏"酌拟大概办法"，内容包括：

一、遴选谙习中西律例司员，分任纂辑。

二、延聘东西各国精通法例之博士、律师，以备顾问。

三、调取留学外国卒业生从事翻译。

四、奏请朝廷拨专款以资办公，刊刻公章，以成立专门独立部门。（转引自陈煜，2007：28）

由上可知，此时的法律翻译隶属由专业权威人事主管的专门法律事务机构，在人员遴选、经费配备等方面制定相关办法，专设译书处进行法律翻译工作，译书处与一二科、编案处、庶务处共同构成修订法律馆的整体组织架构，分工明确、等级分明、有稳定的章程和明确的用人标准，呈现出理性化的组织特征。

（3）翻译规划国家化

"翻译规划是由国家或代表国家的主体对国家翻译实践及其相关活动所做的前瞻性干预、管理与计划。"（任东升、周忠良，2023）晚清国家对域外法律翻译的规划主要体现于翻译产品规划方面，即译文文本"为国译"的政用规划。林则徐组织翻译国际法的初衷是出于为禁烟寻求西方国家既有的法律依据，因为在19世纪初禁烟曾一度成为国际性问题，"外夷英吉利、花旗、荷兰、法兰西、大小西洋、俄罗斯、大小吕宋等国，吸食鸦片各有例禁"（陈德培等，1986）。而禁烟期间发生的"林唯喜"事件，则促使林则徐急于寻求可参照的处理此类国际司法事件的法律条文。综上可知，他组织译介域外法律的初衷是对鸦片贸易与缉凶事件的应急反应，希望可以借助西方既有的法律依据处理关涉中西方贸易、治外法权的特殊事件。《滑达尔各国律例》译成之后，成为林则徐实施禁烟、惩治凶手、具结贸易等对英斗争的法律武器。然而，在该翻译事件中主要以钦差大臣林则徐的应急性翻译为主，缺少国家层面的前瞻性、整体性规划。

译介《万国公法》时则由总理衙门奏报，奏折中称："臣等查外国律例一书，衡以中国制度，原不尽合，但其中亦间有可采之处。即如本年布国在天津海口扣留丹国兵船一事，臣等暗采该律例中之言，与之辩论，布国公使即行认错，俯首无词，似亦一证"，"其中颇有制服领事官之法，未始不有裨益"（宝鋆，1966：25）。《万国公法》译成之后"呈送三百部到臣衙门。将来通商口岸，各给一部"。《万国公法》译本的去向为总理衙门、通商口岸，服务于国家外交外贸的以资官用，因此《万国公法》译介行为既有自下而上的"请译"，又有自上而下的规制，是由外国译者翻译意愿引发的国家应对性规划。

及至清末修订法律馆的修律活动，其核心是修订旧律和起草新律两项内容，而翻译外国法律、比较列表法典条文、开展法制调查则是其中不可或缺的环节，由此可知，作为起始环节的外国法律翻译具有极为重要的地位，"凡关于东西各国法制，先以翻译最新书籍为取证之资"（转引自陈煜，2009）。无论是作为旧律修订依据的中西互证，还是新律起草依仗的外国法典知识，其核心内容不外乎法律移植、模范列强、会通中西，而其中翻译都是必要的学术学理准备，这从1902年4月上谕"着派沈家本、伍廷芳将一切现行律例，按照交涉情形，参酌各国法律，细心考订，妥为拟议，务期中外同行，有裨治理"（沈家本，2015：1）中可以一窥。修订法律馆的法律翻译面向清政府法制体系建构，译文文本成为制定本国法律文本的参照与依据，翻译价值体现在服务依法治国的治理旨归。此时的法律翻译从"举政"上升到"资治"之用。至此，国家或代表国家的政府开始系统规划法律翻译活动，包括原文本的选择及译文本的功用，体现基于国家战略需求的前瞻性、系统化法律翻译规划行为。

四、结语

晚清中国在鸦片战争前一直以天朝上国自居,对于域外法律知识不愿意也不屑于了解,直至1839年鸦片战争前夕,近代中国"第一个睁眼看世界"的政治家林则徐开启域外法律译介的序幕,以非官方、非正式的方式组织节译《滑达尔各国律例》,作为与英国外交、商贸谈判的法律武器。1862年成立总理各国事务衙门,后下设京师同文馆,在总教习丁韪良的带领下开始"公法"译介。1902年清政府设立修订法律馆,成立正式的、官方的译律及修律机构,系统化译介各国法典及法理。晚清域外法律翻译的三次历史事件构成法律翻译制度化进程的动态图景,经由合法化、结构化实现法律翻译制度化,呈现出制度由"薄"变"厚"的渐进过程,无论是垂直层面的机构组织框架,还是水平层面的译者自组织模式,都反映了法律翻译合法化的渐进过程,法律翻译结构化的历史进程,印证了法律翻译制度化演进的路径与模式。"法律翻译与法律移植自始至终就不是一个单纯的法律体制内的问题,而是一个关涉整个社会的变革与进步的综合性问题"(何勤华、李秀清,2002:565),通过对晚清域外法律翻译的制度化历程回溯,有助于跳脱出法律内的狭义视角,借助制度化、结构化的社会学理论广义视角,探析法律翻译的合理化发展路径,为当下国家法律翻译提供历史借鉴。

参考文献:

[1] Stevens, G. B. & William, F. M. *The Life, Letters, and Journals of Rev. and Hon.* Peter Parker, M.D. Boston and Chicago, 1896.

[2] Jonas, T. & Michael, Z. "The Legitimacy and Legitimation of International Organizations: Introduction and Framework", *Review of International Organizations*, 2019, 14(4).

[3] Koskinen, K. "Institutional translation: the art of government by translation", *Perspectives*, 2014 (22).

[4] Selznick, P. *The Moral Commonwealth: Social Theory and the Promise of Community*, Berkeley: University of California Press, 1992.

[5] 〔英〕安东尼·吉登斯:《社会的构成:结构化理论大纲》,李康、李猛译,北京:生

活・读书・新知三联书店，1998年。
［6］宝鋆：《筹办夷务始末（同治朝）》（第31卷），台北：台湾文海出版社，1966年。
［7］陈德培等：《林则徐〈洋事杂录〉》，《中山大学学报》1986年第3期。
［8］陈煜：《清末新政中的修订法律馆》，中国政法大学博士学位论文，2007年。
［9］陈煜：《清末修订法律馆修律技术及其得失》，见曾宪义主编：《法律文化研究》（第五辑），北京：中国人民大学出版社，2009年。
［10］韩琴：《论林则徐摘译国际法的选择性》，《福建师范大学学报》（哲学社会科学版）2008年第4期。
［11］何勤华：《传教士与中国近代法学》，见《法律文化史谭》，北京：商务印书馆，2004年。
［12］何勤华、李秀清：《外国法与中国法——20世纪中国移植外国法反思》，北京：中国政法大学出版社，2003年。
［13］〔美〕惠顿：《万国公法》，丁韪良译，上海：上海书店出版社，2002年。
［14］李富鹏：《改造"律例"——晚清法律翻译的语言、观念与知识范式的近代转化》，《政法论坛》2019年第6期。
［15］李威利：《从制度化到结构化：现代国家转型的新结构政治理论》，《甘肃行政学院学报》2019年第4期。
［16］〔美〕理查德・斯科特：《制度与组织——思想观念与物质利益》，姚伟、王黎芳译，北京：中国人民大学出版社，2010年。
［17］〔德〕马克斯・韦伯：《支配社会学》，康乐、简惠美译，南宁：广西师范大学出版社，2004年。
［18］屈文生、石伟：《论我国近代法律翻译的几个时期》，《上海翻译》2007年第4期。
［19］任东升：《国家翻译的对外话语实践：内涵和框架》，《上海交通大学学报》（哲学社会科学版）2022年第1期。
［20］任东升、高玉霞：《翻译制度化与制度化翻译》，《中国翻译》2015年第1期。
［21］任东升、周忠良：《国家翻译工程的新历程》，《中国社会科学报》2023年3月3日。
［22］邵雪萍、林本椿：《林则徐和他的翻译班子》，《上海科技翻译》2002年第4期。
［23］沈家本：《修订法律情形并请归并法部大理院会同办理折》，载故宫博物院明清档案部编：《清末筹备立宪档案史料》（下册），北京：中华书局，1979年。
［24］沈家本：《删除律例内重法折》，载《寄簃文存》，北京：商务印书馆，2015年。
［25］苏艳：《林则徐的"夷情"探查与翻译赞助活动》，《外国语文研究》2015年第3期。
［26］田涛、李祝环：《清末翻译外国法学书籍评述》，《中外法学》2000年第3期。

[27] 伍廷芳:《奏请专设法律学堂折》,见丁贤俊、喻作凤编:《伍廷芳集》,北京:中华书局,1993年。
[28] 岳中生:《规范性法律法规翻译群落适格性批评》,《上海翻译》2020年第4期。
[29] [清]朱寿朋编:《光绪朝东华录》,张静庐等点校,北京:中华书局,1958年。

翻译教育、翻译职业与翻译伦理

国际翻译家联盟推动翻译职业化的举措研究 *

张慧玉　占琦 **

摘要：翻译协会是推动翻译职业化的重要力量。国际翻译家联盟作为与翻译直接相关的重要国际组织，一直致力于在世界范围内推动翻译职业化的发展。本文系统梳理其推动翻译职业化的举措，发现该组织主要通过构建全球翻译网络、提高译者地位、推动行业发展、制定行业标准、促进学术研究等方面的系列举措助力翻译职业化。这些举措促使国际翻译家联盟在全球翻译职业网络中发挥着桥梁的作用，对环境的敏锐度促使该组织动态调整运营策略，而译者始终是其工作的核心。国际翻译家联盟的各项优良举措值得各级翻译协会组织借鉴，而其在管理机制、对外宣传及外部合作方面存在的不足对后者亦有启发。

关键词：国际翻译家联盟；翻译职业化；译者地位；翻译协会

Abstract: Translation associations play a critical role in promoting the professionalism of translation. The International Federation of Translators, as an important international organization directly related to translation, has been committed to promoting the professionalism of translation around the globe. This paper describes its measures of promoting the professionalism of translation, and finds that a series of measures are taken

---

* 本研究得到国家自然科学基金面上项目（项目号：71872165）、国家社会科学基金重点项目（项目号：23AYY018）、国家语委"十四五"科研重点项目（项目号：ZDI145-74）、浙江省哲学社会科学规划领军人才培育专项课题（项目号：24QNYC02ZD）、浙江大学研究生教育研究项目（项目号：20220391）的支持。

**　张慧玉，浙江大学外国语学院教授，博士生导师，研究方向为应用翻译、语言政策、话语研究。占琦，深圳万科祥盈管理服务有限公司深圳分公司职员，毕业于浙江大学外国语学院翻译专业，研究方向为翻译政策。

to build a global translation network, improve translators' status, support the growth of the translation industry, formulate translation industry standards and advance translation studies. With such measures, the FIT works as a bridge between different stakeholder groups, flexibly adapts to the changing environment, and concentrates on providing service for translators. Other translation associations at all levels are suggested to borrow its good practices on the one hand, and to make relevant improvements by learning from its limitations on the other.

Key words: International Federation of Translators, professionalism of translation, translators' status, translation associations

一、引言

随着经济全球化、社会信息化、文化多样化的纵深发展，个体及整体的翻译事业亦需紧随时代步伐，朝着职业化的方向发展（方梦之，2012）。翻译职业化指的是"在市场经济的条件下，由权威的机构（国外通常是翻译协会）导向并监管、以职业翻译为主体、有信息技术支撑的翻译行为过程"（同上）。谢天振（2014）根据特定历史时期的主流翻译对象，把中西翻译史划分成宗教典籍、文学名著、实用文献三个翻译时期，第三个时期即"翻译的职业化时代"，其中我国的翻译职业化始于改革开放。

翻译职业化从开创事业到确立地位需经历漫长的发展过程，除了以市场需求为导向的充裕人才储备，还需要资质认证、法律制度、社会力量、权威机构等作为保障性条件，其中翻译协会、相关国际组织等权威机构在推动翻译职业化中起到了不容忽视的重要作用（方梦之，2012）。各个国家、地区及地方的翻译协会是为具体区域制定标准、确立制度、切实保障译者合法权益的组织（黄德先、杜小军，2010）。国际翻译家联盟（the Fédération Internationale des Traducteurs/International Federation of Translators，FIT/IFT，后简称"国际译联"）作为与翻译直接相关的重要国际组织，可谓翻译协会中超国家层面的"协会"，无疑是推动世界范围内翻译职业化的关键力量。国际译联成立于1953年，多年来始终致力于从国际层面推进翻译事业的发展。该组织在其宗旨中指出，"国际译联的目标是促进其所代表学科的职业化"，推动翻译职业化正是其题中之意。尽管国际译联通过各种活动与方式为世界翻译事业的发展及职业化做出了巨大贡献，但学界却很少对其工作进行系统的回顾、梳理或总结，而这对于增进我们对国际译联的认识，理解权威机构（尤其是超国家层面机构）在推动翻译事业发展中的角色十分关键。基于此，本文尝试对国际译联推动翻译职业化的举措进行整理与分析，在呈现其贡献的同时剖析有待完善之处，以期明晰权威机构、国际组织在翻译职业化中的重要角色，并为各层面翻译协会的发展及变革以及新时代背景下中国的翻译职业化提供启示。

二、翻译职业化与翻译协会的推动作用

2003年，我国国家人事部正式发布《关于印发〈翻译专业资格（水平）考试暂行规定〉的通知》，"决定将翻译职业正式纳入国家职业资格证书考试系列"（黄友义，2003）。我国翻译事业蓬勃发展，职业化进程加快，"翻译职业化"一词逐渐为国内译坛所关注，学者们从不同的视角就此提出见解。面对翻译职业化快速发展的现状，韩子满（2004）聚焦译员培训，提出我国对职业译员培训缺少合适的指导教材，并尝试推荐教材书目。李波（2004）通过分析翻译职业化中的翻译资格考试指出，译员的职业道德应该包含保密、谢绝自己不能胜任的翻译任务、发挥主观能动性等。鲍川运（2007）从口译的规范与口译职业化、口译的培训与资格认证以及翻译学院在口译职业化中的作用等方面对口译的职业化进行了较为系统的阐述。黄德先、杜小军（2010）探寻了翻译职业的发展历程，指出翻译的职业化始于口译，还将翻译职业化概括为翻译职业技能、翻译职业意识和翻译职业道德三个方面，认为翻译职业化以市场需求为前提，需要法律保障、组织保障、人才保障和资质认证相关保障，提出翻译职业化可以为翻译研究带来新认识。穆雷（2012）认为，翻译教育是翻译职业化的基础保障，指出在教学理念、教学环境、教学内容、教材教法、教学队伍和教学管理这六个方面，职业翻译教育有别于传统学术型的翻译教学。结合语言服务行业中的技术趋势，赵应吉等（2019）从译者素养、翻译方式、翻译方法等方面探讨了机器翻译对翻译职业化的影响。

这些研究有力地增进了我们对翻译职业化的认识与理解。从已有研究所提

出的定义（如方梦之，2012；谢天振，2014）以及多层面、多视角的阐释不难判断，翻译职业化不仅关涉译者及翻译过程的相关主体，也与翻译协会等相关权威机构的工作直接关联。国际译联会刊 *Babel* 的主编弗兰斯·德莱特（Frans De Laet）曾经在接受采访时谈及"翻译职业化"，认为翻译职业化的推进与翻译职业的保障息息相关，并指出，翻译职业缺乏合理的准入规范是不公平的（吴攸、李珂珂，2016）。事实上，翻译职业道德条例和职业标准的建立正是始于国际译联（FIT）和国际会议口译员协会（AIIC）（黄德先、杜小军，2010）。

基于翻译协会等机构在推动翻译事业中的重要作用，部分学者对不同层面的权威机构进行了推介与分析，如圣功（1989）向中国学界介绍了国际翻译家联盟、国际会议口译员协会和国际会议笔译员协会这三大世界国际翻译机构，穆雷（1991）对尤金·奈达介绍的美国翻译组织进行记录，包括美国的翻译协会和翻译局，而赵家琎（1991、1992）则聚焦联合国的专门翻译机构，介绍了联合国对翻译工作及其工作人员的要求（包括工作方法、词典及参考资料使用、翻译文体、审校要求等）。针对国际译联的研究较少，严玲（2011）、谢天振（2014）等学者曾对该组织的"国际翻译日"进行阶段性的梳理总结，并探讨其中的启示。

以方梦之（2012）的观点及上述推介为基础，部分已有研究进一步肯定了翻译协会等权威机构对翻译职业化发展的推动作用。柯平、鲍川运（2002）对世界各地高校的翻译研究机构进行了梳理和分析，指出这些依托于高校的权威研究机构对翻译人才培养、推动翻译职业发展做出了重要贡献。张慧玉、李茜（2019）从主要利益相关者视角对比分析了中美翻译协会的主要职责与功能，其中二者的多项共同职能，如制定职业规范、推动行业发展、助力人才培养等，实际上都有利于推动翻译的职业化。

这些研究促使我们更好地认识到翻译协会等权威机构的作用，尤其在推动翻译职业化中的作用。但有限的相关研究主要致力于介绍或对比相关组织，尚未真正聚焦权威组织对翻译职业化的举措，更缺乏对其工作的系统梳理与分析，而这对于我们更进一步了解其在翻译职业化中的作用至关重要。因此，本文以国际译联为例，尝试系统梳理并阐释其在推动翻译职业化中的举措，并客观剖析其贡献与不足。

三、国际译联推动翻译职业化的举措

1. 国际译联简介

国际译联是包括口译员、笔译员及术语员协会的国际团体，1953 年由联合国教科文组织赞助支持成立，总部设在法国巴黎，现有分布于 6 大洲 60 余个国家和地区的 133 个成员组织。国际译联的组织架构如图 1 所示。国际译联的最高领导机构是每三年举办一次的法定大会，大会选举产生理事会，理事会选举产生的执行委员会负责指导国际译联的工作。该组织现有 10 个常设委员会和 10 个特别工作组，分别负责协调解决成员在培训、工作条件、职业身份、服务类别等方面遇到的问题。该组织设有一个秘书处，直接负责联盟的日常活动及成员管理事宜；下设欧洲、拉丁美洲及北美洲三大区域活动中心，大力促进国际译联在各区域内的活动，并组织会议，加强成员协会对专业相关问题的交流及与国际译联理事会的联络。2023 年 4 月，在西班牙巴塞罗那举办的第七次理事会会议上，国际译联决定成立国际译联亚洲中心，并正式启动区域中心相关建设工作。

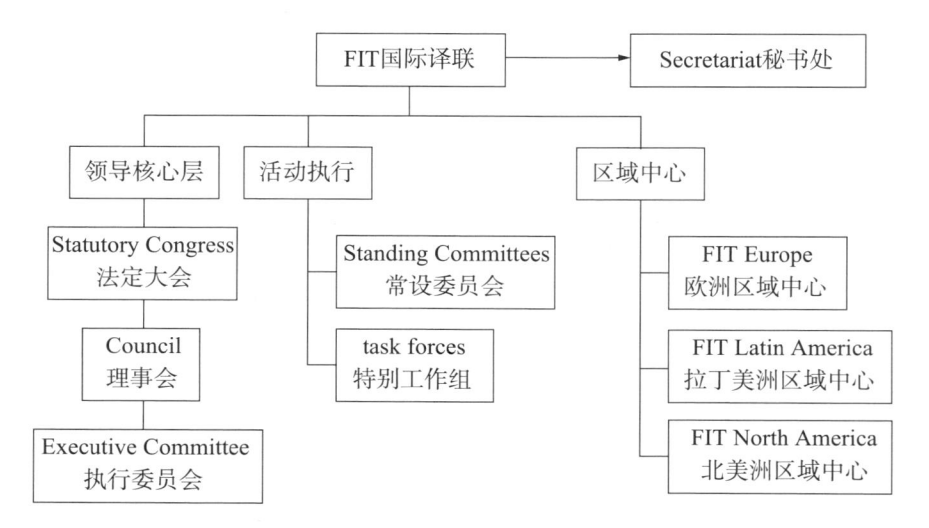

图 1　国际译联组织架构

国际译联的目标是促进翻译领域的专业化，致力于不断改善各国的翻译条件，维护译者的权益。成立至今，国际译联已广泛开展活动，并不断扩大其活动对职业化的影响，其举措主要包括构建全球翻译网络、提高译者地位、推动行业发展、制定翻译行业标准和推动翻译学术研究等。

2. 国际译联构建全球翻译网络的举措

作为一个超国家层面的翻译国际组织，国际译联成为沟通世界翻译领域的核心桥梁。国际译联在全球拥有超过130家翻译协会、培训机构和研究中心作为其成员，代表了全球85000余名笔译家、口译家及术语学家，能够在其专业领域乃至世界范围内的多个领域发挥重要作用。目前中国有四家入会机构，即中国翻译协会、中国科学院科技翻译工作者协会、广东外语外贸大学和西安外国语大学。国际译联的三大区域中心各自拥有组织分工，定期召集区域内的成员举办圆桌会议或论坛，成为国际译联总部下一级的核心桥梁。同时，国际译联执行委员会经常应各翻译协会邀请到不同国家举行会议，针对国际译联的重要事宜进行讨论。除此之外，译联主席在职期间经常到各国家和地区参加成员组织举办的相关活动，助力协会成员及翻译事业的发展。

世界翻译大会是国际译联联结全球翻译网络的关键举措。大会一般每三年举办一次，由第一阶段的法定大会和第二阶段的公开论坛组成。法定大会为国际译联内部大会，公开论坛则面向全世界译者及翻译爱好者开放并征集稿件，共同探讨翻译相关话题及语言服务行业的未来。世界翻译大会是确保翻译及语言服务行业领域人士定期联络的重要机制。中国翻译家协会自加入国际译联以来，一直借助其平台积极开展与世界其他地区的翻译交流与合作，并于2008年成功主办了第18届世界翻译大会，为中国翻译力量走上世界舞台做出重要贡献，成为中国翻译事业史上的里程碑。

国际译联成立的委员会和特别工作组是国际译联举办各项活动、联系各成员协会的关键部门。各成员协会每年在国际译联的指导下举办国际翻译日庆祝活动，如为了响应2015年的国际翻译日，中国翻译协会策划了"译讲堂"项目，旨在通过讲座和工作坊为译协成员介绍翻译和语言服务行业相关的知识、技能及信息。

此外，顺应网络化、信息化、技术化潮流，国际译联还建立了自己的推特、脸书账号，即时更新信息，为翻译及语言服务从业者、学者以及所有关注翻译的人提供了在线的社交平台。国际译联的线上线下网络遍布世界各大洲，有力地促进了"翻译"人士及"翻译"工作进入公众视野，推动了翻译职业化。

3. 国际译联提高译者地位的举措

提升口译员、笔译员及术语员的地位是国际译联的重要使命。国际译联于 1953 年提议将每年的 9 月 30 日设为国际翻译日（英文：International Translation Day，缩写 ITD），国际译联会为每年的翻译日选定主题，并以各种形式与成员组织合作举办系列活动，以彰显译者的地位。国际译联每年都会鼓励所有成员协会及感兴趣的个人参加为国际翻译日设计宣传海报的比赛，并邀请所有成员协会打印海报、围绕国际翻译日主题举办各类庆祝活动。除此之外，如表 1 所示，翻译国际日的主题围绕译者主体、翻译客体、翻译渠道、翻译作用、翻译意义等，每年有所不同，成为世界翻译事业进步的见证，突出体现了时代进步中翻译工作的重要性，以及译者在跨文化交流传播中承担的重要使命。国际翻译日顺时随势，体现了国际译联为促进翻译职业化持续努力，在世界翻译界产生了一定影响，促进了其成员对翻译活动的认识。特别值得注意的是，1998 年、2001 年、2006 年、2015 年等年度的主题直接聚焦翻译行业及译者职业化，起到了尤为明显的导向作用。

表 1　历届国际翻译日的主题演进

年份	主题	年份	主题
1992	翻译——至关重要的纽带	1999	翻译—转变
1993	翻译，无处不在	2000	服务于翻译需要的技术
1994	翻译面面观	2001	翻译与职业道德
1995	翻译发展的关键	2002	翻译工作者是社会变革的促进者
1996	翻译与版权	2003	翻译工作者的权利
1997	正确的翻译方向	2004	多语并存与文化多元性
1998	翻译的敬业精神和专业化	2005	翻译与人权

续表

年份	主题	年份	主题
2006	多种语言——同一职业	2015	变化中的翻译职业
2007	请勿迁怒于信使！	2016	翻译：连接世界
2008	术语学——词语至关重要	2017	翻译与多元化
2009	携手合作	2018	翻译：在时代变革中弘扬文化遗产
2010	多样化的语言，高质量的翻译	2019	翻译与本土语言
2011	翻译之桥，沟通文化	2020	精准表达危机中的世界
2012	翻译：跨文化交流	2021	翻译联合起来
2013	超越语言障碍——联合世界	2022	无障碍世界
2014	语言权：所有人的基本权利		

颁发奖项是国际译联肯定译者地位、促进翻译职业化的重要举措之一。在每三年举办一次的世界翻译大会上，对翻译专业领域做出过杰出贡献的个人和团体将受到国际译联的表彰，奖项包括：阿尔宾·泰布利维奇奖（Albin Tybulewicz Prize）、马里安·伯尔斯奖（Marion Boers Prize）、皮埃尔·弗朗索瓦·凯莱勋章（Pierre-François Caillé Medal）、阿斯特里德·林德格伦奖（Astrid Lindgren Prize）、北极光非虚构文学杰出翻译奖（Aurora Borealis Prize for Outstanding Translation of Non-Fiction Literature）、卡雷尔·乔佩克有限传播语言翻译奖（Karel Čapek Medal for Translation from a Language of Limited Diffusion）、科学技术翻译卓越奖（FIT Prize for Excellence in Scientific and Technical Translation）、卓越诠释奖（FIT Prize for Interpreting Excellence）、最佳期刊奖（FIT Prize for Best Periodical）、最佳网站奖（FIT Prize for Best Website）等。各获奖者由国际评审团从各奖项提名候选名单中选出，奖项的授予除了代表着世界相关专业领域对获奖者贡献的认可，还是对其工作和成就的表彰，更体现了国际译联对翻译人才和相关机构组织的重视，这对鼓励译者的积极性、鞭策落后成员具有重要意义。中国科学院科技翻译工作者协会会刊《中国科技翻译》于1993年第十三届世界翻译大会获"1990—1993年度最佳国家级翻译期刊奖"，著名翻译家许渊冲于2014年第二十届世界翻译大会获得了"北极光"

杰出文学翻译奖，体现了国际译联对中国翻译行业优秀组织和个人的充分认可及对中国翻译事业的重视和支持。

国际译联将推动译者地位提高的工作落到实处。每届世界翻译大会召开之后，国际译联会通过组织成员讨论并发表立场文件，提出当前阶段翻译行业存在的问题及其改进建议。如2014年，国际译联关注了世界冲突地区翻译工作者的情况，并发表相关决议，对冲突地区的翻译工作者于危难之地勇敢地承担起语言和文化沟通责任的行为予以积极肯定，大力呼吁各国政府及国际社会重视并保障冲突地区翻译工作者的人身安全。次年，国际译联面向冲突地区工作的译者推出了国际译者卡（International Translator's Card），为处于冲突地区的翻译工作者提供身份证明，以期确保翻译工作在战争中的中立立场，为他们的翻译工作带来安全保障。2016年，国际译联就翻译职业实习发表立场文件，阐明实习生的福利及公司或组织的利益、实习薪水相关问题、实习基本要求等，鼓励公司或组织在合法合规的基础上，为年轻人提供公平且结构良好的实习机会，从就业方面入手，改善译者地位。2017年，国际译联就自由职业者和翻译公司之间的关系发表立场文件，指出自由职业者和翻译公司之间互惠互利的关系，鼓励双方通过加深彼此了解、互相信任和尊重，寻求一种公平、平衡和互利的关系；而国际译联正寻求与全球及区域级别的翻译公司协会进行对话及合作，助力自由职业者与翻译公司建立更良性的互动关系。

4. 国际译联推动行业发展的举措

与各国及地区的翻译协会相仿，国际译联亦是联系译者、学界与行业的桥梁，该组织通过各种活动推动语言服务行业的发展，尤其关注语言服务技术的研发及应用，带动整个翻译行业进步。2014—2017年，国际译联参与了作为欧盟"地平线2020"科研计划之一的QT21项目（Quality Translation in the Twenty-First Century），对QT21进行宣传并开发了一个新的翻译质量评估系统，更新译者对人工翻译和机器翻译的理解和体会。2016年和2019年，国际译联两次就机器翻译发表立场文件，指出不同阶段机器翻译的局限性，并对使用机器翻译的用户进行区分，提出机器翻译用户需注意的事项，以及机器翻译对专业翻译的影响，呼吁各翻译协会在机器翻译行业中承担责任，让用户提高对机器翻译使用的认识，促进译者的工作与现代化科技接轨，紧跟时代潮流。

2015年，国际译联与德国人工智能研究中心（Deutsches Forschungszentrum für Künstliche Intelligenz，DFKI）签署框架合同。2016年，国际译联就众包翻译发表立场文件，提出众包翻译可能具有翻译人员职业精神不足、工作质量不高等缺点，将其对专业翻译的影响进行分析，提出翻译协会具有向相关人员普及众包翻译优缺点的责任等观点，为译者福祉进行诸多考量。

除此之外，国际译联还与许多政府组织或非政府组织积极开展合作，签署备忘录以促进翻译职业化，推动翻译相关行业发展。如：2016年12月12日至14日，联合国教科文组织巴黎总部主办了非政府组织国际会议（the international conference for non-governmental organizations，ICNGO），国际译联为受邀者之一，在这次会议期间发起了一个与教科文组织合作的重大项目，旨在相互促进普及信息国际日（9月28日）和国际翻译日（9月30日），同时提高这两个国际日的知名度和影响力。2018年12月19日，由主席凯文·奎克代表国际译联和哈萨克斯坦国家翻译局（National Bureau of Translations of Kazakhstan，NBT）签署了一份谅解备忘录，旨在建立交流知识和经验的伙伴关系，促进笔译、口译和术语专家职业的认可，提高译者在社会中的地位，以及翻译作为一门独立的科学和艺术的地位。为与文学翻译家重新联系，国际译联持续努力，采取一系列措施，其中就包括国际译联和国际译联欧洲区域中心与欧洲文学翻译家协会理事会（European Council of Associations of Literary Translators，CEATL）签署的一份重要的谅解备忘录。这份谅解备忘录将使国际译联、国际译联欧洲区域中心和欧洲文学翻译家协会理事会受益，在适当的情况下，他们会通过非商业谈判和活动为其成员改善条件。

5. 国际译联制定翻译行业标准的举措

国际译联对翻译行业标准的制定和实施具有重要作用。2015年，国际译联在简报 *Translatio* 上对成员协会发布通知，提出了译者应注意的三大标准，如对笔译来说：第一，译者应持有翻译专业资格证书（Translation Service Provider certification，TSP certification）；第二，译联认为译后编辑涉及的任务超出翻译专业资格证书考核范围，应加以重视；第三，利益相关者交流应作为一条指导标准。2017年，国际译联就国际标准发表立场文件，提出国际译联在ISO标准方面享有官方联络地位，有权对国际相关标准提出改进建议，并支持相关领域制定应用国际标准。为了促进国际标准的实施，国际译联还于 2015 年特别设立了国际标准化委员会（ISO Standards Committee）。该委员会每年都通过工作计划公布今后的工作重点和方向。2015 年，在国际翻译协会官方网站上，该委员会对外公布了国际译联截至 2015 年 1 月发布的各种标准，主要包括翻译公司认证标准 3 项、服务于翻译利益相关者交流的标准 3 项、翻译质量指标 2 项、口译标准 4 项、术语标准 2 项、术语以外的技术（数据）标准 7 项。通过相关标准的推行，国际译联积极与各政府和非政府组织举办活动，为翻译工作者谋福利，促进翻译职业化，成为振兴翻译行业的中坚力量。

6. 国际译联推动翻译学术研究的举措

国际译联推动翻译学术研究的主要举措是出版发行期刊和简报。*Babel* 是世界上第一本翻译国际期刊，拥有举足轻重的地位。该期刊得到欧盟成员国及联合国教科文组织的共同支持，创刊于 1955 年，最初为季刊，后为了适应阅读量和内容的增加，自 2017 年起改为每两个月出版一次。国际译联为该期刊工作专门成立了 *Babel* 委员会。该委员会现有主编 2 人、出版主任 1 人、委员会成员 2 人和编委会成员 50 人。这些成员均为翻译界名家，其中包括黄友义、许钧、孙艺风等多位中国知名专家。1982 年，国际译联开始发行简报 *Translatio*，发行量在每年 4 期左右，向成员提供即时的信息。每期简报的主要内容包含主席致辞、国际各翻译协会内部工作人员和成员的变动、全球活动（周年纪念日、国际翻译日、国际各翻译协会与其他国际或国家组织的合作等）和区域成员协会的活动（学术会议、竞赛、讲座、论坛、教育活动、庆祝活动等）等，其中一大部分的版面用于给成员传达实践和职业相关的重要信息。正因如此，*Translatio* 成为推广翻译学术研究的一个重要的补充平台。据国际译联 2016 年的一项调查显示，除了本身成员之外，不少非协会成员也在阅读 *Translatio*，这说明该简报在推动国际译联影响力方面起到了重要作用。

四、讨论与思考

1. 国际译联推动翻译职业化举措的特点

通过对国际译联推动翻译职业化的举措进行梳理和分析，可以看出，国际译联对促进翻译职业化发挥了非常积极的作用，其举措呈现出三个鲜明的特征。

第一，作为一个国际组织，国际译联发挥着重要的桥梁作用，通过形成全球性的职业网络促进翻译职业化。从网络的角度来看，互相沟通和联系的全球翻译职业领域就是一张充满了点和线的网络地图，而国际译联处在点线密集交织的网络中心，联系着各大洲国家和地区的各个翻译组织、翻译协会、翻译公司、译者等主体，将越来越多的利益相关者包括其中，尤其重视主要利益相关者的角色和利益，在提高组织知名度的同时促进翻译职业化的持续发展。国际译联于1986年建立北美区域中心，1996年成立欧洲区域中心，2003年成立了拉丁美洲区域中心，三个区域中心的成立表明以这三个区域中心为核心的国际译联的三大活动阵地形成，标示着此三大地区越来越多的个人和组织因各自区域中心的活动而成为国际译联的利益相关者。国际译联定期召集的世界翻译大会成为联络翻译工作者的常规性纽带，而每年组织的国际翻译日通过主题推广及各项活动为世界各地更好地认识翻译和翻译职业打开了重要窗口，以此引发社会对翻译职业的关注，提高译者地位。

第二，国际译联始终保持对环境的敏锐度，及时调整其运营策略与活动重点，以适应国际环境动态对翻译职业化的动态要求。在保持和推进传统活动的同时，国际译联充分回应科技发展对翻译职业的要求，近年来十分注重翻译技术的发展，期望利用技术促进翻译职业化，并尝试提出相应的职业规范。2014年的世界翻译大会主题定为"人工翻译与机器翻译——翻译工作者与术语学家的未来"；2014—2017年，国际译联参与QT21项目，为译者带来了对人工翻译和机器翻译新的理解和体会；2016年，国际译联就机器翻译发表立场文件；2015年，国际译联与德国人工智能研究中心签署框架合同；2019年，国际译联再次就机器翻译发表立场文件，重申机器翻译的重要地位。由此可见，从2014年开始，国际译联对科技的重视不断提升，通过对相关话题的讨论和与相关组织的合作，利用科技促进了翻译职业化。从历届国际翻译日的主题演进以及国际译联发布的立场讨论文件中不难发现，国际译联的关注焦点始终落在时代翻译职业发展最关切的问题上。例如，2020年国际翻译日的主题为"精准表达危机中的世界"。在全世界遭受重创、陷入危机的2020年，不少译者的职业定位也随之发生巨大变化,他们成为危机中的关键角色,为世界危机的化解做出了重大贡献,而2020年的国际翻译日敏锐地抓住了时代的脉搏,提出这一主题,急切呼唤公众加大对译者的关注度。

第三,国际译联始终将译者放在其工作的核心位置,越来越重视译者的地位,并通过多样化手段促进译者地位的提升,保障其工作权益及其他利益。各类奖项的设置有力地凸显了杰出译者对本领域及整个社会的突出贡献,相关立场文件关注并强调职业化过程中与译者安全、权益密切相关的重要问题,而国际翻译日的设立则在全世界范围内彰显译者的关键作用及地位。值得注意的是,国际翻译日的诸多主题均与译者地位密切相关,特别是"翻译工作者是社会变革的促进者"(2002)、"翻译工作者的权利"(2003)、"请勿迁怒于信使!"(2007)等主题则直接聚焦译者地位和权益。除了上述直指译者地位的举措,本文分析的诸多其他举措都在一定程度上直接或间接地推动了译者地位的提高。例如,推动行业发展的系列举措通过聚焦语言服务技术、改善行业环境等方式为译者提供了更好的职业发展条件,而制定行业标准的系列举措让译者在提供服务、维护自身权益时有据可循。

2. 国际译联推动翻译职业化举措的局限

国际译联多年来坚持的系列举措无疑有力地推动了翻译职业化,提高了译者地位,但不容忽视的是,该组织在管理与运营中仍存在一些问题,制约其举措的实施效果。首先,国际译联的组织管理机制有待完善,组织规模不稳定,并且行动缺乏执行力和持续性。国际译联活动的开展、与各国各地区的联络沟通主要依靠其特别工作组,但工作组的成员及其行动参与均基于自愿,并不是长久存在的稳定部门或机构,诸多工作组往往随着特定活动形成及解散。比如,国际译联曾专门成立"教育与职业发展特别工作组"推进教育和职业化的相关工作,但现在已不再活跃,而国际译联在翻译职业教育方面相关的工作尚未深入开展,急需有相应的部门继续推进。显然,这样的运作机制很不利于该组织及所倡议活动的持续性;同时,该组织在本质上是国际组织,与以权力为基础的国家机制不同,在诸多举措的推行中缺乏强制执行力,因而难以达到预期的效果。

其次,国际译联促进翻译职业化的举措覆盖范围不全面,部分地区尚未被涵盖于行动网络内，组织的影响力和宣传工作亦有待加强。国际译联的活动主要围绕世界翻译大会展开，而大会的参会人数有限，并且在全球范围宣传力度不够；同时，其在指导成员组织展开相关活动时仅作为指导者或倡导者，影响力不突出。此外，国际译联成立于欧洲，虽然成立至今已经拥有欧洲、拉丁美洲和北美洲三大区域中心，也在计划建设亚洲区域中心，但其活动中心仍然主要定位在欧洲，而且其133个成员中有77个成员来自欧洲，欧洲成员占比远超其他大洲成员占比的总和，不仅地区的活动开展不平衡，更缺少对非洲、大洋洲等地区的关注。这些都制约了其职能的发挥及举措的效果。

最后，国际译联所关注的语言服务领域也有待拓展。譬如，该组织颁发的奖项虽然涉及多种授奖对象，但缺乏对特定领域的关注，而医学、商务、法律等的专业领域翻译重要性日益突出。译联可以通过设置有针对性的奖项鼓励优秀的从业者，并提升其职业化水平与地位。

3. 对其他翻译协会推动翻译职业化的启示

翻译协会是推动翻译职业化的重要力量（方梦之，2012），国际译联在此方面的努力与举措对于其他各层级的翻译协会具有重要启示。一方面，基于国际译联系列举措对推动全球翻译职业化的积极作用，不同国家或地区层面的翻译协会均可根据本国或地区的实际情况积极借鉴相关举措，以在不同层面推动翻译职业化。譬如：国家层面的翻译协会可以倡导建设具有本国特色的"国家翻译日"，并创设系列庆祝活动，既可以呼应国际译联的活动，又可以更深入地推动本国的翻译职业化；各国翻译协会应当积极推动翻译职业标准的构建及完善，这是对国际译联全球标准的有力补充，能更加充分地考虑本国语言状况及语言服务行业生态，通过切实可行的行业标准规范推动行业的可持续发展；各级翻译协会均是联系从业者、服务商、教育机构等主要翻译利益相关者群体的桥梁和网络，应当积极发挥纽带作用，促进不同群体之间的交流与融合，汇聚更广泛的力量推动翻译职业化。此外，各级翻译协会均可以打造学术交流平台，通过创立学术期刊、组织学术奖项等方式推动翻译研究与翻译职业化之间的良性互哺。

另一方面，鉴于现有举措的局限，国际译联及其他翻译协会可以对照自身的情况做出相应的改进。就管理机制而言，各级翻译协会可以通过健全自身的管理机制提升推动翻译职业化举措的有效性与持续性。目前国际译联的组织架构，特别是其委员会和特别工作组，是义务且非常设的组织，缺少一定章法，不利于各项活动的持续开展。以此为鉴，各翻译协会应当注重优化工作机制，组建专门、专业的管理团队，确定运作组织的方针和目标，设定年度管理计划，通过稳健的人力资源发展战略保障各项常规职业化活动的持续、深入开展。就外部合作而言，国际译联应当积极与各政府、国际组织等合作，完善合作内容，推进区域中心的平衡发展，防范化解风险，应对未来挑战。在完善大洲区域中心的基础之上，国际译联不仅应重视发达国家译者职业的发展，还应对各发展中国家给予关注，对待不同国家和地区采取不同的发展战略，并加强不同国家和地区之间的合作，努力促进各地翻译职业的共同发展。此外，国际译联的对外宣传工作亟待加强，对各级翻译协会来说，宣传亦是容易被忽视的工作环节。譬如，世界翻译大会是国际译联推出的世界翻译人盛会，但该大会在世界范围内的知名度并不高。对此，国际译联应当找准活动的定位，联动各会员组织，积极就该大会进行宣传，在推动开展相关活动的同时发挥自身影响力。同时，作为推动翻译职业化的关键力量，国际译联及各级翻译协会组织应当积极联合内外部力量拓展宣传翻译职业化的渠道，以提高译者及公众的认识。

五、结语

翻译职业化为翻译领域及行业大势所趋，而翻译协会在翻译职业化进程中的作用不可忽视。国际翻译家联盟作为全球引领型翻译协会，通过一系列举措构建全球翻译网络、提高译者地位、推动行业发展、制定行业标准、促进学术研究，为世界范围内的翻译职业化做出了重要的贡献。基于这些举措，国际译联在全球翻译职业网络中发挥着关键的桥梁作用，对环境的敏锐度促使该组织不断调整运营策略，以适应环境变化对翻译职业化的动态化要求，而译者始终是其工作的核心。国际译联的各项优良举措值得中国翻译协会及世界各国、各地区不同级别翻译协会或组织借鉴。本文也指出，国际译联的管理机制及部分活动的持续性有待提高，其对外宣传工作及外部合作有待进一步拓展，这些不足之处同样值得其他翻译协会或组织进行相应的对照与反思。

参考文献：

［1］鲍川运：《口译的职业化》，《中国翻译》2007 年第 1 期。

［2］方梦之：《ESP 与翻译职业化》，《上海理工大学学报》（社会科学版）2012 年第 1 期。

［3］韩子满：《翻译职业化与译员培训——罗宾逊〈速成翻译教程〉评介》，《中国翻译》2004 年第 3 期。

［4］黄德先、杜小军：《翻译的职业化及对翻译研究的影响》，《上海翻译》2010 年第 1 期。

［5］黄友义：《实行翻译资格考试制度　推动翻译职业化进程》，《中国翻译》2003 年第 6 期。

［6］柯平、鲍川运：《世界各地高校的口笔译专业与翻译研究机构（上）》，《中国翻译》2022 年第 4 期。

［7］柯平、鲍川运：《世界各地高校的口笔译专业与翻译研究机构（中）》，《中国翻译》2002 年第 5 期。

［8］柯平、鲍川运：《世界各地高校的口笔译专业与翻译研究机构（下）》，《中国翻译》2002 年第 6 期。

［9］李波：《翻译的职业化与职业道德》，《上海科技翻译》2004 年第 3 期。

［10］穆雷：《翻译的职业化与职业翻译教育》，《中国翻译》2012 年第 4 期。

［11］穆雷：《美国的翻译组织》，《语言与翻译》1991 年第 1 期。

［12］圣功：《世界三大国际翻译机构》，《中国科技翻译》1989 年第 2 期。

［13］吴攸、李珂珂：《师资、课程与翻译的职业化——Frans De Laet 教授访谈录》，《上海翻译》2016 年第 5 期。

［14］谢天振：《论翻译的职业化时代》，《东方翻译》2014 年第 2 期。

［15］严玲：《从历届国际翻译日主题探讨翻译的发展》，《长江大学学报》（社会科学版）2011 年第 10 期。

［16］赵家琎：《联合国组织翻译工作简介》，《中国翻译》1991 年第 2 期。

［17］赵家琎：《联合国组织翻译工作简介（之二）》，《上海科技翻译》1992 年第 3 期。

［18］张慧玉、李茜：《利益相关者理论视域下中美两大翻译协会的职能与角色对比研究》，《外语与翻译》2019 年第 2 期。

［19］赵应吉、刘寅齐、陈思莹：《机器翻译研究进展对翻译职业化的影响》，《外国语文》2019 年第 1 期。

晚清译坛"失信"行为解析及对译者行为合理性评价的启示[*]

王军平　周正履[**]

摘要：晚清译坛的"失信"行为，表现为译者对原作从形式、内容到思想等各个层面的删减、增补和杜撰，当时译者、批评家及读者等社会参与要素之间的彼此促动关系，能够为译者行为合理性评价提供如下借鉴：一是从译者视角来看的"合理"行为，不能作为合理性评价的唯一依据，避免将实然性描写当成应然性结论；二是作为译评家，要加强历时与共时性参照，关注翻译规范时代性与翻译本质要求的统一；三是注意读者与批评家之间的视角差异，警惕因太倚重读者以及市场反应而在热点问题上产生认识及评价偏颇。

关键词：翻译批评；译者行为；晚清

Abstract: The unfaithful translating in the late Qing Dynasty is realized through deletion, addition and fabrication in the aspects of form, content and thought. The analysis of the interactions between translators, critics and readers at that time offers some important illuminations on translator behavior criticism as follows: 1. Some reasonable behaviors in the translator's eyes can not be regarded as the only evidence for his reasonability, so as not to take "is" as "ought" in evaluation; 2. Professional critics should take into account both

---

[*] 本文系山东省社会科学规划基金项目"文学外译语境下的译介行为批评研究"（项目号：19CYYJ02）、2022年度陕西省哲学社会科学重大理论与现实问题研究后期资助项目"基于陕味文学外译的翻译批评模式构建研究"（项目号：2023QN1128）、西安市社会科学规划基金项目"西安市翻译能力现状与建设路径研究"（项目号：24YZ11）的部分成果，同时得到了西安电子科技大学科研创新启动基金的资助。

[**] 王军平，博士，西安电子科技大学外国语学院教授，研究方向为社会翻译学、翻译理论与翻译批评。周正履，西安电子科技大学外国语学院副教授，研究方向为翻译教学理论与实践。

chronologically and synchronically the balance between Translational Norms at that time with the essence of translation; 3.To be aware of the evaluation distinctions between readers and critics, thus avoiding the misconception concerning hot realistic topics by relying too much on feedbacks from readers and market.

Key words: translation criticism, translator behavior, Late Qing Dynasty

一、引言

翻译中"信"的概念，由严复率先明确提出，源出他被后辈奉为译界经典的《天演论》译例言。但与《天演论》在当时受欢迎程度形成鲜明对比的是，经典的以"信"为首的翻译三字诀却寂寞寥落，"在他同时代小说翻译家们的论述话语中并没有引起什么反响和争论，那些本应说明翻译方法、标准和原理的译文序、跋、译余剩语和译评中，几乎没有对'信达雅'提出首肯或质疑，事实上，没有任何关于'信达雅'的述评"（胡翠娥，2007：86—87）。理论上的漠视必定会在翻译实践中有所反映。事实上，普遍存在的"失信"行为构成了晚清翻译实践的一个最突出的特点。今天看来，这一独特的翻译语境，有助于我们观察探讨翻译实践与批评之间的互动关系，从而能为译者的行为合理性评价提供点滴借鉴。

二、晚清翻译"失信"行为探析

晚清的翻译活动，受制于政治场域的直接干涉，其功能开始偏离了文学系统、诗学价值本身，注重译作的社会功能，注重对民众的启蒙与鼓动，从而造成了"信"的失落，引致了诸多"失信"行为。总体来看，翻译中"失信"行为表现在从译本外在结构到思想内容的各个层面。

1. 形式与结构层面的"失信"

甲午海战之后，为了救亡图存、开启民智，在梁启超"小说界革命"的鼓动下，西方新小说的翻译被给予厚望。不过，作为来自域外的文学作品，肯定与中国的传统文学存在诸多差异。出于对读者接受力的考虑，译者们首先在形式上进行了"改造"。有译者直言:"凡人名皆改为中国习见之人名字眼,地名皆借用中国地名,俾读者可省脑力,以免艰于记忆之苦"(我佛山人,1989:147)。而为了照顾读者阅读习惯,"小说翻译因袭传统小说的程式和故套,宏观结构遵循传统小说的章回体"(廖七一,2010:99)。郭延礼(2000)对当时有代表性的三种小说杂志(《新小说》《新新小说》《绣像小说》)上所刊发的22篇长篇翻译小说进行统计后发现,有13种采用了章回体,占到总数的60%。

当时的译者,潜意识里也并未意识到这样的改动有何不妥,甚至在译本的前言跋语中,对自己"失信"的行为也是明言示人。梁启超在《十五小豪杰》译后语中就说:"森田译本共分十五回,此编因登录报中,每次一回,故割裂回数,约倍原译。然按中国说部体制,觉割裂停逗处,似更优于原文也"(陈平原、夏晓虹,1989:47)。诚然,改变原文形式客观上是受到了传播形式的约束,但译者主观上对这样操作"符合"中国说部体制的认同,则是翻译小说"失信"的根源所在。当时《小说林》杂志的创办者之一徐念慈在译《海外天》第一回末尾时也说,"前岁少年中国之少年(梁启超当时用的笔名)译《十五小豪杰》,云以中国说部体代之,自信不负作者,吾于此书依然"(胡翠娥,2007:97)。鲁迅后来也在翻译科学小说《月界旅行》的辨言中明示:"《月界旅行》原书,为日本井上勤氏译本,凡二十八章,例若杂记,今截长补短,得十四回。"(陈平原、夏晓虹,1989:51)可见对小说外在形式的改变,在晚清翻译实践中几乎是一种"共识",具有了翻译规范的特征。胡翠娥对晚清译者翻译实践的特点进行了概括,比较全面地总结了译者在翻译过程中对传统"信"的丢弃,对翻译归化策略的推崇和践行,其表现在如下三个方面。

一是改用中国人名地名;二是保留原作的故事和情节,也即重关目,改变小说体例,割裂回数,甚至重拟回目,使之符合中国说部长篇章回小说的体式;三是删去无关紧要的闲文和不合国情的情节(胡翠娥,2007:97—98)。

就"信"的标准来看,如果前两条是为了照顾读者的阅读习惯,属于形式结构上的"改造"的话,那么第三条,则属于我们下面要讨论的内容上的"失信"了。

2. 内容层面的"失信"

事实上,晚清小说翻译中,译者们在内容上的"失信"行为,不光是删减,还有增补,时常会加入译者因感于中国时局而夹杂的评论,甚至为此而借机杜撰。

(1) 删减原文

晚清译者对原文的删减,从个人主观层面而言,无疑不排除目的语文学规范的制约,也包含了译者在文学规范上和小说表现形式上对读者的照顾,但更深层次原因,还是受译者的道德理想与当时社会意识形态的驱使。至于译文是不是忠实于原文,则根本不在译者和读者的考察范围之内。基于此,内容上若有违传统道德伦常,"译者宜参以己见,当笔则笔,当削则削耳"(铁,1989:333)。由于批评界以及读者并未对译者是否忠实于原著给予关注,这就让译者获得了自由和自信。于是,译者便不顾原文约束,将"译者认为无关的内容,整段整段地略去"(柳无忌,转自廖七一,2010:93)。林纾在《黑奴吁天录》例言中直言,"是书言教门事孔多,悉经魏君节去其原文稍烦琐者。本以取便观者,幸勿以割裂为责"(林纾,1989:27—28)。这里译者毫不遮掩地告诉读者,对宗教内容,出于照顾读者的考虑,"稍烦琐"的都被删掉了。

当然,选择删减相应的内容,看起来似乎是译者的一己之力,但实际上,也是受到翻译规范的制约,而当时刊物对译文的要求,则是翻译规范的直接体现。著名的小说刊物《新小说》就明确指出,其宗旨是"专在借小说家言,以发起国民政治思想,激厉(励)其爱国精神。一切淫猥鄙野之言,有伤德育者,在所必摈"(陈平原、夏晓虹,1989:27—28)。这样的发文要求,也会成为一般译者所遵循的规范,成为对原文删减的社会动因。这样导致的结果就是,晚清文学翻译"最严重的缺点,莫如对原作的大量删节"(施蛰存,1990:20)。还有一个极端的例子,那就是"德国作家史笃姆的中篇小说《茵梦湖》,近年出版的全译本有五万字,而1916年发表在《留美学生季报》上的译文《隐媚湖》,只有四千字"(同上)。由此可见,译者删减原文的自由以及读者和批评家对"失信"行为的宽容度。

(2) 增补原文

译者翻译内容上的"失信"还包括对原文的增补。首先,晚清译者在翻译时大多有一个潜在共识，那就是对译作的政治化解读。译者为了凸显或者增强译作的社会功能，达到预定的政治目的或者意识形态诉求，往往会借助翻译，夹杂自己的见解，特别是"当原著的政治内容不足，又或是不完全适用的时候，他们便在译作中随意加入自己的见解"（王宏志，1999：157）。苏曼殊在翻译雨果《悲惨世界》时，就曾借助女主角说出下面的一番话：

哎，我从前也曾听人讲过，东方亚洲有个地方，叫做支那的，那支那的风俗，极其野蛮，人人花费许多银钱，焚化许多香纸，去崇拜那些泥塑木雕的菩萨。更有可笑的事情，他们女子，将那天生的一双好脚，用白布包裹起来，尖促促的好像猪蹄子一样，连路都不能走了。你说可笑不可笑呢！（同上）

很明显，作者通过在译文中增补内容，对封建陈腐的思想进行讽刺与批评，对目的语固有的观念与意识形态进行颠覆和冲击。此方面的典型例子还有以严复为代表的"达旨"翻译。众所周知，严复在《天演论》里头几乎篇篇有按语，这些按语便可看作是"明目张胆"的增补，其内容一方面是严复对前面所译内容的解释，另一方面是其以启蒙为目的的对比与警示。其次，译者的增补是为了照顾读者阅读的乐趣，也可能是为了使书中的形象更加生动和丰满，因此通过目的语的增补，来"弥补"其认为不够好或者有缺憾的地方。钱锺书在论及林纾对狄更司小说的增添时就说："他一定觉得狄更司的描写还不够淋漓尽致，所以浓浓地渲染一下，增添了人物和情景的可笑……他不仅如此，而往往是捐助自己的'谐谑'，为狄更司的幽默加油加酱。"（罗新璋、陈应年，2009：780）当然，林纾敢于做这样的增添和改造，可能其"不审西文"只是表层原因，从根本上看，是基于当时译界对翻译的评价和界定，即对"何为译"的普遍认同。林纾才能那么自由和潇洒，"认为原文美中不足，这里补充一下，那里润饰一下……碰见他心目中认为是原作的弱笔或败笔，不免手痒难熬，抢过作者的笔代他去写"（同上，781）。

如果说林纾是晚清译坛特例的话，我们还可以从其他人的译言跋语中，看到译者"明目张胆"的增添理由。我佛山人（吴趼人）在《电术奇谈》附记中就曾直言："书中间有议论谐谑等，均为衍义者插入，为原译所无，衍义者拟借此以助阅者之兴味,勿讥为蛇足也"(陈平原、夏晓虹,1989:147)。在《毒蛇圈》评语中,"(译者)中间处处用科译(诨)语,亦非赘笔也。以全回均似闲文,无甚出入,恐阅者生厌,故不得不插入科译,以醒眼目。此为小说家不二法门。西文原本,不如是也"(趼廛主人,1989:95)。由此可见,对原文的增补,译者们的考虑无一例外,都是目的语取向的。他们通过增添言语,提升译作的可读性,而那个原作,则成了"被加工"的对象,走下了"被忠实"的神坛。

(3)直接杜撰

除了对原文基于译者特定目的的增补之外,还有一种极端的情况,那就是凭空杜撰。译者为了在译文中传递自己想要传递的信息,或者想要实现某种特定功能,有时会采取增补的极端形式——杜撰。一个著名的例子就是苏曼殊在翻译雨果的《悲惨世界》时,为了对中国的政治思想进行批评,"根本不满足于仅充当译者的角色"(邹振环,1996:174),他私自为小说创造了一个原作根本不存在的角色——侠客男德,借这一虚假的"法国人"之口,说道:"那支那国孔子的奴隶教训,只有那班支那贱种奉作金科玉律,难道我们法兰西贵重的国民也要听他那些狗屁吗?"(苏曼殊,转自王宏志,1999:157)可见,小说翻译成了译者借以"抒怀"、表达个人政治倾向的工具。因为受社会条件的影响,译本小说的首要功能是"民智之发达"的"开道之骅骝也"(世,1989:300)。而依据译者的道德伦纲,对原文进行凭空的增添,有时竟为译者所津津乐道。趼廛主人在《毒蛇圈》评语中就有这样一段译者的评语:

后半回妙儿思念瑞福一段文字,为原著所无。窃以为上文写瑞福处处牵念女儿,如此之殷且挚,此处若不略写妙儿之思念父亲,则以"慈""孝"两字相衡,未免似有缺点。且近时专主破坏秩序,讲家庭革命者,日见其众。此等伦常之蠹贼,不可以不有以纠正之。特商与译者,插入此段。虽然,原著虽缺此点,而在妙儿当夜,吾知其断不缺此思想也。故虽杜撰,亦非蛇足。(陈平原、夏晓虹,1989:95)

由此可见,译者明确告诉读者,其凭空杜撰是基于怎样的考虑。道德伦常，社会功能，无一不是其考虑的因素，而唯独对原文的忠实，只字不提。自己的凭空增添，反而成了原作的缺点。

三、失信行为：读者与批评家的促成

此前我们已经提及，晚清译者"失信"行为首先源于其特定的翻译目的和对小说特定社会功能的期待；其次则是译坛对"何为译"的共识，这不光是译者的问题，还涉及读者以及批评家等。当时译界对"失信"行为的态度，首先是基于接受语境中的"译创不分"，也就是翻译小说和创作小说之间没有明晰的界定，常常混为一谈。因而"时人是把译作当做作品评，所谓'译笔'，实是'文笔'"（陈平原、夏晓虹，1989：34）。正是因此，林纾在当时很少被称为翻译家，而经常被称为"小说家"[①]。既然译作成了"作品"，那就必须纳入目的语文学系统规范和道德规范来评价和衡量。因此，"翻译家和评论家并不注重翻译的本体特征，而是以社会批评、道德评判和艺术审美代替翻译批评"（廖七一，2019）。在此理念之下，甚至出现了因译作不符合读者及批评家的期待，"忠实"原文的译作以及译者受到鞭挞的案例。《迦因小传》是哈葛德的作品，林纾之前，已经有蟠溪子（杨紫麟）的译文，只是"书佚失前半篇，至以为憾"（林纾，1989：138）。后来林纾在《哈氏丛书》中发现了前半部分，本来他想请蟠溪子来译，但可惜这是个笔名，没法取得联系，所以最后由林纾将前部分补齐，虽然林纾竭力"于蟠溪子原译，一字未敢轻犯"（同上），然读者的反映，却完全出乎林纾的意料。原因很简单，只因为林纾按照原作，加上了前半部分迦因未婚先孕的情节，而男主角又不顾父母之命与迦因自由恋爱等。这些情节，显然是违背了中国传统的道德伦理规范，超出了读者的期待视野，因此有人说："迦因人格，向为吾所深爱，谓此半面妆文字，胜于足本。今读林译，即此下半卷，知尚有怀孕一节，西人临文不讳，然为中国社会计，正宜从包君节去为是。"（松岑，1989：155）这里的理由比较明确，就是本着"为中国社

[①] 林纾"小说家"的称谓，当时颇为流行。觉我在《余之小说观》中说："林琴南先生，今世小说界之泰斗也。"侗生在《小说丛话》中，这样说："近代小说家，无过林琴南、李伯元、吴趼人三君。惟林先生再接再厉，成熟数十部，益进不衰，堪称是中泰斗矣。"

会计",这样的译文是不恰当的。而有署名寅半生的评论家,则对林纾的翻译大感不满,言辞激烈:

> 吾向读《迦因小传》,而深叹迦因之为人,清洁娟好,不染污浊,甘牺牲生命,以成人之美,实情界中之天仙也,吾今读《迦因小传》,而后知迦因为人,淫贱卑鄙,不知廉耻,弃人生义务,而自殉所欢,实情界中之蟊贼也。……蟠溪子不知几费踌躇,几费斟酌,始将有妊一节,为迦因隐去……不意有林畏庐者,不知与迦因何仇,凡蟠溪子所百计弥缝而曲为迦因讳者,必欲历补之以彰其丑。……今蟠溪子所谓《迦因小传》者,传其品也,故而一切有累于品者,皆删而不书。而林氏所谓《迦因小传》者,传其淫也,传其贱也,传其无耻也,迦因有知,又曷贵有此传哉?甚矣译书之难也!(陈平原、夏晓虹,1989:228—230)

面对这样的批评,估计林纾本人也倍感难堪。好不容易"忠实"了一下原文,结果却得到这样的评价,批评者根本不管是否忠实于原文,只认为是译者"故意"扭曲了迦因,让迦因的美好形象受损,从而造成"所传"的诟病。因此,从目的语和文化出发,将译文当作原作进行评价,这样的读者和批评"期待视野",会对译者的行为发挥很强的反拨作用。

分析至此,我们可以说,晚清译者的"失信"行为主要受以下原因促动:一是主流意识形态的影响,译者以"为我用"作为出发点,强化译作"开启民智、救亡图存"的社会功能,聚焦译作在目的语中的效果。另一方面则是因此而形成的翻译批评导向以及当时批评家、赞助人、读者的态度,对译者形成的反拨作用。当然,还有一种上文并未提及的"失信",则是源于译者的语言能力不济,考虑到与我们主要讨论的译者"有意为之"的行为不属一类,与外界因素的关系也不大,因此暂且不论。

四、对译者行为合理性考量的启示

基于以上对晚清译坛"失信"行为及相关译评的分析解读,我们可以看到译作生成过程的复杂性。这也是为什么我们在翻译批评实践过程中，总会听到各种各样，有时甚至是截然相反的评价。事实上，很多时候，宽泛一点来说，翻译批评，包括译者行为批评，并不是评论家的专利，各类读者都有权利发表自己的看法和见解。相同的对象或结果，因为批评者的身份或视角不同，就可能得出迥然的结论，有时甚至可能会导致认识上的混淆。因此，为了追求翻译批评的"全面性、客观性和科学性"（周领顺、周怡珂，2020），以上面对晚清各种"失信"行为的语境化解析作为参照，我们尝试透过译者、专业译评人以及普通读者的多元视角，来探析译者行为合理性考量时应注意的几个问题。

译者作为翻译的主体，是翻译的具体实施者，是所有翻译相关因素汇聚的中心，也是翻译实践的最终落实者。由于译者具有"语言人"与"社会人"的双重身份（周领顺，2014：10），翻译最后的结果，是译者融合这两种身份于一身，综合考量所有相关因素而做出的抉择。一般而言，译者的基本社会属性决定了他是一个理性的人，会根据具体的情况，做出至少在自己看来是"最佳"的，也就是最合理的选择，这一点是毋庸置疑的，只是这里的"理"，有时可能不是翻译批评所期待的"公理"或者"常理"，而是译者心目中认定的，面对具体社会文化语境，在特定条件下，对翻译"应该"是什么、怎么做的最终的个人主观判断。因此，如果从译者角度来考量，他一般都会采取"最合理"的行为。从晚清译坛的"失信"行为来看，参照当时的翻译规范，可以说大多译者采取的都是"符合"规范，因而也是"合理"的行为。极端一点而言，由于规范的多元性，甚至是那些为了赢得经济收益而剽窃别人译作的译者，也认为其行为具有"合理性"，因为他的目的或者目标就是获得金钱收益，甚至连严复这样的译界翘楚，知道自己的翻译按照"信达雅"的标准似乎"不合理"，不也就只是说了一句"取便发挥，是非正法……学我者病"（严复，2012：13）之后，依然我行我素吗？

通常，我们对译者行为的评价描写，应该怀着"理解之同情"，但理解译者行为在特定语境下的合理性并不能将其推定为最终的判定结论，因为译者"语言人"与"社会人"的双重身份对应的是翻译的本质性要求与社会性要求，结合晚清种种的"失信"行为可以看出，充分满足社会要求的行为却离翻译的本质性要求越来越远，如果仅仅从译者角度来看，得出其行为具有很高合理性的判断，就可能会有将翻译的"实然性"结论误用到"应然性"评判中来的风险，进而产生评价的偏差。而另一方面，如果抛开对译者所处具体语境和规范的行为描写，而断然将类似晚清这些"失信"行为做完全不合理的评价，也未免失之偏颇，未能尽到充分描写的职责和义务。

专业译评人作为社会的一员，谁都无法摆脱时代的局限和影响，换句话说，他们一般都是特定历史时期的翻译规范的代言人，其批评的尺度，就是翻译规范。从晚清译坛的批评实践来看，因为社会普遍对"译、作"不加区分，对翻译的批评主要是从译文出发，甚至有时直接将其视为目的语创作的作品，因此便失去了对"译文"本身特质的关照，全然不记得还有原文这一个最重要的约束条件。既然译文成了创作，那么其翻译的合理性参照就成了目的语的诗学系统，侧重关注其文章是不是漂亮，语言是不是有文采，甚至在晚清，人们更多地关注其是否具有"开启明智、富国强民"的社会功能、符合主流的意识形态。对"何为译"的认知偏离，使得晚清的译评家普遍抛弃了翻译"求真"的追求，而在"务实"的道路上疾步奔走，越跑越远。于是，一切不符合目的语社会期待、不能满足意识形态与民众期待的译作，都被视为"不合理"的翻译，这样的译者行为，在他们眼中合理度自然便很低。于是才会出现批评界对严复所提的"信"字几乎都缄默不语，而将焦点集中于"达、雅"的层面，也因此才会对林纾、严复等人的译作大加赞赏。求真完全屈从于务实，原作重要性、权威性几乎荡然无存，译文想删就删，能添则添，合理性的评判尺度被社会功能需求所裹挟，极大地偏离了翻译的本质。而后来学界对严复与林纾的各种批评，则关注的根本不是一个层面，依据的也不是同样的标准或者尺度，其"批评多基于当下对翻译的认识去发现严复批评思想的局限，而非历史语境的考察其翻译与翻译批评的合理性和有效性"（廖七一，2016），这就造成了翻译批评的历时性错位，当时合理度很高的译者行为因为社会时代语境的变化，竟然会成为"合理度很低"的行为，这样巨大的反差提醒我们，对译者行为合理性的评估，应该注意历时与共时批评之间的差异，同样的译者行为，可能会因时之变而结果迥异。因此，对译者行为合理性的评价，应该考量到评判标准的绝对性与相对性，即翻译的本质要求与翻译规范变迁之间的平衡关系。对具体批评实践而言，就得既有"再历史语境化"的共时描写性考量，也需要兼顾

"结合当下"的历时规定性参考。

读者反应是译者行为合理性的一个重要考量因素。当然,一个不可忽视的问题是有时译评家与读者之间并没有截然的区分,二者有时会有身份上的同一性,但对区别更应给予重视。与译评家相比,读者的批评存在不够系统、理论化程度不够、以主观感受为主的特点。大多数读者反应更加依赖市场效应,其秉持的原则是读者的市场反应,比如译作卖得好、市场反馈好、经济效益高等,具有高度的"务实"倾向。还有一点与译评家不同的是,读者对译作的把握带有明显的不稳定性,与译评家始终不忘关注翻译本质的行为不同,读者囿于其对原作、源语言或文化的陌生,不太关注翻译批评的"求真"层面,更多关注的是译作本身,或者说倾向于用目的语规范来衡量译作的好坏,其对译者行为的批评是从译作出发,间或会受到批评家的影响,关注大多数读者的反应或者有时依赖目的语社会文化的接受度。比如,如果一部作品,通过译介获得了目的语社会的认同,就像莫言的作品,因为葛浩文的翻译,而获得了诺贝尔文学奖,那么与译评家相比,读者更倾向于认为葛浩文的行为都是"非常合理"的,其译者行为合理度也是最高的,从而"十分推崇葛浩文式的翻译方法,甚至将其视为译介中国文学唯一可行的翻译策略与模式"(刘云虹、许钧,2014),造成对翻译实践的误导,混淆了译者行为批评的视域,在读者之间或者社会上造成认识上的混乱与偏差,也阻碍了翻译批评在面对热点、社会焦点问题时发挥其应该具有的介入性与导向性功能(许钧,2016)。

五、结语

晚清译坛的种种"失信"行为,结合当时翻译规范来看,可以说是当时语境之下译者的"合理"选择,因而具有很高的译者行为合理度,但以现在的眼光来看,似乎很难得出这样的结论,究其原因,是背后相关评价参数以及规范的变化。为了更加科学、全面和客观地评价译者行为的合理性,我们需要注意以下三点:一是从译者视角来看的"合理"行为,不能作为合理性评判的唯一依据,避免将实然性描写当成应然性结论;二是作为批评家,要加强历时与共时性参照,关注翻译规范时代性与翻译本质要求的统一;三是注意读者与批评家之间的视角差异，警惕因太倚重读者以及市场反应而在热点问题上产生认识及评价偏颇。

参考文献：

［1］陈平原、夏晓虹编：《二十世纪中国小说理论资料》（第一卷，1897—1916），北京：北京大学出版社，1989年。

［2］郭延礼：《近代西学与中国文学》，南昌：百花洲文艺出版社，2000年。

［3］胡翠娥：《文学翻译与文化参与——晚清小说翻译的文化研究》，上海：上海外语教育出版社，2007年。

［4］梁启超：《〈十五小豪杰〉译后语》，见陈平原、夏晓虹编：《二十世纪中国小说理论资料》（第一卷，1897—1916），北京：北京大学出版社，1989年。

［5］刘云虹、许钧：《翻译批评与翻译理论构建——关于翻译批评的对谈》，《外语教学理论与实践》2014年第4期。

［6］廖七一：《中国近代翻译思想的嬗变——五四前后文学翻译规范研究》，天津：南开大学出版社，2010年。

［7］廖七一：《严复翻译批评的再思考》，《外语教学》2016年第2期。

［8］廖七一：《〈新青年〉与现代翻译规范》，《外国语（上海外国语大学学报）》2019年第4期。

［9］鲁迅：《〈月界旅行〉辨言》，见陈平原、夏晓虹编：《二十世纪中国小说理论资料》（第一卷，1897—1916），北京：北京大学出版社，1989年。

［10］林纾：《〈黑奴吁天录〉例言》，见陈平原、夏晓虹编：《二十世纪中国小说理论资料》（第一卷，1897—1916），北京：北京大学出版社，1989年。

［11］林纾：《〈迦因小传〉小引》，见陈平原、夏晓虹编：《二十世纪中国小说理论资料》（第一卷，1897—1916），北京：北京大学出版社，1989年。

［12］钱锺书：《林纾的翻译》，见罗新璋、陈应年编：《翻译论集》，北京：商务印书馆，2009年。

［13］苏曼殊：《悲惨世界》，转自王宏志：《重释"信达雅"：二十世纪中国翻译研究》，上海：东方出版中心，1999年。

［14］施蛰存主编：《中国近代文学大系·翻译文学集》"导言"，上海：上海书店，1990年。

［15］世：《小说风尚之进步以翻译说部为风气之先》，见陈平原、夏晓虹编：《二十世纪中国小说理论资料》（第一卷，1897—1916），北京：北京大学出版社，1989年。

［16］松岑：《论写情小说于新社会之关系》，见陈平原、夏晓虹编：《二十世纪中国小说理论

资料》(第一卷,1897—1916),北京:北京大学出版社,1989年。

[17] 铁:《铁瓮烬余》,见陈平原、夏晓虹编:《二十世纪中国小说理论资料》(第一卷,1897—1916),北京:北京大学出版社,1989年。

[18] 我佛山人:《〈电术奇谈〉附记》,见陈平原、夏晓虹:《二十世纪中国小说理论资料》(第一卷,1897—1916),北京:北京大学出版社,1989年。

[19] 王宏志:《重释"信达雅":二十世纪中国翻译研究》,上海:东方出版中心,1999年。

[20] 许钧:《论翻译批评的介入性与导向性——兼评〈翻译批评研究〉》,《外语教学与研究》2016年第3期。

[21] 严复:《译例言》,见〔英〕托马斯·赫胥黎:《天演论》,严复译,北京:世界图书出版社,2012年。

[22] 跧庼主人:《〈毒蛇圈〉评语(选录)》,见陈平原、夏晓虹编:《二十世纪中国小说理论资料》(第一卷,1897—1916),北京:北京大学出版社,1989年。

[23] 寅半生:《读〈迦因小传〉两译本书后》,见陈平原、夏晓虹编:《二十世纪中国小说理论资料》(第一卷,1897—1916),北京:北京大学出版社,1989年。

[24] 周领顺:《译者行为批评:理论框架》,北京:商务印书馆,2014年。

[25] 周领顺、周怡珂:《翻译批评需要怎样的标准?——译者行为批评模型构建尝试》,《外语与外语教学》2020年第5期。

[26] 邹振环:《影响中国近代社会的一百种译作》,北京:中国对外翻译出版公司,1996年。

《翻译与社会》约稿函

《翻译与社会》由北京外国语大学与中国英汉语比较研究会社会翻译学专业委员会联合主办，是中国英汉语比较研究会社会翻译学专业委员会会刊，由商务印书馆出版发行。

本刊常设栏目为：社会翻译学理论与方法；译者、行动者与翻译生产过程；文学翻译、文化翻译与国际传播；应用翻译、翻译技术与社会服务；翻译教育、翻译职业与翻译伦理；与社会翻译学相关的其他研究。

本刊对来稿实行专家匿名评审。审稿周期为三个月，三个月后未接到用稿通知，请自行处理稿件。本刊来稿要求首发，文责自负，请勿一稿多投。本刊有权对来稿进行编辑加工。任何个人或组织以任何形式转载、摘编本刊文章，须经本刊同意，并注明出处。

一、投稿方式：请将电子文稿以附件形式发送至电子信箱 transociety@163.com。

二、字数要求：来稿一般以 8000—10000 字为宜。

三、稿件以 Word 格式排版，段落格式及标点使用须规范，请在第一页附上作者信息：姓名、工作单位/通信地址、邮编、电话、电子信箱、职称及研究方向；正文请勿标注任何个人信息。

四、论文稿请附中英文摘要（中文摘要字数 150—300 字）、英文标题和关键词、作者单位英文名称。

五、本刊竭诚欢迎海内外学者踊跃赐稿。